新编21世纪远程教育精品教材

• 汉语言文学系列 •

现代汉语

（第二版）

吴永焕　编著

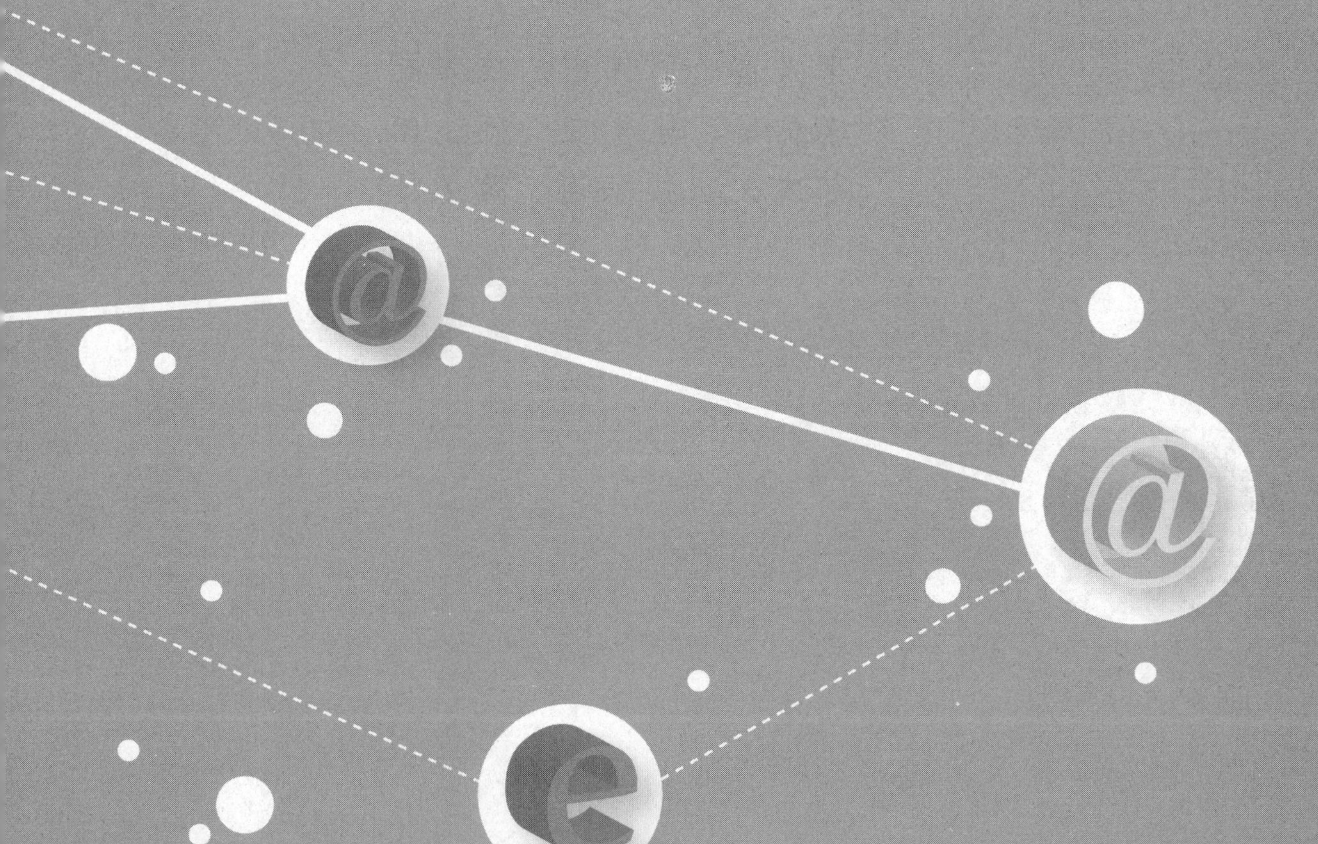

中国人民大学出版社
· 北京 ·

作者简介

吴永焕，博士，中国人民大学文学院副教授，从事现代汉语方言的调查与研究工作，主要讲授现代汉语、方言学、理论语言学等课程，曾在《中国语文》《方言》等国内外学术刊物上发表论文多篇，出版学术著作多部。

本教材根据现代汉语课程教学内容的特点，设导论、语音、语汇、语法、语用五章，以语言分析为核心，重点讲授现代汉语的基础知识和基本概念，让学生能够了解现代汉语的基础理论、基础知识，自觉地指导自己的语言实践，培养理解、分析现代汉语的能力，从而提高自己运用现代汉语的水平。

总　序

我们正处在教育史尤其是高等教育史上的一个重大的转型期。在全球范围内，包括在我们中华大地，以校园课堂面授为特征的工业化社会的近代学校教育体制，正在向基于校园课堂面授的学校教育与基于信息通信技术的远程教育相互补充、相互整合的现代终身教育体制发展。一次性学校教育的理念已经被持续性终身学习的理念所替代。在高等教育领域，从 1088 年欧洲创立博洛尼亚（Bologna）大学以来，21 世纪以前的各国高等教育基本是沿着精英教育的路线发展的，这也包括自 19 世纪末创办京师大学堂以来我国高等教育短短一百多年的发展史。然而，自 20 世纪下半叶起，尤其在迈进 21 世纪时，以多媒体计算机和互联网为主要标志的电子信息通信技术正在引发教育界的一场深刻的革命。高等教育正在从精英教育走向大众化、普及化教育，学校教育体系正在向终身教育体系和学习型社会转变。在我国，党的十六大明确了全面建设小康社会的目标之一就是构建学习型社会，即要构建由国民教育体系和终身教育体系共同组成的有中国特色的现代教育体系。

教育史上的这次革命性转型绝不仅仅是科学技术进步推动的。诚然，以电子信息通信技术为主要代表的现代科学技术的进步，为实现从校园课堂面授向开放远程学习、从近代学校教育体制向现代终身教育体制和学习型社会的转型提供了物质技术基础。但是，教育形态演变的深层次原因在于人类社会经济发展和社会生活变革的需求。恰在这次世纪之交，人类社会开始进入基于知识经济的信息社会。知识创新与传播及应用、人力资源开发与人才培养已经成为各国提高经济实力、综合国力和国际竞争力的关键和基础。而这些仅仅依靠传统学校课堂面授教育体制是无法满足的。此外，国际社会面临的能源、环境与生态危机，气候异常，数字鸿沟与文明冲突，对物种多样性与文化多样性的威胁等多重全球挑战，也只有依靠世界各国进一步深化教育改革与创新，促进人与自然的和谐发展才能得到解决。正因为如此，我国党和政府提出了“科教兴国”“可持续发展”“西部大开发”“缩小数字鸿沟”以及“人与自然和谐发展”的“科学发展观”等基本国策。其中，对教育作为经济建设的重要战略地位和基础性、全局性、前瞻性产业的确认，对高等教育对于知识创新与传播及应用、人力资源开发与人才培养的重大意义的关注，以及对发展现代教育技术、现代远程教育和教育信息化并进而推动国民教育体系现代化，构建终身教育体系和学习型社会的决策更得到了教育界和全社会的共识。

在上述教育转型与变革时期，中国人民大学一直走在我国大学的前列。中国人民大学是一所以人文、社会科学和经济管理为主，兼有信息科学、环境科学等的综合性、研究型大学。长期以来，中国人民大学充分利用自身的教育资源优势，在办好全日制高等教育的同时，一直积极开展远程教育和继续教育。中国人民大学在我国首创函授高等教育。1952 年，校长吴玉章和成仿吾创办函授教育的报告得到了刘少奇的批复，并于 1953 年率先招生授课，为新建的共和国培养了一大批急需的专门人才。在 20 世纪 90 年代末，中国人民大学成立了网络教育学院，成为我国首批现代远程教育试点高校之一。经过短短几年的探索和发展，中国人民大学网络教育学院创建的“网上人大”品牌，被远程教育界、媒体和社会誉为网络远程教育的“人大模式”——面向在职成人，利用网络学习资源和虚拟学习社区，支持分布式学习和协作学习的现代远程教育模式。成立于 1955 年的中国人民大学出版社是新中国建立后最早成立的大学出版社之一，是教育部指定的全国高等学校文科教材出版中心。在过去的几年中，中国人民大学出版社与中国人民大学网络教育学院合作策划、创作出版了国内第一套极富特色的“21 世纪远程教育精品教材”。这些凝聚了中国人民大学、北京大学、北京师范大学等北京知名高校学者教授、教育技术专家、软件工程师、教学设计师和编辑们广博才智的精品课程系列教材，以印刷版、光盘版和网络版立体化教材的范式探索构建全新的远程学习优质教育资源，实现先进的教育教学理念与现代信息通信技术的有效结合。这些教材已经被国内其他高校和众多网络教育学院所选用。中国人民大学出版社基于“出教材学术精品，育人文社科英才”理念的努力探索及其初步成果已经得到了我国远程教育界的广泛认同，是值得肯定的。

2005 年 4 月，我被邀请出席《中国远程教育》杂志与中国人民大学出版社联合主办的“远程教育教材的共建共享与一体化设计开发”研讨会并做主旨发言，会后受中国人民大学出版社的委托为“新编 21 世纪远程教育精品教材”撰写“总序”，这是我的荣幸。近几年来，我一直关注包括中国人民大学网络教育学院在内的我国高校现代远程教育试点工程。这次更有机会全面了解和近距离接触中国人民大学出版社推出的

"新编21世纪远程教育精品教材"及其编创人员。我想将我在上述研讨会上发言的主旨作进一步的发挥，并概括为若干原则作为我对包括中国人民大学出版社、中国人民大学网络教育学院在内的我国网络远程教育优质教育资源建设的期待和展望：

● 新编21世纪远程教育精品教材的教学内容要更加适应大众化高等教育面对在职成人、定位在应用型人才培养上的需要。

● 新编21世纪远程教育精品教材的教学设计要更加适应地域分散、特征多样的远程学生自主学习的需要，培养适应学习型社会的终身学习者。

● 在我国网络教学环境渐趋完善之前，印刷教材及其配套教学光盘依然是远程教材的主体，是多种媒体教材的基础和纽带，其教学设计应该给予充分的重视。要在印刷教材的显要部位对课程教学目标和要求作明确、具体、可操作的陈述，要清晰地指导远程学生如何利用多种媒体教材进行自主学习和协作学习。

● 应组织相关人员对多种媒体的远程教材进行一体化设计和开发，要注重发挥多种媒体教材各自独特的教学功能，实现优势互补。要特别注重对学生学习活动、教学交互、学习评价及其反馈的设计和实现。

● 要将对多种媒体远程教材的创作纳入对整个远程教育课程教学系统的一体化设计和开发中去，以便使优质的教材资源在优化的教学系统、平台和环境中，在有效的教学模式、学习策略和学习支助服务的支撑下获得最佳的学习成效。

● 要充分发挥现代远程教育工程试点高校各自的学科资源优势，积极探索网络远程教育优质教材资源共建共享的机制和途径。

中华人民共和国教育部远程教育专家顾问

丁兴富

前言

现代汉语课程是高等院校汉语言文学专业的一门基础课，是中文系学生必修的一门课程。本书是根据“新编21世纪远程教育精品教材”的计划要求，为中国人民大学网络教育学院现代汉语课程编写的教材。

本教材主要是向学生系统讲述现代汉语的一些基础理论与基础知识，内容涉及现代汉语语音、语汇、语法、语用以及现代汉语的书写符号——汉字五个方面，目的是让学生了解现代汉语的基础理论、基础知识，自觉地指导自己的语言实践，培养理解、分析现代汉语的能力，从而提高自己运用现代汉语的水平。

本教材根据现代汉语教学内容的特点，设有导论、语音、语汇、语法、语用五章。语言是音、义结合的符号系统，语言的本体是语音、语汇、语法。现代汉语的语音、语汇、语法是现代汉语教学内容的主体部分，也是本书的重点内容。文字是记录语言的书写符号系统，是语言最重要的辅助性工具。本书没有采用传统教材的编写体例将文字部分与语音、语汇、语法等章节并列，而是将文字作为现代汉语学习的预备知识，并入导论部分。语用关注的重点是语言的运用，研究的对象是特定语境中话语的表达和理解。语用也是语言课程不可或缺的重要内容。本书在介绍完现代汉语的语音、语汇、语法知识之后，设立了语用一章，重点介绍现代汉语语用的一些基础知识和基本概念。

现代汉语课作为中文系的一门基础课程，有着自己独特的特点。现代汉语课的特点之一是它的理论性。对于以现代汉语为母语的大学生来讲，大家已经能够熟练地运用现代汉语了。现代汉语课根据学生的这一特点，重点讲述现代汉语的一些基本知识与基础理论，目的是让学生理解并掌握现代汉语的结构系统与语言使用的一些基本规律。现代汉语课的特点之二是它的实践性。现代汉语教学的重点是现代汉语的基本知识，目标是培养学生分析现代汉语的语言能力，提高学生运用现代汉语的水平。语言分析能力的获得和语言运用水平的提高，与学生学习时大量的语言实践训练是分不开的。现代汉语课程的学习，应以语言分析为核心，学习有关的基础知识，把握相关的理论，从而提高自己的语言运用水平。学习时应做到理论与实践相结合，知识学习与能力培养相结合。

本教材在编写过程中，参考了许多相关的论著、教材和论文，限于篇幅，书后仅列出了部分书目，在此谨向所有的作者表示衷心的感谢。本书在编写、出版过程中，得到了中国人民大学网络教育学院和中国人民大学出版社的大力支持和热情帮助，在此谨向他们表示由衷的敬意和谢意。由于教材编写时间仓促，再加上作者水平所限，书中难免会有一些疏漏和不足，恳请读者予以批评指正。

吴永焕

目录

第一章 导 论

第一节 现代汉语概述

学习要点

- 什么是语言
- 现代汉语的含义
- 现代汉民族共同语的形成
- 现代汉语方言的分布及主要语音特点
- 现代汉语的特点
- 现代汉语规范化的标准

一、什么是语言

汉语是世界语言中使用人口数量较多、地理分布较广的一种。在讨论什么是现代汉语之前，有必要先了解什么是语言。

语言是人类社会特有的产物。它既不是经济基础，也不是上层建筑，而是一种特殊的社会现象。语言可从其功能、结构与存在形式三个方面去认识。

从功能的角度看，语言是人类最重要的交际工具。我们通常所说的工具，多指人们进行生产劳动时所使用的器具。如人们耕田用的犁耙、打鱼用的渔网等。不过，生活中还有一些事物，它们可能与生产劳动时所使用的器具形式迥异，但与生产劳动时所使用的器具的功能是相似的，都是人们借以达到某种目的所利用的“器具”，这类用以达到某种目的的特殊“器具”，人们也习惯称之为工具。语言就是典型的一例。语言是人们在社会交际中常常使用到的一种特殊“器具”，而且是人们传递信息、交流思想感情不可或缺的重要交际工具。

语言对于整个社会的重要性，是不言而喻的。凡是有人群存在的地方，就一定会有语言。一个社会如果没有了汽车、飞机、计算机等工具，要想继续存在下去应该是没有问题的。可是，假如没有了语言，很难想象这个社会还能维持多久。对此，有人可能会提出这样的质疑：人们可以利用手势、眼神等身体语言，可以利用电报代码之类的语言编码来交际呀。实际上，这些手段都是在语言的基础上产生，在特定场合中使用的语言的代用品，它们在使用范围上往往受到较多的限制，它们不能实际上也不可能完全替代语言来进行交际，它们只是人们语言交际中的一些辅助手段。

语言不仅是人类最重要的交际工具，而且是人们思维的工具，是人们认识世界、表达思想的重要工具。思维是人脑的一种特殊机能，是人们运用概念、判断和推理等形式反映客观事物的过程。语言的职能是把思维活动的结果用词和句子记载下来，使思维的结果信息成为可以理解的东西。因此，语言是思维不可或缺的重要载体。人们在日常工作生活中只要思考，只要有表达某种思考或想法的需要，语言恐怕是最为重要也最为有效的表达工具了。我们在学习逻辑学课程时也会发现，逻辑思维借以反映客观事物的概念、判断和推理，通常都要借助词语、句子等语言形式表述出来。

从结构的角度看，语言是一种音义结合的符号系统。符号，也可以说是记号，是用以表达某个意义的物质载体。人们日常生活中用到的符号很多，如街道路口用以指挥交通的红绿灯，包装箱上用以提醒人们轻拿轻放的易碎品标识等。语言作为一种符号，是一种特殊的符号。它是利用一定语音形式表达一定意义的音义结合的符号。例如，“车”这类有轮子的陆地交通运输工具，汉语用 chē 这一语音形式表示，就构成了一个音义结合体，即语言系统内部的一个符号。语言结构系统内部像“车 chē”“火 huǒ”“头 tóu”这类语言符号，都是语言系统中最小的音义结合的符号，也是构成语言结构系统的初始性符号单位。符号与符号组合，可以构成更大的符号，例如，“火车头”就是由“火”“车”和“头”三个初始性语言符号组合而成的结构相对更为复杂一些的语言符号。

任何一种语言都拥有丰富的、大小不等、结构复杂程度不同的语言符号。语言系统内部的符号相互间并不是杂乱无章、毫无关联的个体，而是按照一定的规则，有规律地构筑起语言这个复杂的符号系统。例如：

我想吃块糖。

他要喝杯水。

普通话也可以说：

他想吃块糖。

我要喝杯水。

但普通话不能说：

*我想吃块水。

*他要喝杯糖。

动词前的“我”和“他”可以替换，即都可以作主语，同动词“吃”“喝”搭配组合。这说明，“我”和“他”具有一定的共性，可以归为一个共同的聚合类。而动词后的“糖”和“水”不能互换。这表明，固态的“糖”不可以同动词“喝”搭配，液态的“水”既不可以同动词“吃”搭配，也不可以同量词“块”组合。

可见，不同语言符号依据语言性质的同异可以构成不同的聚合类，呈现出不同的聚合关系，如代词类的“我”“他”、名词类的“水”“糖”和动词类的“吃”“喝”。另外，较小的语言符号依据一定的组合规则，可以组合成更大的语言结构单位，从而呈现出一定的组合关系，如“吃糖”“喝水”的动宾搭配，显示出动词“吃”“喝”对它们后面的名词宾语分别有着不同的选择限制。语言符号正是利用符号与符号之间的丰富复杂的聚合与组合关系，才构成了语言这一复杂的符号系统。

语言是一个音义结合的符号系统。语音，即语言符号的声音，是语言的物质外壳；语汇，即语言基本符号词和熟语的总汇，是语言的建筑材料；语法，即语言符号内部组构及其变化组合的规则，是语言的结构规律。

需要特别说明的是，语言符号与文字符号是性质不同的两个概念。语言符号是音义结合的符号，是人们传递思想的交际工具；文字是语言的视觉形式，是记录语言的书写工具，它是人们进行语言交流时重要的辅助性工具。例如，汉语、英语用不同的语音形式“chē”“［kɑː］”表示符号义“陆地上有轮子的交通运输工具”，构成的不同音义结合体，均属于语言符号；而记录上述语言符号的“车”“car”等形体符号，只不过是汉语、英语各自记录自己语言符号的文字形式，并不是语言符号。文字与它所记录的语言符号，是两种性质不同的符号，大家在进行语言分析时，一定要注意将具体的文字形式同它记录的具体语言符号两个不同的层面区分开。

语言就其存在形式而言，有口语、书面语的不同。人们用嘴巴说话，彼此传递语言信息。交谈时所使用的有声语言，就是口语。口语是人类语言最基本的一种存在形式，任何语言都有口语形式。口语的载体是人的嘴巴发出的声音，一切信息都是口耳相传的。口耳相传的口语信息在交际过程中无疑会受到时间、空间因素的限制，由此，记录语言的书写符号——文字就产生了。文字产生之后，语言就多了一种载体。语言在用文字记录下来之后，得到了人们的进一步的修饰和加工，这种在口语基础之上提炼加工出的语言形式，就是书面语。书面语出现之后，不仅弥补了口语易受时空限制的缺陷，而且对口语的规范，推动口语朝着更完善的方向发展，有着积极的意义。

二、现代汉语的含义

现代汉语，顾名思义就是现代汉民族用来交际的语言。这里有两点需要注意：（1）现代汉语的“现代”，通常界定为五四时期到现在；（2）现代汉语的“汉语”，是指汉民族用来交际的语言。现代汉语既然是指现代整个汉民族用来交际的交际工具，那么，它就不仅仅包括现代汉民族共同语，而且包括现代汉语的各个方言。

现代汉民族共同语，即普通话，是以北京语音为标准音，以北方方言为基础方言，以典范的现代白话文著作为语法规范的标准语。它不仅是现代汉民族通用的交际工具，同时也是国家法定的全国通用的标准语形式。目前，大部分院校中文系设立“现代汉语”这门课程，通常以普通话的语音、语汇、语法作为主要教学内容，因此，人们还常把“现代汉语”狭义地理解为现代汉民族共同语——普通话。

方言，也叫地方话，是语言在其分布区域内局部地区实际存在的形式。存在方言差异的语言，通常也会有共同语。共同语通常是基于语言分布区域内的某个方言为基础方言所形成的一种全民通用的交际工具，如现代汉民族共同语——普通话。

方言与共同语的关系实际是一般方言与基础方言的关系。一种语言只有存在着方言差异，才有形成共同语的必要，如果语言内部根本就不存在方言差异，也就谈不上什么共同语了。因此，共同语相对于方言而存在，二者既相互依存，又相辅相成。

方言与共同语在各自发展过程中有着不同的规律和表现。任何一种存在方言差异的语言，其方言都是实实在在存在于各地区的地方性交际工具，如西安话、上海话。方言的发展演变一般遵循方言自身的变化规律，并不以人的主观能动作用为转移。共同语则不同，它是以某种方言为基础而形成的全民通用的交际工具，人为的因素比较明显。如现代汉民族共同语——普通话，就是以北京语音为标准音，以北方话为基础方言，以典范的现代白话文著作为语法规范的标准语。基础方言地位的确立，一般来讲，取决于该方言区政治、经济、文化、人口等多种因素。

方言与共同语在各自发展过程中又是相互影响的。一方面，共同语的发展，需要不断从方言中吸取新鲜营养来丰富自己；另一方面，方言的演变，也会受到共同语的影响和制约。不过，民族共同语毕竟是整个民族全民通行的语言，其语言地位和影响力是一般方言无以匹敌的，因此，在语言发展演变过程中，共同语影响方言发生变化的情况更多也更为普遍一些。

谈到方言与共同语，这里有个具体的问题需要讨论。普通话作为现代汉民族共同语，是以北京音为标准音的。普通话与北京话究竟是不是一回事？

普通话与北京话并不是一回事。普通话是以北京语音为标准音，以北方话为基础方言，以典范的现代白话文著作为语法规范的标准语，它是以北方方言为基础方言形成的现代汉民族共同语。而北京话，是居住在北京城区一带的本地人所说的地方话，是方言。普通话语音虽然是以北京语音为标准音的，可它只是采用了北京话的语音系统，具体表现为声母、韵母、声调的数量及声韵拼合规则等内容，并不包括北京话比较“土”的方音成分，如有的北京人习惯把 j、q、x 发成 z、c、s，“小心 xiǎo xīn”、“告诉 gào su”分别读成“siǎo sīn”、“gào song”等。普通话在语汇方面与北京话也有一些区别，如：普通话的“斥责”“吝啬”和“秘密的事情”等词语，北京话则常常分别说成“呲儿”“抠门儿”和“猫儿腻”。因此，大家在学习普通话的时候不能完全模仿北京人特别是老北京人来说话，最好多借助普通话广播、电视、教学录音带等，学习标准的普通话。

三、现代汉民族共同语的形成

语言有口语、书面语两种存在形式，前者是借助口耳进行交际的口头形式，后者是用文字传递信息的书面形式。普通话是以北方方言为基础方言形成的共同语，现代汉民族共同语的形成需要从口语、书面语两个方面去梳理。

（一）书面语的形成

远古时代的语言状况人们至今还未完全搞清楚，汉民族共同语最早产生于何时，至今也没有一个确切的答案。就目前文献资料看，春秋战国时期的“雅言”，可算是历史上最早的共同语了。《论语·述而》记载：“子所雅言，诗、书、执礼，皆雅言也。”孔子在诵读诗书、执行典礼的时候不用自己的家乡方言，而是采用雅言，说明雅言当时已经是大家共同遵循的一种共同语了，可能当时的这种共同语还相对比较简单。或许正是有了这种简单的共同语，才会给当时的文人整理《诗》、《书》，给当时的说客“合纵”、“连横”，带来诸多的方便。

汉代扬雄《方言》（《輶轩使者绝代语释别国方言》）中提到“通语”“凡语”等概念。如：“娥，㜲，好也。秦曰娥，宋魏之间谓之㜲，秦晋之间凡好而轻者谓之娥。……好，其通语也。”“嫁，逝，徂，适，往也。自家而出谓之嫁，由女而出为嫁也。逝，秦晋语也。徂，齐语也。适，宋鲁语也。往，凡语也。”所谓“通语”“凡语”，意思是指各地通行的说法。

“雅言”与“通语”都是当时的书面语言，不过，这些书面语言均是以当时的口语为基础形成的。

书面语一旦固定下来以后，就不会再跟口语一同变化了。汉魏以后，人们写作时用的书面语与人们的口语距离越来越远，逐渐形成了与口语基本脱节的书面语——文言文。由于文言文与人们的口语脱节太大，隋唐时代，一种基于人们口语的新的书面语——“白话”出现了。一些用“白话”写成的文学作品开始在人们中间流传。白话始终是与人们的口语联系在一起的。宋元之时，“白话”已发展为相当成熟的书面语言。明清时代涌现出大量的白话文学作品，如《红楼梦》《水浒传》《儒林外史》等。

隋唐至明清，白话文的运用仅仅局限于通俗文学的范围。直到 1919 年，在五四运动“反对文言文，提倡白话文”的“白话文运动”的推动下，白话文才替代了文言文，成为正式的书面语。

（二）口语的形成

现代汉民族共同语的口语形式产生时代较晚。在白话文学流传的同时，一种以北方话为基础形成的共同语的口语形式也开始形成。明清时代，共同语的口语形式——“官话”逐步传播开来。清朝末年，“官话”改名为“国语”。新中国成立后，现代汉民族共同语正式以“普通话”来称呼。

无论是“官话”，还是“普通话”，都是以北京语音为标准音的。明清以来，北京一直是全国政治、经济、文化的中心，北京话在官话的形成过程中无疑成为最具影响力的方言，这为北京语音成为普通话的标准语音奠定了基础。20 世纪初，特别是五四运动之后的“国语运动”“读音统一”“颁布注音字母”等，大大促进了民族共同语的发展进程。“读音统一”“颁布注音字母”都需要有一种语音作标准才行，教育部当时颁布的注音字母就是以北京语音为标准音的。

口语和书面语是语言的两种不同的存在形式，在现代汉民族共同语的形成过程中，二者是相互影响、相互促进的。新中国成立后，“全国文字改革会议”和“现代汉语规范问题学术会议”相继召开。会议确定了“汉字改革、推广普通话、实现汉语规范化”语言文字工作的三大任务，明确了现代汉语规范的标准，从而大大推动了现代汉民族共同语——普通话向着更加完善的方向迅速发展。

四、现代汉语方言

现代汉语方言丰富而复杂。汉语方言的类型之多，南北方言的分歧之大，在世界各民族语言中是比较罕见的。自 20 世纪初到现在，现代汉语方言分区出现了多种不同的划分方案，其中影响较大、认同度较高的是将汉语方言分为北方方言、吴方言、湘方言、赣方言、客家方言、闽方言、粤方言七个方言区。

（一）北方方言

北方方言，也称官话，在七大方言区中分布范围最广，使用人口最多，北起东北三省，南达云贵川；东起江苏沿海，西至新疆内陆的汉族居住区都有官话方言分布。北方方言大致分布在长江以北各省市自治区的汉族居住区；长江下游九江以下镇江以上的沿江地带；湖北省除去东南角的其他全部地区；广西北部、湖南的西北角；云贵川三省的汉族居住区。

北方方言以北京话为代表，该方言的语音特点主要表现在以下几个方面：

（1）古全浊塞音、塞擦音声母今方言中已经清化。例如，古全浊声母字“道”

"巨"在今北京话、济南话中已经分别读同古清音声母字"到""锯"的读音，见表1—1。

表 1—1

	到＝道	锯＝巨
北京话	[tau꜄]	[tɕy꜄]
济南话	[tɔ꜄]	[tɕy꜄]

注：方言例字读音采用国际音标标音。声调采用发圈法标调，分别为：阴平꜀□，阳平꜁□，阴上꜂□，阳上꜃□，阴去□꜄，阳去□꜅，阴入□꜆，阳入□꜇，以下同。

（2）古全浊塞音、塞擦音声母平声字今方言读送气清音声母，仄声字今读不送气清音声母。例如，平声字"图""群"与仄声字"毒""郡"在今北京话、济南话中的读音，见表1—2。

表 1—2

	图	毒	群	郡
北京话	[꜁tʻu]	[꜁tu]	[꜁tɕʻyn]	[tɕyn꜄]
济南话	[꜁tʻu]	[꜁tu]	[꜁tɕʻyẽ]	[tɕyẽ꜄]

（3）鼻音韵尾通常只有[-n]、[-ŋ]两个，部分方言鼻韵尾发生了鼻化。有入声的方言入声韵通常只收喉塞尾[-ʔ]。例如，"三山江盒铁木"六字在今北京话、成都话、南京话中的读音，见表1—3。

表 1—3

	三	山	江	盒	铁	木
北京话	[꜀san]	[꜀ʂan]	[꜀tɕiaŋ]	[꜁xɤ]	[꜂tʻie]	[mu꜄]
成都话	[꜀san]	[꜀san]	[꜀tɕiaŋ]	[꜁xo]	[꜁tʻie]	[꜁mu]
南京话	[꜀sã]	[꜀ʂã]	[꜀tɕiã]	[xoʔ꜆]	[tʻeʔ꜆]	[muʔ꜆]

（4）多数方言四个声调，少数方言三个声调，有入声方言多为五个声调，如北京话、烟台话、南京话的声调，见表1—4。

表 1—4

	阴平	阳平	上声	去声	入声
北京话	55	35	214	61	无
烟台话	31	$55_{\text{并入去声}}$	214	55	无
南京话	31	13	22	44	5

注："无"表示北京话、烟台话无入声调。烟台话"$55_{\text{并入去声}}$"表示阳平、去声合为一调，因而该方言只有三个声调。

（二）吴方言

吴方言，也称吴语，主要分布在江苏省南部（南京、镇江除外）、上海、浙江等省市，以及江西省东北部的玉山、广丰、上饶等市县、福建省北部浦城县的部分地区。

吴语以苏州话、上海话为代表，该方言的语音特点主要表现在以下几个方面：

（1）有浊塞音、塞擦音声母。例如，古全浊声母字“道”“逐”的声母读音，在今苏州话、上海话、温州话中与古清音声母字“到”“足”的声母读音有别，见表1—5。

表 1—5

	到	道	足	逐
苏州话	[tæ꜄]	[dæ꜅]	[tsoʔ꜆]	[zoʔ꜇]
上海话	[tɔ꜄]	[dɔ꜅]	[tsoʔ꜆]	[zoʔ꜇]
温州话	[tɜ꜄]	[꜃dɜ]	[tɕyo꜆]	[dʑiəu꜅]

（2）单元音韵母丰富；多数方言只有一个鼻音韵尾，不存在前鼻音韵尾与后鼻音韵尾的对立；入声韵尾一般收喉塞尾［-ʔ］，少数方言存在入声韵无塞音尾的情况。例如，“三本江盒铁木”六字在今苏州话、上海话、温州话中的读音，见表1—6。

表 1—6

	三	本	江	盒	铁	木
苏州话	[꜀sᴇ]	[꜂pən]	[꜀kɒŋ]	[ɦaʔ꜇]	[tʻiɪʔ꜆]	[moʔ꜇]
上海话	[꜀sᴇ]	[pəŋ꜄]	[꜀ka]	[ɦaʔ꜇]	[tʻieʔ꜆]	[moʔ꜇]
温州话	[꜀sa]	[꜂paŋ]	[꜀kuɔ]	[ɦø꜇]	[tʻi꜆]	[mu꜇]

（3）方言声调以七个、八个的情况居多，如苏州话、温州话的声调，见表1—7。

表 1—7

	阴平	阳平	阴上	阳上	阴去	阳去	阴入	阳入
苏州话	44	24	52		412	31	4	$\underline{23}$
温州话	44	31	45	34	42	22	323	212

（三）湘方言

湘方言，也称湘语，主要分布在湖南省的中部和南部，以及与之相毗连的广西东北部的全州、灌阳、资源、兴安等市县。

湘语有老湘语和新湘语两种：老湘语以双峰话为代表，新湘语以长沙话为代表。该方言的语音特点主要表现在以下几个方面：

（1）老湘语的塞音、塞擦音有浊声母，新湘语没有。例如，古全浊声母字“稻”“柱”与古清声母字“到”“注”在今双峰话、长沙话中的读音对比，见表1—8。

表 1—8

	到	稻	注	柱
双峰话	[tɤ꜄]	[dɤ꜅]	[ty꜄]	[dy꜅]
长沙话	[tau꜄]	[tau꜅]	[tɕy꜄]	[tɕy꜅]

（2）古全浊塞音、塞擦音声母今长沙话中清化后，无论平仄，一律读不送气清音声母。例如，古全浊声母字“图”“杜”“瓶”“病”在今长沙话、双峰话的读音对比见表 1—9。

表 1—9

	图	杜	瓶	病
双峰话	[꜁dəu]	[dəu꜅]	[꜁biɛn]	[biɒŋ꜅]
长沙话	[꜁təu]	[təu꜅]	[꜁pin]	[pin꜅]

（3）湘方言有前鼻音韵尾的方言多，有后鼻音韵尾的方言少，多数方言前鼻音韵尾与后鼻音韵尾不对立。湘方言只有新湘语有入声，但入声韵没有塞音韵尾。例如，“三本江盒铁木”六字在今双峰话、长沙话中的读音，见表 1—10。

表 1—10

	三	本	江	盒	铁	木
双峰话	[꜀sæ̃]	[꜂piɛn]	[꜀kɒŋ]	[xua꜄]	[꜁tʻia]	[꜁mʊ]
长沙话	[꜀san]	[꜂pən]	[꜀tɕian]	[xo꜆]	[tʻie꜆]	[mo꜆]

（4）声调一般是五个或六个，如双峰话、长沙话的声调，见表 1—11。

表 1—11

	阴平	阳平	上声	阴去	阳去	入声
双峰话	55	13	31	35	33	无
长沙话	33	13	41	45	21	24

（四）赣方言

赣方言，也称赣语，主要分布在江西省的北部、中部，以及与之相毗连的湖南省的东部、湖北省的东南部、安徽省的西南部、福建省西部的部分市县。

赣方言以南昌话为代表，该方言的语音特点主要表现在以下几个方面：

（1）古全浊塞音、塞擦音声母今方言清化，无论平仄，一律读送气清声母。例如，古全浊声母字“稻”“助”的声母，在今南昌话、醴陵话中分别读同古清音声母字“套”“醋”的声母读音，见表 1—12。

表 1—12

	套	稻	醋	助
南昌话	[꜂tʻau]	[tʻau꜅]	[꜂tsʻu]	[tsʻu꜅]
醴陵话	[tʻau꜄]	[tʻau꜄]	[tsʻəu꜄]	[tsʻəu꜄]

（2）赣方言鼻音韵尾既有 [-m]、[-n]、[-ŋ] 的三分，也存在其中一类韵尾并入其他韵尾的二分的情况，还有鼻音韵尾合为一类的情况；塞辅音韵尾既有 [-p]、[-t]、[-ʔ] 的三分，也有不同类型二分的情况，还有只收喉塞尾 [-ʔ] 的情况。例如，“男本江合铁木”六字在今南昌话、安义话、宜丰话、弋阳话的读音，见表 1—13。

表 1—13

	男	本	江	合	铁	木
南昌话	[lan꜄]	[꜂pən]	[꜀kɔŋ]	[hɔt꜇]	[t'iɛt꜆]	[muk꜆]
安义话	[꜁lɔm]	[꜂pɤn]	[꜀kɔŋ]	[hɔp꜇]	[t'iɛt꜆]	[muʔ꜆]
宜丰话	[꜁lɔn]	[꜂pən]	[꜀kɔn]	[hɔt꜆]	[t'iɛt꜆]	[muʔ꜆]
弋阳话	[꜁nan]	[꜂pɛn]	[꜀kon]	[hɛʔ꜇]	[t'iɛʔ꜆]	[muʔ꜆]

（3）多数方言六个声调，少数方言五个或七个声调，如南昌话、宜丰话、弋阳话的声调，见表 1—14。

表 1—14

	阴平	阳平	上声	阴去	阳去	阴入	阳入
南昌话	42	24	213	45	21	5	$\underline{21}$
宜丰话	31	13	112	53		5	
弋阳话	33	13	51	35	21	5	3

（五）客家方言

客家方言，也称客家话或客话，主要分布在广东东部、福建西南部、江西南部、湖南东南部的边缘地带，广西、四川、海南、台湾等省、自治区也有零散的分布。

客家方言以梅县话为代表，该方言的语音特点主要表现在以下几个方面：

（1）古全浊塞音、塞擦音声母今方言清化，无论平仄，一律读送气清声母。例如，古全浊声母字“稻”“助”的声母，在今梅州话、赣州话中分别读同古清音声母字“套”“醋”的声母读音，见表 1—15。

表 1—15

	套 = 稻		醋 = 助	
梅州话	[t'au꜄]	[t'au꜄]	[ts'ɿ꜄]	[ts'ɿ꜄]
赣州话	[t'ɔ꜄]	[t'ɔ꜄]	[ts'u꜄]	[ts'u꜄]

（2）客家方言辅音韵尾的类型相对其他方言更为丰富复杂一些。鼻音韵尾既有 [-m]、[-n]、[-ŋ] 的三分，也存在不同类型二分的情况；塞辅音韵尾既有 [-p]、[-t]、[-k] 的三分，也有不同类型二分的情况，有些方言还存在只收喉塞尾 [-ʔ] 的情况。例如，“男本江合铁木”六字在今梅州话、武平话、赣州话中的读音，见表 1—16。

表 1—16

	男	本	江	合	铁	木
梅州话	[꜁nam]	[꜂pun]	[꜀kɔŋ]	[hap꜇]	[t'iat꜆]	[muk꜆]
武平话	[꜁naŋ]	[꜀peŋ]	[꜂kɔŋ]	[haʔ꜇]	[t'ieʔ꜆]	[mək꜆]
赣州话	[꜁nã]	[꜀pəŋ]	[꜂kõ]	[hoʔ꜇]	[t'iɛʔ꜆]	[moʔ꜆]

（3）客家方言多数方言六个声调，少数方言五个或七个声调，如梅州话、河源话、

赣州话的声调，见表1—17。

表1—17

	阴平	阳平	上声	阴去	阳去	阴入	阳入
梅州话	44	11	31	52		1	5
河源话	33	31	24	12	55	5	2
赣州话	33	211	31	53		5	

客家方言与赣方言的语音特点非常相近，不少学者也曾提出将两方言合为一个客赣方言区的方案。不过，客家方言与赣方言在语音、词汇方面也确实存在着一定的差别。例如，客家方言古次浊上声字如“野”“有”“暖”等存在今读阴平调的现象，赣语多数方言则不具有这一特点。词汇方面，客家方言一般说“食饭、食茶”，赣方言则一般说“吃饭、吃茶”；客家方言说“系”，赣方言一般说“是”。

客家方言是客家人所使用的一种汉语方言，该方言无论是从方言的地理分布、方言持有的人群，还是从方言区的命名等方面，都与客家人这一特殊民系有着密切的联系，这一点从某种意义上说也有别于其他六大方言区与特定地理区域相联系的特点。

（六）闽方言

闽方言，也称闽语，主要分布在福建、海南、台湾等省，广东潮汕地区、雷州半岛，以及浙江南部的苍南、平阳和广西的桂平、平南等部分市县。

闽方言以福州话和厦门话为代表，该方言的语音特点主要表现在以下几个方面：

（1）古全浊塞音、塞擦音声母今方言清化，无论平仄，多读不送气声母。例如，古全浊声母塞音声母字“图毒瓶病”在今福州话、厦门话中的读音，见表1—18。

表1—18

	图	毒	瓶	病
福州话	[꜁tu]	[tøyʔ꜇]白	[꜁piŋ]	[paŋ꜅]
厦门话	[꜁tɔ]	[tak꜇]白	[꜁piŋ]文 [꜁pan]白	[pĩ꜅]

注：下标小字“白”为白读音；下标小字“文”为文读音。有文、白异读的字一般只列其白读音，此处厦门话因举例需要也列出了文读音。下文同。

（2）闽方言“方”字的声母读同“邦”字，“猪厨”的声母读同“都图”。试比较“邦方都猪图厨”六字在今福州话、厦门话中的读音，见表1—19。

表1—19

	邦	方	都	猪	图	厨
福州话	[꜀paŋ]	[꜀puŋ]	[꜀tu]	[꜀ty]	[꜁tu]	[꜁tuɔ]
厦门话	[꜀paŋ]	[꜀paŋ]	[꜀tɔ]	[꜀ti]	[꜁tɔ]	[꜁tu]

（3）闽方言各区片辅音韵尾类型的方言差异比较显著。就鼻音韵尾而言，闽南方言通常是[-m]、[-n]、[-ŋ]三分的类型，闽东、闽北方言则是前后鼻音不对立的[-ŋ]类型；

而塞辅音韵尾的类型，闽南方言尤其是方言的文读音，通常是 [-p]、[-t]、[-k] 三分，闽东方言通常只收喉塞尾 [-ʔ]，而闽北方言则呈现为无塞辅音韵尾的情况。例如，“三本江盒铁木”六字在今福州话、厦门话、建瓯话中的读音，见表 1—20。

表 1—20

	三	本	江	盒	铁	木
福州话	[꜀saŋ]	[꜂puɔŋ]	[꜀køyŋ]	[aʔ꜇]	[tʻieʔ꜆]	[møyʔ꜇]
厦门话	[꜀sam]文 [꜀sã]白	[꜂pun]	[꜀kaŋ]	[ap꜇]文 [aʔ꜇]白	[tʻiɛt꜆]文 [tʻiʔ꜆]白	[bɔk꜇]文 [bak꜇]白
建瓯话	[꜀saŋ]	[꜂pɔŋ]	[꜀kɔŋ]	[xɔ꜅]	[tʻiɛʔ꜆]	[mu꜇]

注：下标小字“文”为文读音；下标小字“白”为白读音。有文、白异读的字一般只列其白读，此处厦门话因举例需要也列出了文读音。

（4）多数方言的声调七到八个，如福州话、厦门话、潮州话的声调，见表 1—21。

表 1—21

	阴平	阳平	阴上	阳上	阴去	阳去	阴入	阳入
福州话	44	52	31		213	242	23	4
厦门话	55	24	51		11	33	32	5
潮州话	33	55	53	35	213	11	21	4

（七）粤方言

粤方言，也称粤语，主要分布在广东的中部和西南部、广西的西南部，以及香港、澳门特别行政区。

粤方言以广州话为代表，该方言的语音特点主要表现在以下几个方面：

（1）古全浊塞音、塞擦音声母今方言中已经清化。例如，古全浊声母字“稻”“逐”的声母，在今广州话、中山话中分别读同古清声母字“到”“竹”的声母读音，见表 1—22。

表 1—22

	到	稻	竹	逐
广州话	[tou꜄]	[tou꜅]	[tsok꜆]	[tsok꜇]
中山话	[tou꜄]	[tou꜄]	[tsok꜆]	[tsok꜇]

（2）古全浊塞音、塞擦音声母字今方言读清音声母，其中平声、上声字今读送气清音声母，去声、入声字今读不送气清音声母。例如，平声上声字“徒肚猪~”与去声入声字“洞逐”在今广州话、中山话中的读音，见表 1—23。

表 1—23

	徒	肚猪~	洞	逐
广州话	[꜁tʻou]	[꜃tʻu]	[toŋ꜅]	[tsok꜇]
中山话	[꜁tʻu]	[꜂tʻu]	[toŋ꜄]	[tsok꜇]

（3）粤方言多数方言点：鼻音韵尾有 [-m]、[-n]、[-ŋ] 三个，塞辅音韵尾有

[-p]、[-t]、[-k] 三个。例如，“三本江合七木”六字在今广州话、中山话、台山话中的读音，见表 1—24。

表 1—24

	三	本	江	合	七	木
广州话	[꜀sam]	[꜂pun]	[꜀kɔŋ]	[hɐp꜇]	[ts‘ɐt꜆]	[mok꜇]
中山话	[꜀sam]	[꜂pun]	[꜀kɔŋ]	[hɔp꜇]	[ts‘ɐt꜆]	[mok꜇]
台山话	[꜀ɬam]	[꜂pɔn]	[꜀kɔŋ]	[hap꜇]	[t‘it꜆]	[ᵐbøk꜇]

（4）多数方言声调八个到九个，少数方言声调六个到七个，如广州话、中山话和台山话的声调，见表 1—25。

表 1—25

<table>
<tr><th></th><th>阴平</th><th>阳平</th><th>阴上</th><th>阳上</th><th>阴去</th><th>阳去</th><th>上阴入</th><th>下阴入</th><th>阳入</th></tr>
<tr><td>广州话</td><td>55</td><td>21</td><td>35</td><td>13</td><td>33</td><td>22</td><td>$\underline{55}$</td><td>$\underline{33}$</td><td>$\underline{22}$</td></tr>
<tr><td>中山话</td><td>55</td><td>51</td><td colspan="2">213</td><td colspan="2">33</td><td colspan="2">$\underline{55}$</td><td>$\underline{33}$</td></tr>
<tr><td>台山话</td><td>33</td><td>22</td><td>55</td><td>21</td><td colspan="2">31</td><td>$\underline{55}$</td><td>$\underline{33}$</td><td>$\underline{21}$</td></tr>
</table>

20 世纪 80 年代，中国社会科学院和澳大利亚人文科学院联合绘制出版了《中国语言地图集》，将现代汉语方言分为官话、吴语、湘语、赣语、客家话、闽语、粤语、晋语、徽语、平话十区。相比较而言，《中国语言地图集》的十区是在七大方言区的基础上增设了晋语、徽语和平话三个方言区。晋语主要分布在山西的大部，以及与之相毗连的陕西、内蒙古、河北、河南等省、自治区的部分市县，具体指山西及其毗连地区有入声的方言。徽语主要分布在安徽南部、浙江西部、江西东北部原属旧徽州府、严州府、饶州府的部分地区。徽语最突出的特点是，它兼有北方方言、吴方言、赣方言的方言特征。平话主要分布于广西桂林至南宁一带的铁路与河流等交通沿线，如灵川至南宁的铁路沿线，桂林沿漓江、南宁沿左右江和邕江以及柳州沿融江的水路沿线等。该方言多分布在城市郊区、大小集镇和乡村。平话有桂北平话和桂南平话的不同，不过，各地平话都拥有一个共同的语音特点，即中古全浊塞音、塞擦音声母字今多读不送气清音声母。关于晋语、徽语和平话的设立，学界目前意见还不尽一致。有关晋语、徽语和平话的方言特点及其方言归属，有待将来更为深入的调查和研究。

五、现代汉语的特点①

汉语属汉藏语系语言，历史悠久，源远流长。现代汉语与古代汉语相比有不少差

① 本书作为高等院校“现代汉语”课程使用的教材，将重点讲授有关现代汉民族共同语的语音、语汇、语法、语用等方面的基础知识和基本理论，因此，在没有特殊说明的情况下，本书后面提到的“现代汉语”通常指现代汉民族共同语——普通话。

别，与世界其他语系语言比较，也存在着许多的不同。限于篇幅，这里仅以印欧语系语言为参照，简要列举现代汉语在语音、语汇和语法方面的一些主要特点。

（一）语音方面

（1）单音节有声调语言。现代汉语每个音节都有一个能够区别词义或语素义的声调。声调有平、升、降与降升等多种旋律变化类型。

（2）没有复辅音。现代汉语的音节内没有两个或多个辅音相连的情况。既不可能在音节首出现［pl-］、［sk-］、［str-］之类的辅音音丛，也不可能在音节尾出现［-ks］、［-kst］等辅音相连的形式。

（3）音节间的界限相对分明。现代汉语音节通常有声母韵声调三部分构成，如“三［sān］”。辅音声母可以标记音节的左边界，辅音韵尾可以标记音节的右边界，每个音节都有一个声调，也可以辅助区别音节的边界。显然，现代汉语区别音节边界的标记，相比其他语言更为丰富一些。

（4）元音在组配音节结构时占重要地位。汉语音节可以没有辅音，但不可以没有元音，而且汉语的音节允许两个或多个元音相连，形成复元音。

（二）语汇方面

（1）单音节语素居多，双音节词占优势。现代汉语的语素一般以单音节为主，如“山”“人”“民”等；词以双音节形式居多，如“玻璃”“眼睛”“火车”等；多音节词则占少数。

（2）词根复合构成的合成词居多。现代汉语合成词的构词方式有词根复合、词缀附加、语素重叠等多种类型。其中，利用词根复合构成的词数量最多，如“司令”“地震”等。利用附加、重叠构成的词相对较少。

（三）语法方面

（1）虚词、语序相比形态变化而言，是现代汉语较为重要的两种语法手段。所谓形态变化，是指表示一定语法意义的词形变化。如英语表示单数的 box 与表示复数的 boxes，作主语的 we 和作宾语的 us 等。现代汉语很少使用形态变化这类语法手段构词或组词造句。汉语在组词造句的过程中更多使用的是虚词和语序。例如，述补结构“吃得饱”中的助词“得”，以及疑问句“吃了吗”中的语气词“吗”，都是利用虚词表示一定的语法意义。而“来客人啦”与“客人来啦”，则是利用不同语序组构出述宾、主谓不同类型的句法结构。

（2）词根复合构词规则与短语结构规则存在较多的一致。词根复合构词与组词构造短语，都存在主谓、述宾、偏正、补充、联合等结构类型。例如主谓式的词“地震”与主谓结构的短语“红旗飘飘”，偏正式的词“冰凉”与偏正结构短语“凛冽的寒风”等。

(3) 词类与句法成分关系复杂。英语的某个词类语法功能相对单纯一些，一类词通常只充当一种句法成分。汉语则不同，同一个词类语法功能多样，可以充当多种句法成分。就拿名词来说，既可以作主语、宾语，也可以作定语、谓语等。

(4) 量词相对比较丰富。现代汉语的名词没有英语那样区分单复数的词形变化，数词与名词组合表达事物的数量时，数词与名词间通常需要加量词。而且，不同名词对量词还有一定的选择性，如“一头牛”“一辆车”等。

(5) 语气词区别语气细微。现代汉语在句末通常使用特定的语气词表示特定的语气，这点也与印欧语系语言有明显不同。语气词不同，表达的语气或多或少也有一定差别。

(6) 述补结构较为独特。现代汉语有“把”字句、被字句等句式，有“吃食堂”“吃大碗”等比较特殊的结构，如果从类型学的角度考察，世界其他语言似乎也存在表示处置、表被动的句式，也存在着一些“吃大碗”之类的特殊搭配。然而，现代汉语的述补结构如“好得很”“买不起”“跑得（他）满身大汗”等，却是汉语相对世界其他语系语言比较独特的一类句法结构。

六、现代汉语的地位

中国是一个多民族的国家，境内有汉语、藏语、蒙语、壮语、维吾尔语等几十种语言。由于政治、经济、文化的需要，各兄弟民族语言在发展演变过程中都或多或少不同程度地受到了汉语的影响，各兄弟民族也有越来越多的人开始学习并使用汉语，不少民族甚至将汉语作为主要的交际工具来使用。目前，汉语分布于全国各地，使用人口已占全国总人口的90%以上。现代汉语不仅是汉民族通用的语言，而且是全国各民族用来沟通的重要交际工具。

汉语是世界主要语言之一。汉语在历史上就曾对周边国家的其他民族语言产生一定的影响，尤其是对朝鲜语、日语、越南语的影响更为显著。目前，日语、韩语、越南语中仍保留着大量的汉字词。汉语在今天依然是世界上使用人口最多的一种语言。除了中国，汉语还广泛分布于世界各大洲。汉语是联合国六种正式工作语言之一，它在密切各国经济文化往来的众多国际交往中无疑发挥着重要的作用。近几十年来，随着中国经济文化的飞速发展，越来越多的外国人开始对汉语产生兴趣，汉语也越来越受到世界许多国家的重视。现代汉语在未来的世界经济文化往来方面无疑扮演着越来越重要的角色，发挥着越来越重要的作用。

七、现代汉语规范化

（一）现代汉语规范化的含义

要想理解现代汉语规范化的内涵，首先要明确什么是规范和规范化。所谓规范，是指人们所效法的标准。规范化就是制定一些标准，确立一定的规范，让人们去效法，去遵循。现代汉语规范化，顾名思义，就是根据现代汉语的语言实际，制定语音、语汇、语法的标准，确立现代汉语的语言规范，用标准语来规范人们的言语交际，规范人们在言语交际中不符合标准的一些语言现象。现代汉语规范化具体内容大致体现为以下两个方面：一是确立语言规范，即制定语言的标准；二是遵循规范，即人们自觉地按照标准语去进行言语交际。

有人或许会问，现代汉民族共同语已经形成了，大家都在努力学习普通话，为什么还要强调现代汉语规范化呢？正确地使用祖国的语言，是我们每个国人的职责；纯洁、健康自己的母语，是我们每个国人的义务。五四运动以来，“白话文运动”“国语运动”等虽然大大推动了汉民族共同语的发展，使汉民族共同语已渐趋成熟，但是，现代汉民族共同语在某些方面仍有不完善之处，仍需要规范。就目前标准语的状况来看，现代汉民族共同语内部仍然存在着一些分歧，语音、词汇和语法方面经常出现一些混乱现象。就标准语的使用方面看，现代民族共同语在全国范围内的普及程度仍然很不够。汉语内部，方言分歧比较显著，仍需要大力推广普通话。

（二）现代汉语规范化的标准

现代汉语规范化的标准是在1955年召开的两次语言文字工作会议上提出的。1955年10月，教育部和中国文字改革委员会联合召开了“全国文字改革会议”，接着，中国科学院召开了“现代汉语规范问题学术会议”。会议确定了“汉字改革、推广普通话、实现汉语规范化”语言文字工作的三大任务，明确了现代汉语规范的标准，即以北京语音为标准音，以北方方言为基础方言，以典范的现代白话文著作为语法规范。

1. 语音标准

以北京语音为标准音。起初，在确立现代汉民族共同语的语音标准时，人们曾经设想过，综合各地语音情况，人为制定出一个标准语音系统来。这一设想最终并没有成功。原因是，汉语方言的语音分歧比较显著。就拿方言分歧较小的北方方言来说，各地语音仍不一致。综合各地语音情况，制定出一个标准语音系统，事实证明是不可行的。

语言实际告诉我们，语音标准必须以一个具体的语音系统为基础。如果综合各地语音情况来制定标准，所有的方言都是标准，实际上就等于没有标准。那么，又该选何种方言的语音系统作为现代汉民族共同语的标准音呢？人们选定了北京语音。明清以来，北京逐步成为中国政治、经济和文化的中心，北京话因而逐渐成为北方话中影响最大的方言。在民族共同语的发展过程中，北京话逐渐发展成为人们交际中通用的语言，成为全民族的共同语，显然是有一定语言文化背景的；选取北京语音作为标准音，也是有一定历史依据的。

现代汉民族共同语选取北京语音为标准音，主要是采用了北京话的语音系统，并不包括北京话里的土音成分。比如北京话里的土语词“言语声儿”，读音是 yuányi shēngr，就不是普通话的标准读音。北京话里还有一些读儿化、轻声的词语，普通话并不读儿化、轻声。

2. 语汇标准

以北方方言为基础方言。北方方言一直是汉民族共同语的基础方言，语汇以北方方言为基础方言也是有历史依据的。春秋战国时期“雅言”的方言基础大致在黄河中下游地区。秦汉至唐宋，基础方言的中心大致在洛阳、西安一带。明清以来，基础方言中心由南京转移到北京，虽然基础方言的中心多有变更，但都处于北方方言区域之内。

北方方言大部分词语都可以进入普通话，一些地方性较强、只通行于局部地区的土语词，则应舍弃。普通话语汇虽然是以北方方言为基础方言的，但也并不排除从其他渠道吸收一些新鲜的、富有表现力的语词。普通话语汇中不仅有从其他方言吸收来的方言词，有从古汉语继承下来的古语词，还有从其他民族语言中吸收来的一些外来词等。

3. 语法标准

以典范的现代白话文著作为语法规范。现代汉民族共同语的语法规范没有选取人们的口语形式，而是以书面语形式的现代白话文著作为语法规范。其主要原因是，书面语是在口语基础上经过加工提炼过的语言形式，书面语相对于口语来讲，更为规范。而典范的现代白话文是一种文学语言，是在书面语基础之上再次经过加工、提炼了的语言形式，它比一般的书面语更为规范。因此，选取最为规范的文学语言作为标准，相对比较合适。我们在确立语法规范的时候，并没有把所有的文学作品都考虑在内，而是只选择了那些典范的现代白话文著作，基本考虑是，典范的现代白话文著作，既为典范，它的语言应是现代最具代表性的语言，它反映出的语法特点在现代汉语中应具有一定的代表性。它的语法特点在当今一定的历史时期内，会具有一定的稳固性。典范的现代白话文著作，既为典范，它对现代社会的影响面也相对比较广泛。考虑到典范现代白话文著作语言方面的代表性、相对的稳固性以及它社会影响方面的普遍性，现代汉民族共同语的语法规范因而选取了典范的现代白话文著作。

需要补充说明的是，典范的现代白话文著作，即使再典范，作品中也或多或少会有一些不符合标准语语法的特殊用例。现代汉语规范化在确立语法规范时，只选择典范现代白话文著作中的那些具有普遍性的用例，一些特殊用例是不在其内的。

2001 年 1 月，《中华人民共和国国家通用语言文字法》正式颁布实施。国家以法律的形式推广普通话，加强语言文字的规范，无疑会大大促进现代汉语的规范化。

第二节 现代汉语的书写符号——汉字

学习要点

- 现代汉字的特点
- 汉字的构造方式
- 汉字的构造单位
- 汉字形体的演变
- 汉字简化
- 汉字整理

一、文字

我们平常说的文字有两种含义：一种是指用来记录语言的书写符号系统，这个系统不仅包括用一定的点和线构成的文字符号，还包括文字书写规则等方面的内容；另一种是指用文字记录的书面语言，即语言的运用。如：

文字改革　字：记录语言的符号系统。

文通字顺　字：用文字记录的书面语言。

语言文字学多把文字界定为第一种意义，专指记录语言的符号系统。

语言在产生之初通常是以口语为存在形式的。口语以语音为物质载体，一发即逝，明显存在两大局限：第一，时间上，它不利于把信息传递给后世；第二，空间上，它不易于把信息传递到远方。随着历史的发展，人们渐渐发现，口语在传递信息的过程中受到时空的限制，单凭口耳传达的信息十分有限。为了适应交际中语言记录的实际需要，人们开始用一些符号来记录语言信息，文字在此基础上就产生了。文字是人类记录语言的书写符号系统，是语言信息的书面体现者。文字可使人们的语言交际摆脱时间、空间的枷锁，从而大大便利人们的信息传递。文字的产生对于人类的意义无疑是重大的。有关文字的产生，各民族还有一些优美的传说。汉字相传是仓颉所造。仓颉是黄帝的史官，长着四只充满灵性的眼睛。他看到飞鸟落地后的爪印，野兽行走过后的足迹，大脑顿时萌生出一股灵感，创造了文字。仓颉造字后，惊动了天地鬼神，五谷像雨点一样从天而降。传说毕竟是传说，文字当然不是仓颉一人所造，而应是劳动人民在社会实践中为了满足社会交际需要才创造出的。不过，如果换个角度考虑，我们可以发现，仓颉造字惊天地、泣鬼神的传说在一定程度上也反映出，杜撰仓颉造字故事的人已经意识到汉字产生对于人类自身的重要性。

文字是人类最重要的辅助性交际工具，在人们的言语交际中起着重要的作用。首先，文字对促进文化交流有重大意义。在文字没有产生以前，人们只靠口头语言来交际，也就是说人们只利用面对面直接交际的方式来传递信息。大家可以想象一下，这样的交流沟通太受限制了。文字产生之后，人们可以不受时间限制，按照自己实际需求自由地选择交流信息的时间，有了文字，人们再也不怕空间距离的障碍。在不同时间、不同地点的文化交流方面，文字的作用无疑是巨大的。其次，文字对促进语言发展有积极意义。文字并不仅仅是被动地记录语言，它会在记录语言的过程中积极地促进语言的发展。文字产生之后，书面语也就随之产生了。口语是人们口头的表达形式，受时间、空间条件的影响制约，往往随意性较强，不够严谨。书面语是人们在口语基础上加工锤炼了的语言，逻辑上、结构上相对来说更为严密。由此可见，文字的出现，有助于语言的丰富、精练，有助于语言的规范化。

二、汉字及其特点

明确了文字这一概念之后，汉字的定义也就容易理解了。汉字是记录汉语的书写符号系统。在世界所有的文字体系中，汉字是相对比较特殊的一种，与其他文字相比具有以下特点：

（一）汉字是表意体系的文字

汉字与世界其他文字相比，最显著的不同表现为，汉字是表意体系的文字。从汉字的形体特征方面看，汉字符号的构成具有一定的理据，见字可以知义。例如："山、水、人"为象形字，它们都是描摹事物外形造出的汉字；"一、二"为指事字，它们是用笔画的数目表示数量；"休、采"为会意字，"人"依靠着"木"表休息，"手"在"木"上表采摘等。依据字形推断字义，见字知义，是汉字的特点。在汉字发展的历程中，大量形声字的出现无疑给汉字带来大量表音的构字部件。这只能说明汉字在发展的过程中有形声化的趋势，但仍未彻底改变汉字表意的根本性质。形声字的意符就是表意的，有些声符与汉字的字义也有密切关系。汉字的理据性决定了这种文字符号的表意性，也同时说明汉字是表意体系的文字。从汉字的记录功能方面看，汉字更倾向于区别意义，见字可以辨义。汉语中有大量的同音成分，单凭语音无法辨别意义的不同，相反，通过字形就可以区别。字形有别，意义不同，见字可以辨义，说明汉字的表意性。例如，"木——目、林——临、眼——演"，单凭语音是不能辨别的，但从字形方面粗略辨析它们的意义，却是没有什么问题的。

（二）一个汉字的语音形式呈现为一个音节

从汉字的语音形式方面看，一个汉字基本上呈现为一个音节，如：

天 tiān　地 dì　人 rén　眼 yǎn　鼻 bí

单字是可以独立使用、记录语言成分的最小单位，也是汉字系统中与语素、词等语言单位关联最为密切的一级结构单位。特殊情况下，汉字也有一个字对应两个音节的情况，如瓩 qiān wǎ。1977 年《部分计量单位名称统一用字表》已经将这些字规范掉了。两个音节写成一个汉字虽然比较节省空间，但是要增加一些新字，会增加人们识字、记忆汉字的负担，且这些汉字也不符合汉字一字一音节的基本特点。

汉字一字一音节，指的是一个汉字呈现为一个音节的语音形式，而不是一个汉字专职记录某一音节，汉字与音节的关系不是一一对应的。汉字与音节的对应关系大致有以下三种：

1. 一字一音

有些汉字一字代表一个音节，反过来，一个音节也只同一个汉字相对应。见表1—26。

表 1—26

bīng	shān	gāo	shuǐ
冰	山	高	水

2. 一字多音

有些汉字一字有两种或两种以上的读音，这类汉字我们称为多音字。见表 1—27。

表 1—27

chuán	zhuàn	cháo	zhāo	dīng	dìng	hái	huán
传		朝		钉		还	

3. 多字一音

有些汉字字形虽然不同，但读音却是相同的，这类汉字我们称为同音字。见表 1—28。

表 1—28

xīn	shān	jiā
新心欣辛锌	山衫删珊煽	家加佳夹嘉

（三）汉字是语素文字

从汉字记录的语言单位方面看，汉字是语素文字。语素是最小的音和义的结合体，也是最小的语法单位。汉语语素以单音节为主，书写符号往往是一个单字。例如，“天 tiān、人 rén、眼 yǎn、鼻 bí”等都是最小的音义结合体，是语素，它们分别是用“天、人、眼、鼻”等单字来记录的。汉字有音、有形、有义，是音、形、义的统一体。汉语中也有一些多音节语素，如“玻璃、葡萄、布尔什维克”等。记录这些多音节单纯词的汉字，虽然是一字一个音节，但单字记录的并不是一个语素，每个汉字也不是音、形、义的结合体。不过，这些字在汉字总量中所占比例并不高，并不反映汉字的本质，自然不能否定汉字是语素文字的性质，也不能否定汉字是音、形、义结合体的特点。

人们常说，汉字数量多，结构复杂。这种状况是汉字本身的特点决定的。

这里将汉字与表音的字母文字作一比较。字母记录的通常是音位。一种语言中的音位是有限的，最复杂的也不过几十个，因而，需要记录音位的字母也不需要太多。汉字是语素文字，也是表意体系的文字，语素的数量是巨大的，表示不同意义语言成分更是数不清。语言系统中的音位是一个有限的封闭的集合，意义却是一个无限的开放的集合。汉语要记录下数量巨大的音义组合成分，需要的汉字自然也就非常多。汉字数量越多，不同汉字用以相互区别的字形结构相对来说就越复杂。因为，大量的汉字需要通过形体差异来相互区别。追求形体有别，自然就需要变化不同汉字内部的组合结构来实现。而变化字体组合结构最常用的办法，就是增加汉字字符组成结构方面的复杂度，来增强不同汉字的区别度。

三、汉字的作用

汉字是汉民族劳动人民在长期的生产劳动和社会实践中创造出来的记录汉语的书面交际工具。千百年来，汉字在传承历史文化、促进民族文化交流等方面起到了重要的作用。汉字的作用与意义大致可以从以下几个方面来总结：

（一）汉字记载了中华民族灿烂的文化

中华文明源远流长。五千年的风雨沧桑与灿烂文化，恐怕只有在汉字产生之后才得以记录下来，并得到继承和发展。中国古代的四大发明，古人留下的大量文学经典，如果没有汉字记录，恐怕我们后人已无法领略与分享古人的这些智慧与成果。

（二）汉字为不同方言之间的信息传递提供了便利

汉语方言丰富而复杂。且不说北方官话区的人听不懂南方方言，就是南方方言内部，不同方言区的人相互听不懂对方方言的情况也很常见。更有甚者，有些地方话虽然属于同一种方言，彼此却不能通话。比如浙江南部一些山区的方言，虽然都属浙南吴语，却存在着“十里不通话”的状况。当地人走出家门十里，就听不懂对方所说的话，可见方言差异的显著。汉字是表意体系的文字，它可以不受语音的限制，可以通过字形关联汉字表达的意义。不同方言区的人，尽管方言分歧较大，方音难辨，但通过汉字，则可以摆脱方言口音的羁绊，从而实现彼此交流，顺利地理解并把握对方所传递的信息。

（三）汉字在汉语语言统一方面功不可没

汉字对于汉语的意义恐怕不仅仅是它的记录功能。汉字在汉语的发展、规范，汉民族共同语的形成方面，也起了重要的作用。汉语恐怕是世界上方言差异最为显著的语言了。方言差异如此大的汉语没有像印欧语系的拉丁语那样分化为几种不同的语言，这恐怕与汉字独特的特点有一定关系。汉字是表意文字。各地方言虽然读音各异，但是书同文，字同义，汉字记录的书面语在规范语言、统一语言方面无疑有着积极的影响，即在维系语言统一方面起了重要的作用。

（四）汉字跨越国界的传播，促进了民族文化交流

汉字对周边语言文字的影响是有目共睹的。就以日语、朝鲜语为例，两种语言起初并没有自己的文字，曾经借用汉字作为语言的书写符号。目前，日语、朝鲜语中还存在着大量的汉字词。

汉字是记录汉语的书写符号。从古今汉语的使用情况看，汉字记录汉语虽然或多或少存在一些问题，但总体来讲，汉字还是基本适应了人们记录汉语的基本需要的。

上古汉语，汉语以单音节词为主，汉字较多情况下记录的是一个单音节语素，同时又是一个词。一字一音节，一字一语素，一字一词，汉字基本满足了人们记录语言的需要。

时至现代，汉语双音节词增多。汉字是语素文字，汉字记录汉语的基本状况是一字一音节、一字一语素。双音节词或多音节词可以用两个或多个汉字来表示，汉字同样能满足人们记录语言的需要。

随着时代的发展，汉语中不断涌现一些新词。这些新词较多情况是用语言中原有的构词成分来创造的，此类情况下，汉字仍然能够满足人们记录语言的需要。也有一些新词，无法用语言中原有的成分来表示，可能需要新造出一些汉字。人们新造汉字，也大多数是利用汉字原有的构字部件，依据汉语原有的构字方式新造出来的。汉字同样可以适应人们记录语言的需要。随着汉字计算机输入输出技术的突破，汉字在人们的社会生活中正发挥着越来越大的作用。

四、现代汉字的构造

（一）汉字的构造方式

形态各异的汉字通常是根据一定的原则和方法构造而成的。汉字的构造方式传统上有“六书”之说。“六书”即象形、指事、会意、形声、假借、转注六类造字法。严格来说，“六书”中只有象形、指事、会意、形声四种才可称得上是造字法；假借和转注只是对已有汉字的运用，两种方式并没有造出任何新字。

1. 象形

象形是用线条描摹实物形状来表示字义的一种造字法，如“人、日、月、木、水、雨、车、舟、牛、羊”等。（见表1—29）

表 1—29

人	日	月	木	水	雨	车	舟	牛	羊

人：字形描摹出一个人侧身站立的样子。

日：字形圆圆如一轮红日。

月：字形弯弯似一弯新月。

木：字形像一棵树的形状。

水：字形描摹出水潺潺流淌的样子。

雨：字形描摹出雨点滴落的样子。

车：字形描摹出一辆车的形状。

舟：字形描摹出一条小船的样子。

牛：字形描摹出了牛的头部。

羊：字形描摹出了羊的头部。

有的象形字描摹的是事物的整体形状，如“人、日、月、车、舟”等。有的则只是描摹事物的特征部分，如“羊、牛”等，只是描摹出“羊、牛”的头部。

象形字近于图画，但又与图画有本质区别。象形字之所以是文字而不是图画，在于它的符号性，它是同特定语音对应并记录一定意义的符号，而不是与语音、语义无关的图画。象形字造字之初近于图画，随着汉字字形的演变，特别是到了隶书、楷书字形时期，象形字也不太象形了。象形造字法本身存在着一定的局限性，一些抽象的概念、无法描摹形状的事物是很难用象形法来造字的。因此，汉字利用象形造字法造出的字并不多。

2. 指事

指事是用象征性符号或在象形字的基础上添加提示符号来表示字义的一种造字法，如“上、下、本、末、甘、三”等，见表 1—30。

表 1—30

上	下	本	末	甘	三

上：古字形是在上方加一象征性标志为“上”。

下：古字形是在下方加一象征性标志为“下”。

本：在“木”的下端加一提示符号，表示“本”，指树根。

末：在“木”的上端加一提示符号，表示“末”，指树梢。

甘：在口中加一提示性符号，表示口中含着甘甜的食物。

三：用三横表示数量“三”。

指事字有两类：一类是用象征性符号造字，如“三、上、下”等。另一类是在象形字的基础上添加提示性符号造字，如“本、末、甘”等。两种情况相比，前种方法造出来的字较少，后者相对前者多一些。

3. 会意

会意是组合两个或两个以上的字形来表示字义的一种造字法，如“炙、从、林、森、歪”等。

炙：肉在火上，指“烤肉”。

从：表示一个人跟随另一个人，指“跟随”。

林：两木重叠，意味着树木多，树多为“林”。

歪：“不正”意思即“歪”。

会意组合两个或两个以上的部件构成一个汉字。组合部件可以左右排列，也可以上下叠置，组合而成的汉字通过会意可以表示一些抽象的意义。

4. 形声

形声是组合表意的形符与表音的声符来表示字义的一种造字法。如“清、请、狮、锌”等字。

清：从水青声。

请：从言青声。

狮：从犬师声。

锌：从金辛声。

象形字与指事字均是独体字。会意字与形声字都是合体字，是组合两个部件构成的字形。相比较，象形、指事造出的汉字非常有限，会意虽然比前二者多一些，但所造的字仍然数量有限。四种造字法中利用形声造字法造出的汉字最多。

形声字与字义相联系的构字部件叫形符，如“清、请、狮、锌”等，字的构字部件“水、言、犬、金”就是形符。形声字与字音相联系的构字部件叫声符。如“清、请、狮、锌”等，字的构字部件“青、青、师、辛”就是声符。形声字产生的方式大致有以下三种：一是直接组合形符与声符造字，如“镭、锌”等字。二是在原有字形的基础上添加声旁造字，如“鸡、齿”等字。三是在原有字形的基础上添加形旁造字，如“师、燃、薪”等字。事实上，根据前两种方式造出的形声字并不多，大量的形声字是按照第三种方式构成的。

形声字是由形符与声符组合而成的汉字。形符与声符的组合类型大致有以下几种情况：

左形右声：构 肌 纺 伟 粮

右形左声：放 期 胡 彰 瓶

上形下声：空 芹 菜 芭 苦

下形上声：袋 赏 婆 梨 灸

外形内声：围 阁 圆 裹 匪

内形外声：问 辩 闻 闷 瓣

形占一角：腾 颖 载 荆 栽

声占一角：旗 病 房 近 疵

在上述组合类型中，左形右声的形声字最多。据统计，该类形声字几乎占常用形声字的80％。

有些形声字声符、形符完全相同，形符、声符的组合类型却不同。形体差别构成了异体字，如：

峰——峯 惭——慙 略——畧

有些形声字，声符、形符完全相同，形符、声符的组合类型却不同。形符、声符配置方式的不同，构成了不同的形声字，如：

吟——含 裹——裸 叨——召 忙——忘 忡——忠

有些形声字的形符与整个汉字的意义相同，体现出形符表意的特点，如“爸、船”等字。“爸”的形符是“父”，意义是“父亲”，与“爸”的字义相同；“船”的形符是“舟”，意义是“船”，与“船”的字义相同。有些形声字的形符虽然不能完整表示字义，但形符与字义存在一定意义上的联系，如“唠、捞、涝”等字。“唠”的形符是“口”，与“唠”的字义关系密切，“唠”是要用嘴唠的；“捞”的形符是“手”，打捞东西自然离不开手；“涝”的形符是“水”，水多成灾为“涝”，字义与“水”有密切的联系。有些形声字的形符相同，字义也有密切的联系。如“杨、柳、梧、桐、杖”等，形符都是“木”，字义都与树木、木材有关。形声字的形符一定程度上可以帮助人们理解字义，辨析字义。

不可否认，形符表意也有一定的局限性，如“唠、捞、涝、痨、柳、枫、辆、轴”等字，形声字的形符仅能表示一个模糊的义类。而“镜、理、骗”等形声字，形符已与字义相差甚远。

理：从玉，本义是制玉，现在是整理、使整齐的意思。

骗：从马，本义是跳上马，现在是欺骗的意思。

镜：从金，古代多用青铜制成。

形声字的形符不能反映形声字字义的原因，主要有以下两个方面：（1）词义是不断发展变化的。由于词义的引申、转移与汉字的假借等因素，形声字的形符与字义常常会失掉意义上的联系。例如，“理”字，本义是“制玉”，后来因词义引申产生出“整理，使整齐”的新的字义，本义原本与汉字形符密切相关，而后来的引申义，与“理”字形符的意义完全失掉了关联。“骗”字本义是“跳上马”，意义原本与形符“马”有密切关系，“骗”被假借为“欺骗”的“骗”之后，就只表“欺骗”的意义了，意义与形符“马”完全失去了联系。（2）社会是不断向前发展的，世界的万事万物往往也会随着社会的发展不断发生变化。汉字在造字之初，字义与形符通常有一定关系。随着时代的发展，事物变化了，字义变化了，字义自然就会与形符的意义渐行渐远，并进而失去联系。例如，“镜”，古代是金属磨光制成的镜子，“镜”的字义与形符“金”有密切关系。可到了现在，镜子大多用比金属更为光滑的玻璃制成，“镜”的意义也就与形符“金”失掉了联系。

形声字的声符与汉字的字音有一定联系，声符在一定程度上有提示字音的作用。如“返”的声符“反”就与字音完全相同。该类现代汉字中也有较多的形声字，声符是与字音不同的。有人曾据《新华字典》里 7 504 个可以分析出形符、声符的字进行统计，结果声符与字音全相同的形声字只有 355 个，占 4.7%，仅仅是声韵同、声调不同的有 753 个，占总数的 10%。如：

海：从水每声。

急：小篆字形从心及声。隶书字形“及”改为“刍”。

成：从戊丁声。

赵：繁体字“趙”，从走肖声。

形声字声符不能准确反映形声字的字音，其原因大致有以下几个方面：（1）有些形声字在造字时，声符就未必与形声字字音完全相同。（2）有些形声字在造字时，声符或许是与字音相同的，但是，随着时代的发展，古今语音有了较大的变化，充当声符的字音与形声字的读音出现了分歧。（3）有些形声字在造字之初，声符或许与形声字音有密切联系，但是，随着古今时代的变迁，汉字的形体发生了较大的变化，汉字的声符与形声字的字音失去当初的语音联系，因而不能反映形声字的字音了。

（二）汉字的结构单位

1. 独体字与合体字

汉字的形体结构是可以分层次进行分析的。从整体字符角度着眼，汉字有独体字、合体字的不同。独体字是由单个部件直接组合而成的汉字，如“人、口、手”等字。独体字的特点是字形结构不可再分，具有整体性，字形具有不可分析性。合体字是由两个或两个以上的部件组合而成的汉字，如“信、江、明”等字。合体字的特点是可以拆分出更小的结构单位，即字形具有可分析性。汉字简化中有不少古代的合体字如今简化成了独体字，如：

鄉——乡　衛——卫　擊——击

2. 部件

部件是由笔画组合而成的结构单位，是构成汉字字形的基本单位。从笔画数量看，部件有单笔部件、多笔部件的不同。例如，“引”字，左边“弓”字为多笔部件，右边一竖是单笔部件。

从部件组构字形的具体功能看，部件有成字部件和不成字部件的不同。可以独立构成汉字字符的部件是成字部件，不能独立构成汉字字形的部件是不成字部件。例如，“造”字，部件“告”可以单独构成“告”字，因而是成字部件，部件“辶”无法独立成字，因而是不成字部件。

结构复杂的合体字，各部件是按照一定的层次组合在一起的。部件分析可以由整体到局部、由大到小逐层分析。见表1—31。

表1—31

<table>
<tr><th></th><th>一级部件</th><th>二级部件</th><th>三级部件</th></tr>
<tr><td rowspan="4">堡</td><td rowspan="3">保</td><td colspan="2">亻</td></tr>
<tr><td rowspan="2">呆</td><td>口</td></tr>
<tr><td>木</td></tr>
<tr><td colspan="3">土</td></tr>
</table>

不管是哪一层级，最小的不可拆分的基础部件均为末级部件，也可以称其为单部件。而由两个或两个以上的部件组成的部件叫复合部件。

根据部件的组合方式，合体字有如下的结构类型（见表1—32）：

表1—32

<table>
<tr><th colspan="2">结构类型</th><th>例 字</th></tr>
<tr><td rowspan="3">基本结构</td><td>左右结构</td><td>休、打</td></tr>
<tr><td>上下结构</td><td>岩、岗</td></tr>
<tr><td>包围结构</td><td>回、圆</td></tr>
<tr><td rowspan="3">派生结构</td><td>左中右结构</td><td>树、粥</td></tr>
<tr><td>上中下结构</td><td>器、曼</td></tr>
<tr><td>半包围结构</td><td>匡、造</td></tr>
<tr><td rowspan="2">一些特殊的组合结构</td><td>品字结构</td><td>品、晶</td></tr>
<tr><td>穿插结构</td><td>乘、爽</td></tr>
</table>

部件是组成汉字的基本结构单位。人们在书写汉字或查字典时，会经常与汉字的一个个部件特别是一些常用的部件打交道。为了称说上的方便，也常常需要给这些常用部件取个名字。一般来说，成字部件直接按字的读音称说就可以了，如“立”“早”两个部件构成“章”字，“弓”“长”两个部件构成“张”字。不成字部件的情况要复

杂一些。有些部件，大家平时已经有了通行的说法，如：

扌提手旁　亻单人旁　讠言字旁　氵三点水　忄竖心旁

纟绞丝旁　宀宝盖头　艹草字头　刂立刀旁　辶走之旁

考虑到大家已经习以为常的事实，我们通常应当保留这些部件的名称。有些部件的名称，人们叫法不一，如“冖”就有“秃宝盖”、“平宝盖”等不同称呼。该类部件的名称通常需要仔细斟酌，进行规范。而有些部件目前还没有固定的名称，如“廴”“冂”“匚”等，此类部件显然需要人们根据它们的构字特点给该类部件选取合适的命名。有人提出，可以根据这些部件最常用的功能，即根据部件最常构成的字来命名，如可将上述三例分别命名为“建字旁”“同字框”“区字框”，此类命名方式的确颇具启发性。

3. 笔画

笔画是构成汉字的各种点和线，是构成汉字的最小单位。

笔画分为单笔画和复合笔画两类。单笔画的形态有横、竖、撇、点、捺、提六类。单笔画相互组合可以构成复合笔画。复合笔画的形态（见表1—33）有横折、横钩、横折撇、横折钩、横折提、横折横、横折横弯、横折横弯钩、横折横折、横折横折钩、横折竖弯钩、横折横折撇、横折斜钩、竖提、竖钩、竖弯钩、竖折、竖横弯、竖横弯钩、竖折竖、竖折竖钩、竖折撇、撇点、撇折、斜钩、卧钩。

表1—33

笔画名称	笔画形态	例　字	笔画名称	笔画形态	例　字
横　折	㇕	敢	竖　提	㇙	切
横　钩	㇖	军	竖　钩	㇚	丁
横折撇	㇇	又	竖弯钩	㇁	狗
横折钩	㇆	习	竖　折	㇄	亡
横折提	㇊	诗	竖横弯	㇄	西
横折横	㇍	凹	竖横弯钩	㇂	儿
横折横弯	㇍	沿	竖折竖	㇉	鼎
横折横弯钩	㇈	几	竖折竖钩	㇉	马
横折横折	㇅	凸	竖折撇	ㄣ	专
横折横折钩	㇌	乃	撇　点	㇛	女
横折竖弯钩	㇋	阿	撇　折	㇜	红
横折横折撇	㇋	延	斜　钩	㇂	戈
横折斜钩	㇈	风	卧　钩	㇃	心

有人将汉字的基本笔画分为五类，这就是人们常说的“五类说”。“五类说”将汉字基本笔画分为横、竖、撇、点、折五种形态，“提”包括在横内，“捺”包括在“点”内。五类笔画形态经常用于工具书的排序。据统计，在当前通行的一万多个汉字中，横出现的频率为31%，竖为19%，撇为15%，点为17%，折为18%。

笔画与笔画组合，可以构成一些部件或独体字。笔画之间的具体组合，情况比较复杂。归纳笔画与笔画间的组合类型，不外乎以下几种：

相离关系：儿、八、川、二、三。

相接关系：人、入、丁、几、口。

相交关系：十、力、井、车、九。

相离、相接、相交是汉字最基本的三种笔画组合关系。有不少汉字同时利用其中的两种或三种组合关系来组构汉字，如“甯”字就同时用到了相离、相接、相交三种组合关系。汉字基本笔画有限，可具体汉字的数量却是非常大的。有限的笔画可以构成大量的汉字，这要归功于汉字笔画间不同的组合关系。有些字笔画形状与数量都相同，但笔画组合关系不同，构成的汉字也会有所不同，如“人、八、入”等字。

4. 笔顺

笔顺是汉字的书写顺序，即汉字书写时笔画的先后顺序。笔顺是人们在长期汉字书写的实践过程中总结出来的一些规则。按照笔顺写字，根据汉字的间架结构特点书写，有助于人们把字写得又快又好。汉字笔顺的规范化、标准化也有助于汉字的检索，有助于计算机信息处理。

笔顺的一般规则是：

先上后下——六：丶 亠 六

先左后右——川：丿 川 川

先横后竖——十：一 十

先撇后捺——人：丿 人

先外后内——同：冂 同

先中间后两边——水：亅 水

还有一些比较特殊的笔顺，这里就不再详细介绍了。详细内容可以参考 1997 年发布的《现代汉语通用字笔顺规范》。

五、现代汉字的规范化和标准化

（一）汉字形体的演变

在讨论现代汉字的规范化、标准化以前，有必要对汉字古今形体的演变情况作一简要回顾。

目前，我们所能见到的最早的成批汉字资料是殷商时代的甲骨文，距今已有3 000多年的历史。从甲骨文算起，汉字陆续出现过甲骨文、金文、篆书、隶书、草书、楷书、行书等各具特色的形体。

1. 甲骨文

甲骨文是 1899 年在河南安阳殷墟发现的一些刻在龟甲、兽骨上的文字，由于这些文字是用刀刻在龟甲、兽骨上面的，故称甲骨文（见图 1—1）。甲骨文记录的内容多是商代王室贵族的一些占卜活动，因此有人也称之为“殷墟卜辞”。殷商时期，甲骨文已经是相当成熟的一种文字。“六书”所提到的几种构字方式，甲骨文中几乎都有，其中象形字、会意字最多。甲骨文的主要特征是图画性较强，文字在形体上还保留着比较明显的图像性。甲骨文由于是用刀刻在龟甲、兽骨上的文字，所以笔画比较细瘦，方折笔画比较多。

图 1—1

2. 金文

金文是古代浇铸在青铜器上的文字。由于古人称青铜为金，所以叫金文（见图 1—2）。浇铸文字的铜器以钟鼎居多，故也有人称这种文字为钟鼎文。金文与甲骨文很相近。不同的是，金文的图画性比甲骨文有所减弱，部分汉字的字形结构有所简化。金文的主要特征是，文字的图画性有所减弱，符号性有所增强。由于金文是浇铸在青铜器上的文字，所以，笔画比较肥大厚实，字体结构、行款比甲骨文显得更加整齐。

图 1—2

3. 大篆和小篆

大篆和小篆，我们平时习惯笼统称为篆书。其实，大篆与小篆无论是在其各自流行的时代，还是在文字的形体特征方面都有明显的不同。

大篆是春秋战国时期流行于秦国的一种字体，这种字体以籀文、石鼓文等为代表。大篆由于是在金文的基础上发展而成的一种字体，其字形结构与金文大致相同。所不同的是，大篆的字形更加工整一些，且笔画粗细匀称，线条化特征更加明显。

图 1—3

小篆是秦统一六国后所推行的一种标准字体（见图 1—3）。秦朝以前，各地语言文字并不统一，异体字较多。秦统一六国后，秦始皇推行“书同文”政策，决定规范汉字字形，命令李斯等人以大篆为基础，整理改造当时汉字字形与结构。小篆就是在这种情况下产生的一种标准字体。小篆同大篆相比，字形更加整齐匀称，笔画更加流畅，结构更加简化，字体更为规范。小篆是我国历史上第一次汉字规范化所产生的一种标准字体。

4. 隶书

隶书是在小篆基础上形成的一种书写更为简易的字体（见图 1—4）。秦朝的标准文字是小篆。由于小篆笔画圆转，书写不便，民间于是开始出现一种相对于小篆书写更为简易的字体——隶书，隶书由于最初多为徒隶（下等的官吏、差役等）所用而得名。根据时代的不同，隶书分为秦隶、汉隶两类。秦隶顾名思义是秦朝的隶书，这种字体在秦朝主要流行于民间。秦隶在字形方面开始采用一些平直、方折的笔画，结构方面多采用民间比较流行的简体字。秦隶相对于小篆有了新的突破。汉隶顾名思义是汉代的隶书。汉代，隶书逐渐取代了小篆，成为当时的通行字体。字体也逐渐摆脱了小篆的影响，发展为一种全新的字体。汉隶在秦隶的基础上增加了“波势挑法”，笔势舒展，字体更为美观。隶书改造了小篆圆转的、带有一定图画性的笔画线条，形成了汉字横、竖、撇、点、捺等平直的基本笔画，从而打破了古文字象形的传统，奠定了今文字的基础，也因此摆脱了古文字图画性的特点，发展为彻底符号化的方块汉字。隶书无疑成为我国汉字发展史上的一道分水岭。

图 1—4

5. 草书

草书是一种笔画相连、书写速度较快的字体（见图 1—5），一般分为章草、今草、狂草三类。章草是汉代在隶书的基础上形成的一种草写体，这种字体由于流行于东汉章帝时期而得名。东汉末年，章草发展为今草，今草是楷书的草写体。今草不仅笔画相连，而且字与字之间也相连，书写的潦草程度比章草有所加重。唐代出现了狂草，从“狂草”的“狂”字可以想象出，狂草在“草”这一特征上的具体情况。狂草字体的潦草，笔画的简化，可以说达到了登峰造极的程度。

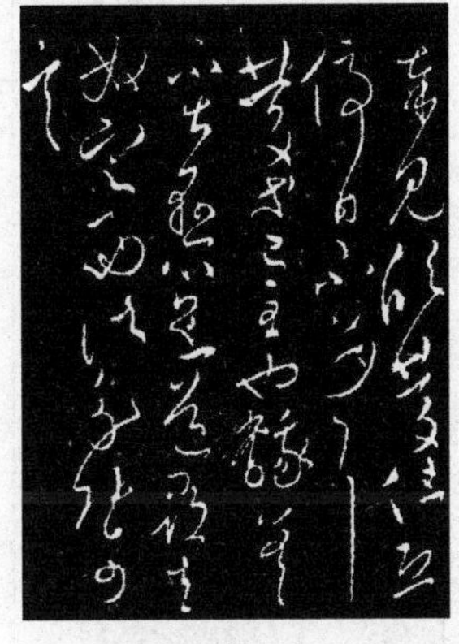
图 1—5

6. 楷书

“楷书”的“楷”，最初为“楷模”的意思。楷书，意即一种可以作为楷模的字体

（见图 1—6）。据研究，楷书专指现如今这种笔画平直、结构方正的楷书字体，大致是唐代以后的事情。楷书产生于汉代，到了魏晋南北朝时期趋于成熟，替代了隶书一直沿用至今。楷书字形方正，笔画平直，结构简单，是当今人们较为常用的一种字体。

图 1—6

7. 行书

行书是介于楷书和草书之间的一种字体。行书字体近似于楷书，但在楷书的基础上对部分笔画也进行了一定的简化，笔画也有相连的情况。行书笔画简单，笔势连贯，不像楷书那么拘谨，比较便于书写。行书笔势连贯，笔画相连，与草书的潦草也有明显不同。行书为了提高书写速度，只是部分笔画相连，且字形变化不大。它不像草书那样把字形搞得面目全非，字形相对比较容易辨认。

这里以“虎象鹿鸟鼎鬲壶尊受兴”等字为例，对照列表如下（见表 1—34）：甲骨文、金文、篆书、隶书、楷书、草书、行书等字体的比较。

表 1—34

印刷体	甲骨文	金文	小篆	隶书	楷书	草书	行书
虎							
象							
鹿							
鸟							
鼎							
鬲							
壶							

续前表

印刷体	甲骨文	金文	小篆	隶书	楷书	草书	行书
尊							
受							
兴							

现代汉字通常运用的是楷书、行书两种形体，但在一些特殊的场合，为了满足某种特定的需要，也常常用到篆书、隶书等汉字形体。

（二）汉字简化

考察古今汉字形体的演变，可以看出，汉字简化古已有之。不过，古代汉字的简化，多是随着汉字形体的自然演变而发生的一些简化，其简化远远比不上当今汉字改革、汉字规范化中的汉字简化。

简化具体表现为两个方面：汉字的形体简化与字数的减少。也就是说，汉字简化主要包含两方面的内容：一是精简字形，二是精简字数。

1. 字形简化

汉字在发展过程中，总体的趋势是形体简化，如：

漢——汉　　衛——卫　　塵——尘　　書——书

岗——岗　　聲——声　　後——后　　連——连

但也不排除个别汉字存在形体繁化的情况。汉字在发展演变过程中，为了求区别，有时要给字形增添一些成分。例如，“然”最初意义是“燃烧”，后来“然”字被借用为“然而”的“然”，原来“燃烧”的“然”只好左边加上“火”字旁，以区别“然而”的“然”了。

文字是记录语言的工具。文字形体演变中某个形体之所以能够存在的理由，在于它能满足人们的实际需要，它能以有效的方式服务于人们的语言交际。求简与求区别是人们对待汉字字形的两种截然不同的态度。求简或多或少会降低字形的区别度。而求区别，则会增加字形的复杂度。二者表面是一对矛盾，但在功能目标上却是一致的，都是为了更好地发挥汉字的功能与作用。因此，汉字简化工作要综合考虑求简、求区别两方面的因素。甲骨文、金文等古代文字象形意味浓，图画性较强，字形线条复杂，因此在后来汉字字形的发展演变中出现了简化。简化有利于发挥汉字的作用。但是，汉字简化也不能一味求简，简化不能简化到字与字之间失去应有的区别。求简应在保持汉字足够区别度的范围内进行，简化也应考虑到汉字自身的特点及其演变规律。不论什么时候，文字都应以易写、易认、端正美观、有利于信息传播为其最终目标。

2. 字数减少

汉字简化对字数的精简，主要表现为对异体字的规范。所谓异体字，是指跟规范的正体字同音同义而写法不同的字，如：

欲：欲——慾　　款：款——欵

吕：吕——呂　　吊：吊——弔

异体字只会给人们的识字、用字带来不必要的麻烦，因此，异体字需要规范。

汉字简化是汉字发展的必然趋势。1956 年，国家颁布了《汉字简化方案》。该方案规定："除翻印古籍和有其他特殊原因的以外，原来的繁体字应该在印刷上停止使用。" 1964 年，中国文字改革委员会根据《汉字简化方案》编印了《简化字总表》。汉字字形的简化，主要有以下几种方式：

（1）部件简化与更换：燈——灯、釘——钉、鐘——钟、鷄——鸡。

（2）保留汉字轮廓或特征部件：術——术、聲——声、霧——雾、號——号、齊——齐。

（3）同音近音替代：鬆——松、醜——丑、幹——干、後——后。

（4）草体楷化：爲——为、長——长、書——书、東——东。

（5）利用笔画简单的古体字、异体字等替代笔画复杂的繁体字：衆——众、雲——云、禮——礼、從——从。

汉字简化减少了笔画数目，提高了汉字阅读的清晰度；减少了通用汉字的数量，提高了人们学习汉字的效率。实践证明，汉字简化有利于汉字的识读和学习，有助于提高人民群众的文化水平，因而受到了大家的欢迎。

（三）汉字整理与汉字标准化

汉字整理是指对汉字字量、字形、字音、字序等内容的规范，具体表现为制定各项标准，全面、系统、科学地整理汉字，做到字有定量、定形、定音、定序，以促进汉字的标准化，提高人们对汉字的使用效率。

1. 定量

定量是指确定现代汉语用字的数量。汉字历史悠久。悠久的历史再加上汉字自身的一些特点，使得汉字系统在千百年来的历史发展过程中，累积了数量庞大的汉字符号。汉字符号数量多，可以为人们选择合适的汉字符号记录语言提供便利，但也增加了人们识字的负担。因此，规范现代汉语用字，剔除汉字中一些不必要的符号成分，确定汉字的数量，有着重要的意义和价值。

在字量整理方面，一些久已不用的废字，一些只会给人们增添负担的异体字，首先成了被规范的对象。1955 年 12 月，文化部、中国文字改革委员会联合发布的《第一批异体字整理表》一次就精简掉 1 055 字。1988 年 1 月，国家语委、国家教委发布了《现代汉语常用字表》，区分了常用字与次常用字，确定常用字 2 500 字，次常用字 1 000 字。同年 5 月，发布《现代汉语通用字表》，规定了通用字数量为 7 500 字。目前，人名用字、地名用字、科技用字等仍存在着一些问题，有待进一步研究和规范。

2. 定形

定形是指确定现代汉字的标准字形，内容包括汉字笔画、部件的规范，整个汉字形体的简化以及异体字的整理等。20 世纪五六十年代的汉字简化工作，不仅从字形方面简化了汉字，同时也在字形方面为现代汉字确定了规范。1986 年《简化字总表》发布以来，现行汉字简化字的字形基本确立。1965 年文化部、文字改革委员会联合颁布了《印刷通用汉字字形表》，确定了通用汉字印刷体的标准字形，规定了所收汉字的笔画形状、笔画数目及笔顺等，为人们使用汉字确立了字形规范。1997 年《现代汉语通用字笔顺规范》与《信息处理用GB13000·1字符集汉字部件规范》对现代汉字笔顺以及计算机用汉字部件也进行了规范。

3. 定音

定音是指确定现代汉字的标准读音。具体整理对象主要是现代汉语中的异读字、多音字等。1956 年普通话审音委员会成立。1958 年发布了《汉语拼音方案》。1957 年、1959 年、1962 年先后三次发布了《普通话异读词审音表初稿》。1985 年发布了《普通话异读词审音表》。上述研究成果为汉字字音的标准化打下了坚实的基础，同时也成为当今社会各界、各行业规范汉字字音的重要依据。目前，人名、地名的字音以及部分汉字字音是否读儿化、轻声等，还存在一些问题，有待进一步研究和规范。

4. 定序

定序是指确定现代汉字的排列顺序。编纂字典、词典，编排目录、索引，编制计算机用汉字字库等都会涉及汉字的顺序问题。汉字排列的顺序有义序、形序和音序三类。义序是按照字义的分类来排序的，如古代的《释名》《尔雅》。根据字义的分类来排序，操作起来困难较多，现在很少有人再使用了。音序是按字音的顺序来排序的。国内目前使用音序为汉字排序比较重要的依据是《汉语拼音方案》。形序是按照字形的顺序来排列的，主要包括笔画排序、部首排序与四角号码排序。目前汉字的排序较多使用的是音序和形序。音序方面的规范，比较麻烦的是同音字的排序。形序方面的规范，主要表现为笔画的次序、笔顺的先后、部首的设定与汉字的归部等。

（四）现代汉字的信息处理

当今社会已经发展到网络信息时代，计算机对于人们来说变得越来越重要了。计算机给人们带来了便利，也给人们带来了新的课题。人们希望能利用计算机有效地处理汉语信息，汉字的信息处理自然是不应回避的重点。汉字信息处理是利用计算机对汉字符号系统进行处理的一项技术。它涉及汉字的编码、输入、存储、编辑、输出和传输等多方面的内容。这里只重点介绍较为关键的汉字编码输入问题。

汉字的计算机输入主要有字形识别输入、语音识别输入、键盘输入三种。

1. 字形识别输入

字形识别输入有脱机、联机两种。脱机识别输入主要是利用光学技术识别汉字字形来进行输入，即通过与计算机联机的文图扫描装置，抽取汉字字形特征，进行汉字字符的识别，并进而根据辨认识别后的信息形成汉字内部码。联机识别是在一块与计算机联机的书写板上写字，计算机软件根据书写的笔迹进行汉字识别输入。

2. 语音识别输入

语音识别输入是利用与计算机连接的传声设备来实现输入的一种汉字输入方式。传声设备将语音信号输入到计算机，经过语音分析识别后，形成汉字的内部码。

3. 键盘输入

键盘输入是利用敲击与计算机连接的键盘来实现输入的一种汉字输入方式。它是目前计算机信息处理中最主要的一种输入方式。用来进行汉字输入的键盘曾经使用过整字输入的大键盘、部件输入的中键盘。这两种键盘优点是无重码、直观性强，但是键盘需要特制，成本高。背熟每个汉字或部件在键盘上面的位置也非常困难。

现在大家普遍使用的是小键盘。此类键盘输入方式利用汉字编码进行输入。人们只要记住小键盘上有限的键位就可以轻松进行汉字输入。小键盘输入的汉字编码类型有形码、音码、音形码、形音码等。

形码是指提取字形的特征信息进行编码，比如利用构字部件（字根）编码的五笔字型输入法。五笔输入法将“抱”字拆分为“扌”“勹”“巳”三个部件，分别编码为“扌(R)”“勹(Q)”“巳(N)”。敲击“R”“Q”“N”，就可以输入“抱”字。形码的特点是重码少，输入速度快，不涉及字音，不认识的字也可以输入。形码表现出来的不利因素是，汉字字形复杂，字形拆分所遵循的规则也就比较复杂。人们在使用形码输入法之前，首先必须熟练掌握汉字拆分的这些复杂规则。音码是按照字音进行编码。音码输入计算机后，计算机将语音转换为汉字，如全拼输入，双拼输入等。拼音输入相对来说比较简单。输入者只要熟悉键盘的键位，就可以顺利完成输入。一般不用专门训练，且可以边思考，边输入。但是，这种输入需要使用者会普通话，懂得汉语拼音。音形码是以拼音输入为主，字形辅助区别同音字的一种编码方式，如“捍、焊”分别编码为“HANS、HANH”。而形音码是以字形编码为主，语音编码为辅的一种编码方式，如“章”字，分解为“立、早”。“立、早、章”按其声母与最末笔画声母编码为“LZZS”。

不同类型的编码有不同的优点，各自也存在着一些缺点。一般来说，汉字编码方案应从它的功能性、经济实用性、可操作性等方面来考虑。理想的汉字编码方案在功能方面表现为：输入、处理效率高；在经济实用性方面表现为：设备成本低，储存节省，性能可靠；在可操作性方面表现为：易于学习掌握，便于操作。

本章小结

本章主要目的是使读者在学习现代汉语的基本内容之前，先对现代汉语的性质、特点以及记录现代汉语的书写符号有一个初步认识。本章主要介绍了两方面的内容：一是现代汉语的基本情况，具体包括现代汉语的含义、特点、地位、现代汉民族共同语的形成以及现代汉语各方言的简要情况。二是现代汉语的书写符号——汉字，具体包括文字的性质、汉字的特点、现代汉字的结构特点以及现代汉字标准化、规范化等基本知识。

学生在学习“现代汉语概述”之后，应明确现代汉语的确切含义，了解现代汉民族共同语和方言的基本情况，以及汉语在国内外的地位，应明确现代汉语规范化的重要性。在学习“现代汉语的书写符号——汉字”之后，应大致了解古今汉字发展的基本情况，明确现代汉字的结构特点，充分认识现代汉字规范化、标准化的重要性，在掌握汉字基本知识的基础上正确使用汉字。

本章内容分“现代汉语概述”和“现代汉语的书写符号——汉字”两节。两节内容各自相对独立，可以分开学习。第一节既然是“概述”，学生只从宏观角度整体把握现代汉语的一些基本情况即可。本节所涉及的一些具体问题，学生不必深究，详细内容可以在以后的章节中去学习。第二节主要讲述现代汉字的一些基本知识，学生最好结合汉字运用的实际来学习本节内容。

关键概念

语言	现代汉语	普通话	方言
共同语	口语	书面语	现代汉语规范化
文字	汉字	六书	象形
指事	会意	形声	独体字
合体字	部件	笔画	笔顺
甲骨文	钟鼎文	篆书	隶书
汉字简化	汉字整理		

思考题

1. 语言有哪些重要特点？为什么说语言是人类最重要的交际工具？
2. 有人认为现代汉语只是普通话的另外一个名称，对吗？
3. 北京人说的北京话就是普通话吗？

4. 什么是现代汉民族共同语？共同语和方言是什么关系？
5. 现代汉民族共同语是怎样形成的？
6. 你能说出现代汉民族共同语的一些语言特点吗？
7. 汉语在世界语言中有着怎样的地位和影响？
8. 现代汉语有几大方言？具体分布在什么地方？有哪些主要语音特点？
9. 你的家乡话属于哪种方言？你能说出该方言中的一些语言特点吗？
10. 现代汉语规范化的标准是什么？
11. 结合实际谈谈你对现代汉语规范化的一些认识。
12. 你认为汉字是什么性质的文字？
13. 现代汉字有哪些特点？
14. 为什么说汉字具有超时空性？
15. 什么是“六书”？举例说明汉字的几种构字方式。
16. 形声字的形符、声符有什么作用，又有哪些局限？为什么会有这些局限？
17. 汉字字体主要有哪几种？它们各自有些什么特点？
18. 为什么说隶书是古文字向现代汉字演变的转折点？
19. 汉字越简化越好吗？
20. 结合实际谈谈你对汉字整理的认识。

第二章　语　音

第一节　语音概述

学习要点

- 语音的性质
- 汉语拼音方案的内容
- 国际音标
- 语音单位

一、什么是语音

语音是语言的声音，是人类发音器官发出的、能够表达一定意义的声音。这里有两点需要注意：第一，语音产生的生理基础是人的发音器官；第二，语音的社会功能是它能够表达一定的意义。

语音是一种声音，就这一点来讲，它与自然界许许多多的声音没有什么两样。语音与自然界诸如风声、雨声等一般声音也有明显不同，区别就在于语音的生理基础与社会职能。动物的叫声是从发声器官中发出的声音，这种声音有时也能传递一些信息。动物的叫声似乎与人的语音没有什么不同。事实上，动物的叫声与人类的语音有着本质的区别。首先，动物的叫声远远不如人类的语音那么丰富、那么复杂。其次，也是最重要的，人类的语音是能够表达一定意义的，具有一定的社会职能。语音表义的社会职能与动物本能的叫声存在着本质的不同。人有时会咳嗽、打鼾、打喷嚏，这类声音虽然是人的发声器官发出的，也不是语音。原因是，这些声音只是人体生理活动的本能反应，而不是用以表达一定的意义，不具备表义的社会职能。语音的社会职能是语音区别于其他声音的本质特征。

二、语音的性质

（一）物理性质

声音是由物体振动而产生的。物体受外力影响而振动，使周围的空气发生疏密不同的变化，形成声波。物体振动产生声音，这是一种物理现象。语音是声音中的一种，自然也属物理现象，因而具有一定的物理性质。

从物理的角度分析语音，声音具有音高、音强、音长、音色四个要素。

音高是指声音的高低。声音的高低取决于物体振动的频率。频率越高，声音越高。汉语声调的高低升降变化主要体现为音高因素。如：普通话的四声：ā 阴平调，声音高而平；á 阳平调，声音由中到高；ǎ 上声调，声音由半低到低再升到半高；à 去声调，声音由高直接降到低。声音的高低变化不同，可以区别不同的意义，如：

摘 zhāi——宅 zhái——窄 zhǎi——债 zhài

逼 bī——鼻 bí——比 bǐ——毙 bì

音强是指声音的强弱。它通常是由物体振动的振幅决定的。不过，语言中声音的强弱，情况较为复杂，如普通话里重音节与轻声音节的区分，音节的长短就起了重要的作用。

莲子 lián zǐ——帘子 lián · zi① 老子 lǎo zǐ——老子 lǎo · zi

东西 dōng xī——东西 dōng · xi 买卖 mǎi mài——买卖 mǎi · mai

音长是指声音的长短。声音长短取决于声波持续时间的长短。音长在汉语普通话里没有区别意义的作用，不过在有些语言或方言中却是可以区别意义的。如广州话的“三”和“心”的语音分别是［saːm^{55}］、［sɐm^{55}］。主要元音的长短不同，表达的意义也不同。

音色是指声音的个性与特色，也叫音质。影响音色的因素主要有以下三方面：第一，发音体。发音物体不同，振动后产生的声音也常常不同。比如，锣、鼓。锣与鼓都是打击乐器，锣面是铜制的，鼓面是皮革做的，同样是用木槌敲击，由于锣、鼓发音体不同，音色因而有别。第二，发音方法。发音的具体方法不同，绝大多数声音也会有差异。比如，二胡和琵琶，二者虽然都是弦乐，可一个是用弓子拉，一个是用手指弹。发音方法不同，音色因而也有别。第三，共鸣器的形状。物体振动产生声音，声音经过共鸣器的共鸣，不仅音量增大了，而且音色也变得更美一些。共鸣器的形状不同，形成的音色也会有明显差异。比如，二胡和小提琴，二者都是用弓子拉的弦乐器，共鸣箱的大小和形状不同，音色也迥然有别。

不同的人说话的声音不同。其原因主要是，不同的人有不同的发音体——声带。

---

① “·”表示轻声。

人们在言语交际过程中，常常不注意分辨人的嗓音差别，只注意分别因特定发声、调音因素所形成的音色差异。比如男的和女的在发 a 时，没有人会认为他们发的音不同。相反，同一个人发 a 和 m，发音时运用的发音方法不同，使用的口、鼻腔共鸣器的情况也不同，因而没有人认为发出的 a 和 m 这两个音是同一个音。

（二）生理性质

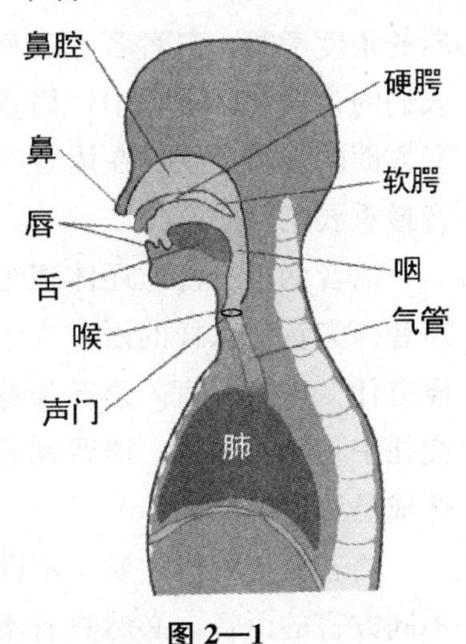

图 2—1

语音是人的发声器官发出的声音，其生理基础是人的发声器官，因此，语音具有一定的生理性质。从生理的角度考察，人的发音器官大致分三部分（见图 2—1）：（1）动力部分——肺和气管。肺是语音的动力器。人在发声时，由肺的呼吸作用所形成的气流是产生语音的基本动力。肺部扩张，吸入气流；肺部收缩，呼出气流。肺把气流挤进气管，由气管达到喉头，振动声带发音。人的发音，气息非常重要。没有气，就发不出声音来。肺部呼出气流的大小，直接影响到语音的强弱。唱歌、唱戏，发出的是一些美化的声音，气息就更重要了。控制气息是歌唱演员、戏曲演员们相当重要的一项基本功。（2）发声部分——喉头和声带。声带是两片边缘富有弹性的唇形肌肉，位于喉头中间。两片肌肉中的缝隙叫声门。人呼吸时，声门一般要张开，以便气流通畅。人说话时，声门一般要闭合，由肺部呼出的气流，通过气管到达喉部，冲击声带而发音，声带是语音的发音体。（3）共鸣部分——鼻腔、口腔和咽腔（见图 2—2）。人的发声器官之所以能够发出丰富的声音，主要原因是共鸣腔的调节。共鸣腔中，鼻腔是一个形状固定的共鸣腔，人们只能利用调节咽腔的小舌打开或关闭鼻腔，不能对鼻腔做其他的调节。软腭上升，小舌堵住鼻腔通路，发出的音是口音；口腔某一部位闭合，软腭下降，小舌下垂，打开鼻腔通路，发出的音是鼻音；口腔与鼻腔的通路都打开，发出的音则是鼻化音。相对来讲，口腔比鼻腔灵活得多。人的下巴是可以活动的，人的舌头更是十分灵活。口腔的开合大小与舌头的不同活动，可以使口腔共鸣器发生多种变化，从而发出不同的声音。

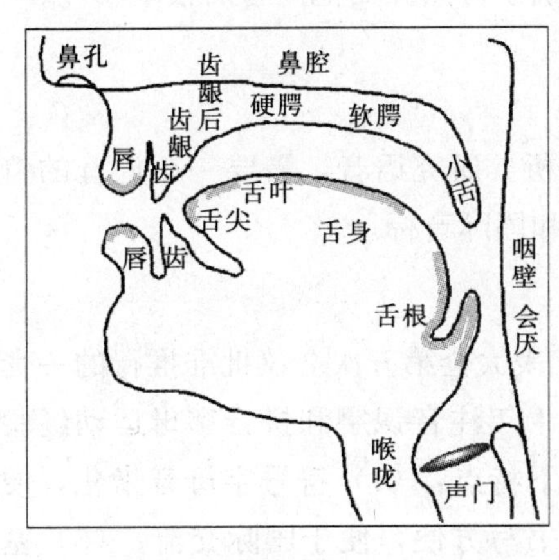

图 2—2

（三）社会性质

语音不仅具有物理性质、生理性质，而且还具有社会性质。语音的社会性质集中体现为语音用以表义的社会功能。普通话里“牙 iá”中的 ɑ 与“烟 iān”中的 ɑ 语音差别比较明显，换句话说，从音素的生理性质、物理性质角度考察，“牙 iá”中的 ɑ 与“烟 iān”中的 ɑ 音色不同，但是，人们并不注意它们之间的区别，习惯将二者归纳为一个单位，用 ɑ 来表示。相反，“组 zǔ”与“猪 zhū”的声母 z、zh，从物理、生理性质的角度考察，二者音色比较接近，但是，z、zh 在普通话中必须分清。很显然，在人们的言语交际过程中，语音在物理、生理方面的差别并不重要，重要的是语音在表义方面的功能差别。在语音的物理性质、生理性质和社会性质三方面，社会性质是语音最重要的性质。

语音的社会性质还体现为语音与意义结合的社会约定性。语音是表达一定意义的声音。究竟什么样的语音表示什么样的意义，什么样的意义又由什么样的语音来表达，没有什么理据可言。语音和意义没有什么必然的联系，二者的结合是一个民族在社会交往中相互约定的；语音和意义的约定，不是某个个人来决定的，而是由整个社会全体成员约定俗成的。

语音具有社会性质，不同民族语言的语音必然具有不同的“民族特征”；同一语言不同方言的语音，必然具有不同的“地域特征”。不同民族语言有不同的语音，这样的例子比较多，比如汉语是有声调语言，世界上有不少的语言没有声调。［p］、［p‘］在汉语中能够区别意义，是两个不同的音位，可在英语中却不能够区别意义，是一个音位的两个音位变体。同一语言的不同方言中，语音也有地域上的差别，比如北京话［n］、［l］是能够区别意义的两个音位，而在南京话中则是不能够区别意义的一个音位。再比如，吴方言、粤方言中都有入声，北京话中则没有。

语音的社会性质是语音的本质属性，也是它区别于自然界其他声音的根本属性。

三、记音的符号

讨论数学问题，需要一套数学符号。学习、分析、研究语音，需要一套记音的符号。目前国内比较通行的记音符号是汉语拼音方案和国际音标。

（一）汉语拼音方案

汉语拼音方案是 1958 年 2 月第一届全国人民代表大会第五次会议批准推行的一套汉语注音符号。汉语拼音方案是在总结我国过去几十年注音识字和拼音字母运动经验的基础上设计、制定出来的一套注音符号，它有如下特点：（1）符号字母音素化，便于记录分析语音。（2）采用国际通行的拉丁字母，书写方便，便于国际交流。（3）基本字母 26 个，符号数目少。汉语拼音方案的制定，不仅对汉语注音、推广普通话、语文教学有重要作用，而且对图书编目、人名和地名的翻译、少数民族语言文字的创制或改革有积极意义。

汉语拼音方案包括字母表、声母表、韵母表、声调符号、隔音符号五项内容。

1. 字母表（见表 2—1）

表 2—1

字母	A ɑ	B b	C c	D d	E e	F f	G g
名称	ㄚ	ㄅㄝ	ㄘㄝ	ㄉㄝ	ㄜ	ㄝㄈ	ㄍㄝ
字母	H h	I i	J j	K k	L l	M m	N n
名称	ㄏㄚ	ㄧ	ㄐㄧㄝ	ㄎㄝ	ㄝㄌ	ㄝㄇ	ㄋㄝ
字母	O o	P p	Q q	R r	S s	T t	
名称	ㄛ	ㄆㄝ	ㄑㄧㄡ	ㄚㄦ	ㄝㄙ	ㄊㄝ	
字母	U u	V v	W w	X x	Y y	Z z	
名称	ㄨ	ㄪㄝ	ㄨㄚ	ㄒㄧ	ㄧㄚ	ㄗㄝ	

V 只用来拼写外来语、少数民族语言和方言。

字母的手写体依照拉丁字母的一般书写习惯书写。

2. 声母表（见表 2—2）

表 2—2

b	p	m	f	d	t	n	l
ㄅ玻	ㄆ坡	ㄇ摸	ㄈ佛	ㄉ得	ㄊ特	ㄋ讷	ㄌ勒
g	k	h		j	q	x	
ㄍ哥	ㄎ科	ㄏ喝		ㄐ基	ㄑ欺	ㄒ希	
zh	ch	sh	r	z	c	s	
ㄓ知	ㄔ蚩	ㄕ诗	ㄖ日	ㄗ资	ㄘ雌	ㄙ思	

在给汉字注音的时候，为了使拼式简短，zh ch sh 可以省作 ẑ ĉ ŝ。

3. 韵母表（见表 2—3）

表 2—3

	i ㄧ 衣	u ㄨ 乌	ü ㄩ 迂
ɑ ㄚ 啊	iɑ ㄧㄚ 呀	uɑ ㄨㄚ 蛙	
o ㄛ 喔		uo ㄨㄛ 窝	
e ㄜ 鹅	ie ㄧㄝ 耶		üe ㄩㄝ 约
ɑi ㄞ 哀		uɑi ㄨㄞ 歪	
ei ㄟ 欸		uei ㄨㄟ 威	
ɑo ㄠ 熬	iɑo ㄧㄠ 腰		

ou ㄡ 欧	iou ㄧㄡ 忧		
an ㄢ 安	ian ㄧㄢ 烟	uan ㄨㄢ 弯	üan ㄩㄢ 冤
en ㄣ 恩	in ㄧㄣ 因	uen ㄨㄣ 温	ün ㄩㄣ 晕
ang ㄤ 昂	iang ㄧㄤ 央	uang ㄨㄤ 汪	
eng ㄥ 亨的韵母	ing ㄧㄥ 英	ueng ㄨㄥ 翁	
ong （ㄨㄥ）轰的韵母	iong ㄩㄥ 雍		

（1）“知、蚩、诗、日、资、雌、思”等七个音节的韵母用 i，即“知、蚩、诗、日、资、雌、思”等字拼作 zhi，chi，shi，ri，zi，ci，si。

（2）韵母儿写成 er，用做韵尾的时候写成 r。例如：“儿童”拼作 ertong，“花儿”拼作 huar。

（3）韵母ㄝ单用的时候写成 ê。

（4）i 行的韵母，前面没有声母的时候，写成 yi（衣），ya（呀），ye（耶），yao（腰），you（忧），yan（烟），yin（因），yang（央），ying（英），yong（雍）。

u 行的韵母，前面没有声母的时候，写成 wu（乌），wa（蛙），wo（窝），wai（歪），wei（威），wan（弯），wen（温），wang（汪），weng（翁）。

ü 行的韵母，前面没有声母的时候，写成 yu（迂），yue（约），yuan（冤），yun（晕），ü 上两点省略。

ü 行的韵母跟声母 j，q，x 拼的时候，写成 ju（居），qu（区），xu（虚），ü 上两点也省略；但是跟声母 n，l 拼的时候，仍然写成 nü（女），lü（吕）。

（5）iou，uei，uen 前面加声母的时候，写成 iu，ui，un。例如 niu（牛），gui（归），lun（论）。

（6）在给汉字注音的时候，为了使拼式简短，ng 可以省作 ŋ。

4. 声调符号

阴平	阳平	上声	去声
ˉ	ˊ	ˇ	ˋ

声调符号标在音节的主要母音上。轻声不标。例如：

妈 mā	麻 má	马 mǎ	骂 mà	吗 ma
（阴平）	（阳平）	（上声）	（去声）	（轻声）

5. 隔音符号

ɑ，o，e 开头的音节连接在其他音节后面的时候，如果音节的界限发生混淆，用隔音符号（’）隔开，例如：pi’ɑo（皮袄）。

（二）国际音标

国际音标是 1888 年由国际语音学会发布的一套国际最通用的语音记音符号。

它有以下优点：（1）一音一符，一符一音，符号与音值之间有固定的关系，标音准确。（2）国际音标的数量比任何一种语言的标音字母都多，又有许多附加符号；标音细致。（3）音标字形采用国际通行的拉丁字母，易于掌握。（4）国际通用，通行范围广。

本书根据教学需要只列出一些比较常用的音标符号，下面是国际音标的元辅音简表。

1. 辅音表（见表 2—4）

表 2—4

发音方法＼发音部位			双唇	唇齿	齿间	舌尖前	舌尖中	舌尖后	舌叶	舌面前	舌面中	舌根	喉
塞音	清	不送气	p				t				c	k	ʔ
		送气	pʻ				tʻ				cʻ	kʻ	ʔʻ
	浊		b				d					g	
塞擦音	清	不送气		pf	tθ	ts		tʂ	tʃ	tɕ			
		送气		pfʻ	tθʻ	tsʻ		tʂʻ	tʃʻ	tɕʻ			
	浊			bv	dð	dz		dʐ	dʒ	dʑ			
鼻音	浊		m				n			ȵ		ŋ	
边音	浊						l						
擦音	清		ɸ	f	θ	s		ʂ		ɕ	ç	x	h
	浊		β	v	ð	z		ʐ		ʑ	j	ɣ	ɦ

2. 元音表（见表 2—5）

表 2—5

舌位高低＼类别／舌位前后／唇型	舌面					舌尖			
	前		央	后		前		后	
	不圆	圆	不圆	不圆	圆	不圆	圆	不圆	圆
高	i	y		ɯ	u	ɿ	ʮ	ʅ	ʯ
半高	e	ø		ɤ	o				
中			ə						
半低	ɛ	œ		ʌ	ɔ				
低	a		ᴀ	ɑ	ɒ				

四、语音单位

（一）音节

音节是听感上能够自然感到的最小语音片段，是构成话语音流的基本结构单位。汉语是单音节有声调语言。音节与音节之间的界限相对分明，音节的划分也相对比较容易。例如：

Miàn # cháo # dà # hǎi　面朝大海[①]

Chūn # nuǎn # huā # kāi　春暖花开

汉语的音节由声母、韵母和声调三部分构成。这里不妨以“面朝大海”四字的读音为例，声、韵、调读音情况具体见表2—6。

表2—6

音节	miàn		cháo		dà		hǎi	
声调	去声		阳平		去声		上声	
声韵划分	m	ian	ch	ao	d	a	h	ai

声母是音节开头的辅音，一般由一个辅音来充任，如表格中的声母m、ch、d、h。韵母是音节内部声母后面的部分，如表格中的韵母ian、ao、a、ai。音节内能够区别意义的音高变化是声调，如表格中四个音节的声调。

汉语传统语音分析通常以音节为基本单位，从声母、韵母和声调等不同方面考察汉语语音的特点，并进而讨论汉语语音的变化。汉语这类基于声母、韵母和声调讨论分析汉语语音的方法，称为“声韵调分析法”。

（二）音素

音节还不是语音的最小单位，它还可以进一步划分。如果从音色的角度分析，音节可以进一步划分出更小的语音单位。同样以“春暖花开”四字的读音为例，音节的划分见表2—7。

表2—7

音节	miàn				cháo			dà		hǎi		
声调	去声				阳平			去声		上声		
声韵划分	m	ian			ch	ao		d	a	h	ai	
最小语音单位	m	i	a	n	ch[②]	a	o	d	a	h	a	i

---

① “#”表示音节边界。

② 声母ch，字母虽然有c、h两个，标记的音素却只有一个，用国际音标标写为［tʂʻ］。

音节内部这些从音色角度划分出的最小语音单位，叫音素。根据发音性质的不同，音素可分为辅音、元音两大类。发音时气流不受发音器官阻碍直接发出的音是元音；发音时气流受到发音器官阻碍而发出的音是辅音。辅音与元音的区别主要表现在以下几个方面：

(1) 气流通过口腔是否受阻。发元音时，气流通过口腔不受阻碍，如元音 ɑ [a]、i [i]；发辅音时，气流通过口腔一般受阻，如辅音 m [m]、ch [tʂʻ]。

(2) 声带是否振动。发元音时，声带振动，声音响亮，如元音 o [o]、ɑ [ɑ]。发辅音时，声带不一定振动。如辅音 h [h]、d [t]，发音时声带不振动；而 m [m]、n [n]，发音时声带振动。

(3) 口腔肌肉是否均衡紧张。发元音时，气流通过口腔不受阻，口腔的肌肉均衡紧张。发辅音时，气流通过口腔受阻，成阻部位肌肉相对紧张。

(4) 气流的强弱。发元音时，呼出的气流相对较弱，发辅音时呼出的气流相对较强，尤其是送气的塞音和塞擦音，如送气塞音 t [tʻ]、塞擦音 ch [tʂʻ]。

(三) 音位

音位是一个语音系统中能够区别意义的最小语音单位，例如普通话的-n [-n]、-ng [ŋ] 是两个发音不同的音素，也是能区别语素或词意义的两个不同的辅音音位，例如：

shān [ʂan^{55}]（山）　　　　shāng [ʂaŋ^{55}]（伤）

音位是从社会功能角度归纳出的音系基本单位。世界上的语言可以发出的音素很多。但是任何一种语言或方言里，音位的数量却是非常有限的。有的音素可以区别意义，有的却不能。例如 [n]、[l] 是两个发音不同的音素，在武汉话中不具有区别意义的功能。音位归纳通常将两音素合并为一个音位。

第二节 声 母

学习要点

- 辅音的发音
- 声母的分类

一、辅音

普通话里有 22 个辅音。辅音的读音情况如表 2—8 所示。

表 2—8

发音方法＼发音部位		双唇	唇齿	舌尖前	舌尖中	舌尖后	舌面前	舌根
塞音	不送气	b［p］			d［t］			g［k］
	送气	p［p'］			t［t'］			k［k'］
塞擦音	不送气			z［ts］		zh［tʂ］	j［tɕ］	
	送气			c［ts'］		ch［tʂ'］	q［tɕ'］	
鼻　音	浊	m［m］			n［n］			ng［ŋ］
边　音					l［l］			
擦音	清		f［f］	s［s］		sh［ʂ］	x［ɕ］	h［x］
	浊					r［ʐ］		

辅音的音色是由发音部位与发音方法来决定的。

（一）发音部位

发音部位是指发音时气流受到阻碍的部位。根据发音部位，可以将普通话中的辅音分为以下七类：

双唇音：上唇与下唇闭合阻碍气流发出的音，如 b、p、m。

齿唇音：上齿与下唇构成气流阻碍发出的音，如 f。

舌尖前音：舌尖抵住上齿背构成气流阻碍发出的音，如 z、c、s。

舌尖中音：舌尖抵住上齿龈构成气流阻碍发出的音，如 d、t、n、l。

舌尖后音：舌尖抵住硬腭的前部阻碍气流发出的音，如 zh、ch、sh、r。

舌面前音：舌面前部与硬腭构成气流阻碍发出的音，如 j、q、x。

舌面后音：舌面后部与软腭构成气流阻碍发出的音，如 g、k、ng、h。

（二）发音方法

发音方法是指发音时喉头、口腔和鼻腔控制气流的方式和状况，具体表现为发音时形成阻碍与克服阻碍的方式。发音时阻碍形成与解除的过程一般可以分为三个阶段：（1）成阻：阻碍开始形成；（2）持阻：阻碍持续；（3）除阻：阻碍解除。

普通话辅音根据形成阻碍和解除阻碍的方式可以分为塞音、擦音、塞擦音、鼻音、边音五类。

塞音：发音时口腔发音部位完全阻塞气流通路，软腭上升，堵塞鼻腔通路。口腔突然除阻，气流迸裂而出，如 b、p、d、t、g、k。

擦音：发音时口腔发音部位不完全闭合，留一条缝隙，软腭上升，堵塞鼻腔通路。气流从发音部位的缝隙中挤出，摩擦成声，如 f、s、sh、r、x、h。

塞擦音：发音时发音部位先完全闭合，软腭上升，堵住鼻腔通路。气流先把发音部位冲开一条缝隙，再摩擦成声。先塞后擦，二者浑然一体，形成塞擦音，如 z、c、zh、ch、j、q。

鼻音：发音时口腔发音部位成阻，软腭下降，打开鼻腔通路，气流从鼻腔流出，振动声带发音，如 m、n、ng。

边音：发音时舌头中间通路闭塞，气流从舌的两侧流出，振动声带发音，如 l。

辅音按照声带是否振动可以分为清浊两类：

清音：发音时声带不振动的辅音是清音，如 b、p、f、d、t、g、k、h、j、q、x、zh、ch、sh、z、c、s。

浊音：发音时声带振动的辅音是浊音，如 m、n、ng、l、r。

塞音、塞擦音按照爆破发音时气流的强弱可分为送气、不送气两类：

不送气音：塞音、塞擦音发音时气流相对较弱的音叫不送气音，如 b、d、g、j、zh、z 等。

送气音：塞音、塞擦音发音时气流相对较强的音叫送气音，如 p、t、k、q、ch、c 等。

二、声母

声母是音节开头的辅音。普通话 22 个辅音，只有 21 个辅音可以充当声母，辅音 ng［ŋ］只能充当韵尾，不作声母。辅音 n 既可以作声母，也可以充当韵尾。21 个辅音声母的具体发音如下：

b［p］双唇不送气清塞音。发音时，双唇紧闭，阻塞气流；软腭上升，堵住鼻腔通路；声带不振动；双唇突然打开，气流从口腔迸发而出，爆破成声。如：

běi bù	bāo biǎn	biāo bīng	bēn bō
北部	褒贬	标兵	奔波

p［p‘］双唇送气清塞音。发音时，双唇紧闭，阻塞气流；软腭上升，堵住鼻腔通路；声带不振动；双唇突然打开，一股较强的气流从口腔迸发而出，爆破成声。如：

pī píng	piān pì	péng pài	piān pō
批评	偏僻	澎湃	偏颇

m［m］双唇浊鼻音。发音时，双唇紧闭，阻塞气流；软腭下降，打开鼻腔通路；气流振动声带，从鼻腔流出。如：

mǎi mài	mǐ miàn	miàn mào	máng mù
买卖	米面	面貌	盲目

f［f］齿唇清擦音。发音时，上齿与下唇不完全闭合，留有一条狭窄的缝隙，软腭上升，堵住鼻腔通路；声带不振动；气流从齿唇间挤出，摩擦成声。如：

fāng fǎ	fǎn fù	fèn fā	fǎng fú
方法	反复	奋发	仿佛

d［t］舌尖中不送气清塞音。发音时，舌尖抵住上齿龈，阻塞气流；软腭上升，

堵住鼻腔通路；声带不振动；舌尖突然离开上齿龈，气流从口腔迸发而出，爆破成声。如：

dá dào 达到　　dǒng de 懂得　　duàn dìng 断定　　dǐ dǎng 抵挡

t［tʻ］舌尖中送气清塞音。发音时，舌尖抵住上齿龈，阻塞气流；软腭上升，堵住鼻腔通路；声带不振动；舌尖突然离开上齿龈，一股较强的气流从口腔迸发而出，爆破成声。如：

tuán tǐ 团体　　téng tòng 疼痛　　tàn tǎo 探讨　　táo tài 淘汰

n［n］舌尖中浊鼻音。发音时，舌尖抵住上齿龈，阻塞气流；软腭下降，打开鼻腔通路；气流振动声带，从鼻腔流出。如：

nán nǚ 男女　　nǎo nù 恼怒　　nǎi niú 奶牛　　ní nìng 泥泞

l［l］舌尖中浊边音。发音时，舌尖抵住上齿龈，阻塞气流；软腭上升，堵住鼻腔通路；气流振动声带，从舌头的两侧流出。如：

lǐ lùn 理论　　lián lèi 连累　　lǐng lüè 领略　　liú lù 流露

g［k］舌面后不送气清塞音。发音时，舌面后部抵住软腭，阻塞气流；软腭上升，堵住鼻腔通路；声带不振动；舌面后部突然离开软腭，气流从口腔冲出，爆破成声。如：

gǎi gé 改革　　guī gé 规格　　guàn gài 灌溉　　gǔ guài 古怪

k［kʻ］舌面后送气清塞音。发音时，舌面后部抵住软腭，阻塞气流；软腭上升，堵住鼻腔通路；声带不振动；舌面后部突然离开软腭，一股较强的气流从口腔冲出，爆破成声。如：

kuān kuò 宽阔　　kè kǔ 刻苦　　kāng kǎi 慷慨　　kuàng kè 旷课

h［x］舌面后清擦音。发音时，舌面后部靠近软腭；软腭上升，堵住鼻腔通路；气流不振动声带，从舌面后部和软腭间挤出，摩擦成声。如：

huī huáng 辉煌　　hòu huǐ 后悔　　hū huàn 呼唤　　huáng hé 黄河

j［tɕ］舌面前不送气清塞擦音。发音时，舌面前部抵住硬腭，阻塞气流；软腭上升，堵住鼻腔通路；声带不振动；舌面前部稍微离开硬腭，让气流通过，形成先塞后擦的塞擦音。如：

jiě jué 解决　　jiāo jí 焦急　　jù jué 拒绝　　jié jú 结局

q［tɕʻ］舌面前送气清塞擦音。发音时，舌面前部抵住硬腭，阻塞气流；软腭上升，堵住鼻腔通路；声带不振动；舌面前部稍微离开硬腭，一股显著的气流从发音部位通过，形成先塞后擦的塞擦音。如：

qīn qiè　　qì qiú　　qí quán　　qí qū
亲切　　气球　　齐全　　崎岖

x［ɕ］舌面前清擦音。发音时，舌面前部靠近硬腭；软腭上升，堵住鼻腔通路；气流不振动声带，从舌面前部和硬腭间挤出，摩擦成声。如：

xué xí　　xiàn xiàng　　xiáng xì　　xīn xiān
学习　　现象　　详细　　新鲜

zh［tʂ］舌尖后不送气清塞擦音。发音时，舌尖抵住硬腭前部，阻塞气流；软腭上升，堵住鼻腔通路；声带不振动；舌尖突然离开硬腭前部，气流从口腔迸发而出，爆破成声。如：

zhǔ zhāng　　zhēn zhèng　　zhù zhái　　zhǐ zhèng
主张　　真正　　住宅　　指正

ch［tʂʻ］舌尖后送气清塞擦音。发音时，舌尖抵住硬腭前部，阻塞气流；软腭上升，堵住鼻腔通路；声带不振动；舌尖突然离开硬腭前部，一股较强的气流从口腔迸发而出，爆破成声。如：

cháng chéng　　chē chuáng　　chū chǎng　　chōu chá
长城　　车床　　出厂　　抽查

sh［ʂ］舌尖后清擦音。发音时，舌尖靠近硬腭前部；软腭上升，堵住鼻腔通路；气流不振动声带，从舌尖与硬腭前部的缝隙中挤出，摩擦成声。如：

shì shí　　shǎo shù　　shàng shēng　　shén shèng
事实　　少数　　上升　　神圣

r［ʐ］舌尖后浊擦音。发音时，舌尖靠近硬腭前部；软腭上升，堵住鼻腔通路；气流振动声带，从舌尖与硬腭前部的缝隙中挤出，摩擦成声。如：

réng rán　　ruǎn ruò　　róng rěn　　rěn ràng
仍然　　软弱　　容忍　　忍让

z［ts］舌尖前不送气清塞擦音。发音时，舌尖抵住上齿背，阻塞气流；软腭上升，堵住鼻腔通路；声带不振动；舌尖突然离开上齿背，气流从口腔迸发而出，爆破成声。如：

zuì zé　　zì zūn　　zǒng zé　　zǔ zōng
罪责　　自尊　　总则　　祖宗

c［tsʻ］舌尖前送气清塞擦音。发音时，舌尖抵住上齿背，阻塞气流；软腭上升，堵住鼻腔通路；声带不振动；舌尖突然离开上齿背，一股较强的气流从口腔迸发而出，爆破成声。如：

céng cì　　cǎo cóng　　cāi cè　　cāng cuì
层次　　草丛　　猜测　　苍翠

s［s］舌尖前清擦音。发音时，舌尖靠近上齿背；软腭上升，堵住鼻腔通路；气流不振动声带，从舌尖与上齿背的缝隙中挤出，摩擦成声。如：

sī suǒ　　sù sòng　　sè sù　　sǎ sǎo
思索　　诉讼　　色素　　洒扫

普通话除了 21 个辅音声母外，还有一个零声母，即声母部分没有辅音，只是一个空位的声母。如：

ān 安　　yān 烟　　wān 弯　　yuān 冤

语音实验的有关资料显示，零声母音节声母位置也不是完全没有声音，而是存在着一个轻微的摩擦音。例如，普通话“安”类音节，零声母往往表现为一个轻微的喉塞音，“烟、弯、冤”类音节，零声母往往表现为韵母开头的元音带有轻微的摩擦。

第三节　韵　母

学习要点

- 元音的发音
- 韵母的分类

一、元音

在学习韵母之前，有必要先了解一些元音的发音（见表 2—9）。

表 2—9

类别 / 舌位前后 / 唇型 / 舌位高低	舌面				舌尖		
	前		央	后	前	后	
	不圆	圆	不圆	不圆	圆	不圆	不圆
高	i	y			u	ɿ	ʅ
半高	e			ɤ	o		
中			ə				
半低	ɛ				ɔ		
低	a		ᴀ	ɑ	ɒ		

舌尖元音数量较少，表中只列出舌尖前不圆唇的［ɿ］和舌尖后不圆唇的［ʅ］两个，舌面元音的数量相对较多，表中只列出较常用的 13 个元音。

舌面元音音色的不同取决于发音时舌位的高低、前后与唇形，不同舌面元音发音时口腔内的生理状况如图 2—3 所示。元音的语音特点也可以从舌位的高低、前后、唇形三方面去分析：(1) 舌位的高低。舌位的高低是与开口度的大小紧密联系在一起的。舌位越低，开口度越大；相反，舌位越高，开口度越小。元音通常按舌位的高低分为五度：高、半高、中、半低、低。(2) 舌位的前后。舌位的前后也会影响到元音的性质。元音舌位的前后通常分为前、央、后三种。(3) 唇形。唇形的圆与不圆直接影响到元音的发音。元音依据唇形分为圆唇、不圆唇两类。元音舌位图见图 2—4。

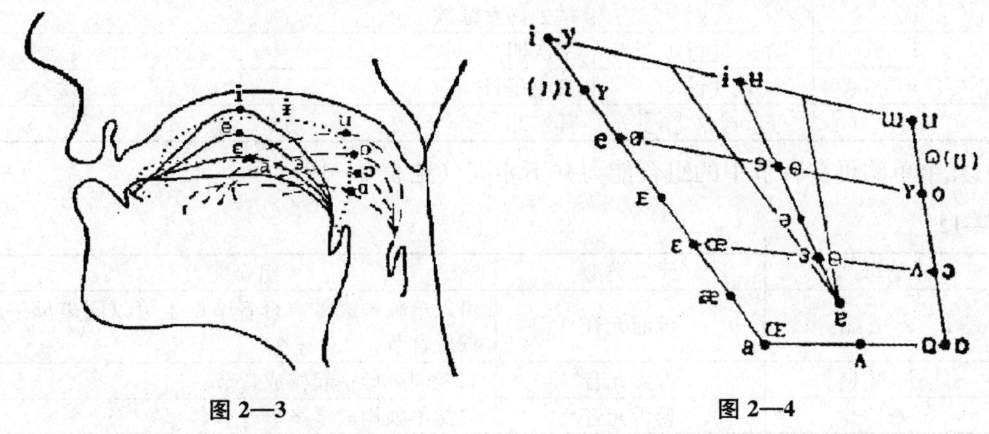

图 2—3　　　　图 2—4

二、韵母

(一) 韵母结构

从韵母的内部结构角度考察，普通话韵母的构成大致有以下三类（见表 2—10）：

表 2—10

韵母					
韵母结构类型	单韵母	复韵母		鼻韵母	
元辅音情况①	V	V V	V V V	V C	V V C
韵母举例	ɑ	ɑo	iɑo	ɑn	iɑn

1. 单韵母

单韵母是由一个元音构成的韵母。普通话中有九个单韵母（见表 2—11）。

表 2—11

单韵母	国际音标	例字
ɑ	[a]	八卡洒那拉
o	[o]	播婆摸
e	[ɤ]	哥特社热饿
i	[i]	地皮西你里衣
u	[u]	步哭湖怒路屋

① “V”代表元音，“C”代表辅音。

续前表

单韵母	国际音标	例字
ü	[y]	举去许女绿欲
-i	[ɿ]	字次四
-i	[ʅ]	直吃是日
er	[ər] / [ɚ]	耳二儿

九个单韵母在音节中的组合能力并不相同（见表 2—12）。

表 2—12

单韵母	元音类型	组合能力
ɑ、o、e、i、u、ü	舌面元音	可以单独构成零声母音节，也可以同声母一起构成音节。
-i [ɿ]、-i [ʅ]	舌尖元音	只能同声母一起构成音节。
er	卷舌元音	只能单独构成零声母音节。

2. 复韵母

复韵母是由两个或三个元音结合在一起构成的韵母。

复韵母的发音特点：(1) 复合元音的实际发音是一个逐渐过渡的语音过程，如二合元音或三合元音实际是从一个元音到另一个元音逐渐过渡的语音连续体。如 iɑ 韵母的读音并不是 i 和 ɑ 的简单相加，而是由 i 到 ɑ 逐渐过渡的语音过程。uɑi 韵母读音也不是 u、ɑ 和 i 三个元音的简单相加，而是由 u 到 ɑ 再到 i 的一个连续的语音过程。(2) 复韵母中各个元音响度不同，通常有一个音最响亮。根据复合韵母中最响元音的位置，复合韵母可以分为前响韵母、后响韵母、中响韵母三类（见表 2—13）。

表 2—13

韵母类型	韵母	国际音标	发音特点
前响复韵母	ɑi	[ai]	(1) 前一个元音响亮。 (2) 韵尾元音舌位一般不到位。
	ei	[ei]	
	ɑo	[ɑu]	
	ou	[ou]	
后响复韵母	iɑ	[ia]	(1) 后一个元音响亮。 (2) 韵尾元音舌位一般到位。
	ie	[iɛ]	
	uɑ	[ua]	
	uo	[uo]	
	üe	[yɛ]	
中响复韵母	iɑo	[iɑu]	(1) 中间元音响亮。 (2) 中间元音读音受声调影响，响度也略有不同。读阴平、阳平时相对来说不如读上声、去声时响亮、清晰。
	iou	[iou]	
	uɑi	[uai]	
	uei	[uei]	

3. 鼻韵母

鼻韵母是由元音和鼻辅音结合而成的韵母。普通话中可以充当韵尾的辅音只有 n［n］、ng［ŋ］两个，其中辅音 ng［ŋ］普通话中只能充当韵尾。汉语普通话鼻韵母有前鼻韵尾和后鼻韵尾两类（见表 2—14）。辅音韵尾同辅音声母在发音上略有不同：辅音韵尾发音一般是塞而不破，也就是说辅音发音时，成阻部位阻塞气流，成阻后通常不除阻。

表 2—14

类型	韵母	国际音标	例字
前鼻韵母	ɑn	［an］	半谈汗安
	iɑn	［ian］	边天先眼
	uɑn	［uan］	短穿环完
	üɑn	［yan］	卷全选远
	en	［ən］	本臣身恩
	in	［in］	宾亲新音
	uen	［uən］	吨春混问
	ün	［yn］	军群训云
后鼻韵母	ɑng	［aŋ］	帮当缸昂
	iɑng	［iaŋ］	江强想羊
	uɑng	［uaŋ］	庄筐双王
	eng	［əŋ］	蹦疼声冷
	ing	［iŋ］	冰清行宁
	ueng	［uəŋ］	翁嗡瓮
	ong	［uŋ］	东冲红农
	iong	［iuŋ］	窘穷胸用

iong 的实际读音为［iuŋ］，其中［i］略带圆唇，因此，iong 也可记为［yŋ］。

（二）四呼

普通话韵母的结构类型可以归纳如下（见表 2—15）：

表 2—15

	韵母				
韵母结构类型	单韵母	复韵母		鼻韵母	
元辅音情况	V	V V	V V V	V C	V V C
韵母举例	ɑ	ɑo	iɑo	ɑn	iɑn

传统音韵学根据构成韵母音素的发音特点，将韵母中的音素划分为三类：韵母中发音最响亮的那个元音为主要元音，称为韵腹；韵腹前的元音成分称为韵头，或叫介音；韵腹后面的音素叫韵尾，如韵母 uɑng 的内部构成（见表 2—16）：

表 2—16

韵母 uɑng		
韵头 u	韵腹 ɑ	韵尾 ng
V	V	C

韵腹是音节中的主要元音。普通话能够充当韵腹的元音有：ɑ、o、e、i、u、ü、-i［ʅ］、-i［ɿ］、er、ê。韵腹前面的元音是韵头。普通话可以充当韵头的元音有：i、u、ü；韵腹后面的音素是韵尾。普通话可以充当韵尾的音素有高元音 i、u(o) 和鼻辅音 n、ng。

汉语中能够做韵头的一般只能是高元音［i］、［u］、［y］，由于它介于声母和韵腹之间，故又称介音。

普通话韵母按照韵母有没有韵头以及韵头的性质可以分为四类，即四呼（见表 2—17）。没有韵头，而韵腹又不是［i］、［u］、［y］的韵母是开口呼；韵头或韵腹是［u］的韵母是合口呼；韵头或韵腹是［i］的韵母是齐齿呼；韵头或韵腹是［y］的韵母是撮口呼。开口呼与合口呼韵母起始元音开口度较大，称为洪音；齐齿呼和撮口呼韵头开口度较小，称为细音。

表 2—17

	开口呼	齐齿呼	合口呼	撮口呼
单韵母	-i［-ɿ-ʅ］	i［i］	u［u］	ü［y］
	ɑ［a］	iɑ［ia］	uɑ［ua］	
	o［o］		uo［uo］	
	e［ɤ］			
	ê［ɛ］	ie［iɛ］		üe［yɛ］
	er［ər］			
复韵母	ɑi［ai］		uɑi［uai］	
	ei［ei］		uei［uei］	
	ɑo［ɑu］	iɑo［iɑu］		
	ou［ou］	iou［iou］		
鼻韵母	ɑn［an］	iɑn［ian］	uɑn［uan］	üɑn［yan］
	en［ən］	in［in］	uen［uən］	ün［yn］
	ɑng［ɑŋ］	iɑng［iɑŋ］	uɑng［uɑŋ］	
	eng［əŋ］	ing［iŋ］	ueng［uəŋ］	
			ong［uŋ］	iong［yŋ］

四呼分类的意义：(1) 四呼将普通话韵母分成整齐的四类，有助于揭示普通话韵母系统的系统性。(2) 四呼由于是按照韵头的有无与韵头的性质来划分的。某些声母只能同特定的韵母拼合，也就是说声母拼读韵母具有一定的选择性。四呼的分类显然也有助于揭示普通话声韵配合的规律。

（三）韵尾与韵母的分类

普通话韵母根据韵尾的有无以及韵尾的读音大致可分为无韵尾、元音韵尾和鼻音韵尾三类（见表 2—18）。

表 2—18

四呼 韵母结构分类	开口呼	齐齿呼	合口呼	撮口呼	四呼 韵尾分类
单韵母	-i [-ɿ -ʅ]	i [i]	u [u]	ü [y]	无韵尾
	ɑ [a]	iɑ [ia]	uɑ [ua]		
	o [o]		uo [uo]		
	e [ɤ]				
	ê [ɛ]		ie [iɛ]	üe [yɛ]	
	er [ər]				
复韵母	ɑi [ai]		uɑi [uai]		元音尾
	ei [ei]		uei [uei]		
	ɑo [ɑu]	iɑo [iɑu]			
	ou [ou]	iou [iou]			
鼻韵母	ɑn [an]	iɑn [an]	uɑn [an]	üɑn [an]	鼻音尾
	en [ən]	in [in]	uen [uən]	ün [yn]	
	ɑng [aŋ]	iɑng [iaŋ]	uɑng [uaŋ]		
	eng [əŋ]	ing [iŋ]	ueng [uəŋ]		
			ong [uŋ]	iong [yŋ]	

普通话九个单元音韵母以及后响的复韵母，都是无韵尾韵母，也叫开尾韵母。后响与中响复韵母都是元音韵尾，元音尾又可分为［-i］尾、［-u］尾两类。普通话的鼻音韵母拥有鼻辅音韵尾，鼻尾根据其发音部位又可分为前鼻音韵尾［-n］和后鼻音韵尾[-ŋ]两类。

韵母依据其内部结构的分类，有助于人们了解各类韵母及其内部组成成分的性质；韵母依据其韵头性质的四呼分类，有助于人们分析和把握声母与韵母之间的拼合关系；韵母依据其韵尾性质的分类，对于揭示儿化音变、方言之间韵母的语音对应关系及诗歌押韵有着重要的意义。

（四）韵辙和押韵

古人写诗讲究押韵。押韵的条件是：韵母的韵腹与韵尾必须相同或相近。比如：

白日依山尽，
黄河入海流。
欲穷千里目，
更上一层楼。

韵脚字“流”“楼”，中古都是流摄字，韵母读音相近；今普通话韵母读音依然相近，“流”字的韵母是“iou”，“楼”字的韵母是“ou”。

以往写格律诗的人一般遵循《佩文诗韵》、《诗韵集成》、《诗韵合璧》等韵书，现代比较通行的是“十八韵”和“十三辙”（见表 2—19）。

“辙”是戏曲界习惯的说法，唱词中的“韵”也叫“辙”。“十三辙”是明清以来北方艺人归纳出来的 13 个大致相同的韵。“十八韵”是我国语言学者 1941 年制定的一个作新诗的诗韵标准。

表 2—19　　韵辙表

十三辙	十八韵	普通话韵母
（1）发花	（1）麻	ɑ iɑ uɑ
（2）波梭	（2）波	o uo
	（3）歌	e
（3）乜斜	（4）皆	ie üe ê
（4）姑苏	（10）模	u
（5）一七	（5）支	-i [ɿ ʅ]
	（6）儿	er
	（11）鱼	ü
	（7）齐	i
（6）怀来	（9）开	ɑi uɑi
（7）灰堆	（8）微	ei uei
（8）遥条	（13）豪	ɑo iɑo
（9）油求	（12）侯	ou iou
（10）言前	（14）寒	ɑn iɑn uɑn üɑn
（11）人辰	（15）痕	en in uen ün
（12）江阳	（16）唐	ɑng iɑng uɑng
（13）中东	（17）庚	eng ing ueng
	（18）东	ong iong

声　调

学习要点

- 声调的性质
- 调值和调类
- 中古四声与普通话四个声调的关系

一、声调的性质

汉语是有声调语言。声调是音节能够区别意义的高低升降变化，是汉语音节不可缺少的组成部分。例如：

买布 mǎi bù——卖布 mài bù　大刀 dà dāo——大道 dà dào

上例中的“买——卖”与“刀——道”，前后音节声母、韵母都相同，仅仅是声调有别，意义便相差甚远。

声调主要是由音高决定的。音的高低取决于声波振动频率的高低，频率的高低通常是靠调节声带的松紧来控制的。因此，声带紧，振动得快，听感上声调就高，反之，就低。声带先松后紧，声调就先低后高。声带先紧后松，声调就先高后低。

二、调值和调类

声调高低升降变化的实际读音就是调值。目前，记录声调调值一般采用“五度标记法”。“五度标记法”把话语中的音高分为五度，依次为：最高 5 度，半高 4 度，中音 3 度，半低 2 度，最低 1 度。用线条表现音高的高低升降变化，具体情况如图 2—5 所示。

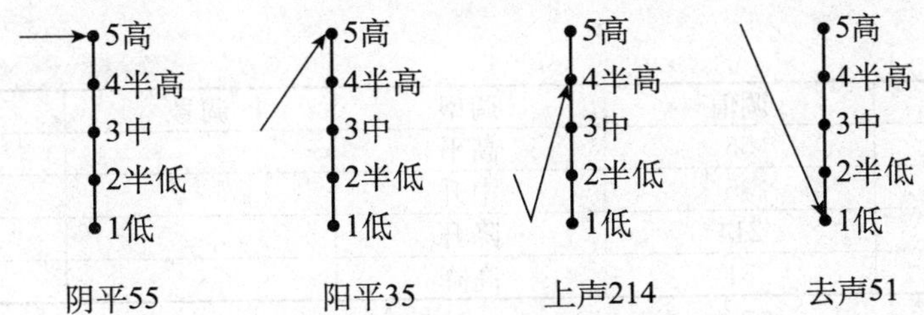

图 2—5　普通话声调五度标调图

线条起始点、转折点及终点的度数可以用数字来表示。如普通话的四个声调：高平调 55（阴平）、中升调 35（阳平）、降升调 214（上声）、高降调 51（去声）。

线条高低升降的变化曲线称为调型，如平调、降升调等。具体的音高与音高的高低升降变化的音值称为调值，如 55、214 等。

声音有绝对音高和相对音高两种，如钢琴 A、C 键的 A 音与 C 音，音高固定，是绝对音高。声调的调值是相对的音值，如：男人与女人都发高平调 55，女的一般比男的高八度。但是我们听感上认为，他们发出的是同一种声调——高平调。这种听感结果表明，声调的音值是相对音高，属于相对音值。用“五度标记法”标出的调值也都是人们听感上感知到的相对的音值。

调类是在调值的基础上归纳出来的声调类别。任何一种有声调语言或任何一种有声调方言，声调的数目总是有限的几个或十几个。根据声调的读音，或者说根据声调的调值，将一种语言或一种方言中所有字音根据调值进行归类，所得出的类别就叫调类。在利用调值归纳调类时，如果已有某种语言或方言的调值记音材料的话，归纳调类自然就比较方便了。不过，语言调查过程中，更多的情况是调查者自己调查记录调值，并进而归纳调类。因此，调查者常常会借助部分代表字先调查出某语言或方言的调值，再进而去归纳该语言或方言的调类。比如我们先记出普通话下列代表字的调值：

55：诗边天山安桌

35：时平团才陈年连鹅娘石合俗局宅急德

214：使古走口丑好手五女老百窄笔

51：是倍坐舅父试盖抗汉岸让事共害树切

上述记音结果，可以大致反映普通话声调的调值、调类情况。普通话四个调类分别是：阴平，高平调55；阳平，中升调35；上声，降升调214；去声，高降调51。为了便于称述各调类，可以在归纳调类的基础上为调类命名。普通话四个调类分别命名为阴平、阳平、上声和去声。

三、普通话声调分析

普通话有四个声调，具体情况如下（见表2—20）：

表 2—20

调类	调值	调型	调号	例字
阴平	55	高平	ˉ	妈
阳平	35	中升	ˊ	麻
上声	214	降升	ˇ	马
去声	51	高降	ˋ	骂

普通话的阴平调，调值是55，读音高而平，调型为高平调。普通话的阳平调，调值是35，音高变化表现为自中而高，调型为中升调。普通话的上声调，调值是214，读音先是低降，然后再升高，形成一个前低后高的降升调。普通话的去声调，调值51，读音自高而低，是一个高降调。

普通话四个声调分别命名为阴平、阳平、上声、去声，声调的命名与今普通话四个声调的中古来源有密切关系。

四、中古四声与今四声的关系

中古汉语声调有四个：平声、上声、去声、入声。读平、上、去、入四个声调的汉字分别举例如下：

平声：边天山安平团年连

上声：古走口丑好手五女老倍坐是舅父

去声：盖抗汉岸让共害树

入声：桌逼革德百笔碧切合俗局宅

上述例字在今普通话中的声调读音分别是：

阴平：边天山安｜桌逼

阳平：平团才陈年连鹅娘｜合俗局宅｜革德

上声：古走口丑好五女老｜百笔

去声：倍坐是舅父盖抗汉岸让共害树｜月入六麦｜碧切

古今对比，可以总结出古今声调演变规律：

(1) 平分阴阳。中古的平声调依古声母的清浊在今普通话中分读阴平、阳平两类声调，具体情况是：中古清声母平声字今普通话读阴平调，如“诗、边、天、山、安”等字；中古浊声母平声字今普通话读阳平调，如“年、连、鹅、娘、时、平、团、才、陈”等字。

(2) 浊上归去。中古清声母、次浊声母上声字今普通话仍读上声，如“使、古、走、口、丑、好、五、女、老”等字；中古去声字今普通话仍读去声，如“试、盖、岸、让、事、共”等字。需要特别注意的是，中古的全浊声母上声字，在今普通话中与去声字的声调相同，即古全浊声母上声字今普通话读去声，如“是、倍、坐、舅、父”等字。

(3) 入派四声。中古的入声调在今普通话中分别派入阴平、阳平、上声、去声四类，具体情况是：中古全浊声母入声字今普通话读阳平，如“石、合、俗、局、宅”等字；中古次浊声母入声字今普通话读去声，如“月、入、六、麦”等字；中古清声母入声字今普通话分读阴平、阳平、上声、去声四类，如“桌、逼、革、德、百、窄、笔、碧、切”等字。

举例可见表 2—21。

表 2—21

普通话 / 中古		阴平	阳平	上声	去声
平声	清	诗边天山安			
	次浊		年连鹅娘		
	全浊		时平团才陈		
上声	清			使古走口丑好	
	次浊			五女老	
	全浊				是倍坐舅父
去声	清				试盖抗汉
	次浊				漏怒
	全浊				事共害树
入声	清	桌逼	革德	百笔	碧切
	次浊				月入六麦
	全浊		石合俗局宅		

普通话阴平、阳平、上声、去声的命名，主要是考虑到四个声调的中古来源。其中，阴平字主要来源于中古的清声母平声字，故命名为阴平；阳平字主要来源于中古的浊声母平声字，故命名为阳平；普通话的上声字主要来源于古代的上声字，故命名为上声；去声字主要来源于中古的去声字，故命名为去声。

调类是从区别意义的角度划分出来的语音单位，调类也称为声调音位，简称调位。元辅音音位的对立表现为不同元辅音音质的差别，而调位的对立具体表现为音高方面的差别。因此，元辅音音位是音质音位，调位是非音质音位，也叫超音质音位。

五、平仄

汉语是有声调语言。声调是能够区别意义的音高变化。不同音节不同音高变化类型声调的合理搭配，会大大增强语句抑扬顿挫的节律，使得言语表达富于音乐美。最典型是古代格律诗在平仄方面的声调搭配处理。古代有平、上、去、入四个声调。平声平直舒缓，称为平调；上声、去声、入声窄促，称为仄声。近体诗讲究平仄，即赋诗时要合理处理诗句中平声与上、去、入等仄声的平仄关系。如：

白入日入依平山平尽去。（仄仄平平仄）

黄平河平入入海上流平。（平平仄仄平）

第五节 音节结构

学习要点

- 音节结构的构成和特点
- 声韵调拼合规律
- 拼读和拼写

一、音节

音节是听感上能够自然感到的最小语音单位。从其内部构成角度看，既有单个音素构成的音节，也有多个音素构成的音节。汉语的音节是声韵调的结合体，其内部构成除了元辅音音质成分外，还有超音质成分声调。普通话的音节构成情况举例如表2—22。

表 2—22

结构方式 例字		声母	韵母			声调
			韵头	韵腹	韵尾	
		C	V	V	V/C	T
零声母	鹅			e		阳平
	欧			o	u	阴平
	野		i	e		上声
	外		u	ɑ	i	去声
	昂			ɑ	ng	阳平
	远		ü	ɑ	n	上声
辅音声母	大	d		ɑ		去声
	毛	m		ɑ	o	阳平
	家	j	i	ɑ		阴平
	快	k	u	ɑ	i	去声
	山	sh		ɑ	n	阴平
	光	g	u	ɑ	ng	阴平

音节中的辅音音素这里用 C 表示；元音音素用 V 表示；声调用 T 表示。上述表格内容也可以表示为（见表 2—23）：

表 2—23

声母	韵 母			声调
	韵头	韵腹	韵尾	
C	V	V	V/C	T
	V	V	V/C	T
ø	V	V		T
		V	V	T
		V		T

从音节的内部构成角度分析，普通话音节结构具有如下几方面的特点：

第一，从构成音节的音素数量来看，一个音节最多只能有四个音素。具体见表 2—24：

表 2—24

声调（T）			
声母	韵母		
	韵头	韵腹	韵尾
C	V	V	V/C

第二，音节中可以没有声母、韵头和韵尾，韵腹和声调却是必须具备的成分。

第三，辅音在音节中可以不出现，出现也不单独自成一个音节（个别情况例外），必须与元音成分共同构成音节。辅音在音节中只出现在开始或结尾的位置，并且没有辅音连续排列的现象，即汉语中没有复辅音。

第四，音节中不能没有元音（个别情况例外）。元音既可以单独与声调构成音节，也可以同其他元音组合在一起组构音节。普通话复韵母中的二合元音、三合元音，就是典型的多个元音相连组构音节的案例。

二、声韵调拼合规律

（一）声韵拼合规律

普通话语音系统中，声母 22 个（包括零声母在内），韵母 38 个。22 个声母与 38 个韵母拼合，不计声调应当拼合出 836 个音节。可事实并非如此。普通话中的声韵拼合不计声调只有 400 多个。这说明，声母与韵母的拼合是有一定限制的，有些声母能与某类韵母拼合，另一类声母可能就不行。如普通话边音 l 能与细音拼合，舌根音却不能。如普通话中有 lü 这样的音节，却没有 gü 这样的音节。

普通话的声韵拼合规律主要表现为不同发音部位的声母与韵母四呼拼合所呈现出的一种选择关系。相同发音部位的声母所能拼合的韵母一般相同；反过来，属于同一呼的韵母所能拼合的声母也大致相同。普通话声韵配合情况见表 2—25（＋表示全部或部分声韵能相拼，—表示不能相拼）。

表 2—25

		开口呼	合口呼	齐齿呼	撮口呼
双唇音	b p m	＋	＋（只限于 u）	＋	—
唇齿音	f	＋	＋（只限于 u）	—	—
舌尖中音	d t	＋	＋	＋	—
	n l	＋	＋	＋	＋
舌尖后音	zh ch sh r	＋	＋	—	—
舌尖前音	z c s	＋	＋	—	—
舌面前音	j q x	—	—	＋	＋
舌根音	g k h	＋	＋	—	—
零声母	Ø	＋	＋	＋	＋

普通话声韵拼合规律如下：（1）双唇音声母 b、p、m 能与开口呼、齐齿呼拼合，不能与撮口呼韵母拼合，同合口呼韵母拼合只限于韵母 u。（2）齿唇音声母 f 只能与开口呼韵母拼合，不能与齐齿呼、撮口呼韵母拼合，同合口呼韵母拼合只限于韵母 u。（3）舌尖中音 d、t、n、l 发音部位相同，但声韵配合情况却有一定差别。d、t 能与开口呼、合口呼、齐齿呼拼合，不能与撮口呼拼合。n、l 则与开口呼、合口呼、齐齿呼、撮口呼四呼韵母都能拼合。（4）舌尖前音 z、c、s，舌尖后音 zh、ch、sh、r 以及舌根音 g、k、h，都是只能与开口呼、合口呼等洪音韵母拼合，不能与齐齿呼、撮口呼等

细音韵母拼合。舌面前音 j、q、x 正相反，只能与齐齿呼、撮口呼等细音韵母拼合，不能与开口呼、合口呼等洪音韵母拼合。(5) 零声母与开口呼、合口呼、齐齿呼、撮口呼四呼韵母都能拼合。

(二) 声韵调拼合规律

普通话声韵调的配合上也存在着一些规律，这里仅列出其中的两例。

(1) 普通话 m、n、l、r 声母字，多读阳平调，读阴平调情况相对较少。读阴平调的例字如：

猫 māo　妞 niū　拉 lā　扔 rēng

(2) 普通话 b、d、g、z、zh、j 等声母与鼻韵母拼合，很少有读阳平调的音节。少数读阳平调的几例，如：

甭 béng　哏 gén

三、音节的拼读和拼写

(一) 音节的拼读

所谓拼读，就是按照普通话语音的结构规律将声韵调拼合读成一个音节，如：

b—ěi　j—īng　　zh—ōng　g—uó

běi 北　jīng 京　　zhōng 中　guó 国

拼读时应注意的问题：(1) 声母要发本音。一些清辅音充任的声母，发音不振动声带，本音不太清晰，不利于大家学习。我们在平时学习发音时常常在辅音声母后带一个元音。如“b”，学习时，念成 bō 或 bā。bō 或 bā 这种音我们叫“呼读音”。拼读音节时声母要发本音，不然的话，就不能正确地拼读出音节。如“爸爸”按呼读音拼读就会读成“bo-ɑ bo-ɑ”。(2) 韵母要整体认读。不少韵母是多个音素组成的语音结构体。拼读时要将韵母作为一个整体来拼读，不要有停顿，也不要延长其中的某个音素。(3) 采用两拼法。所谓两拼法是指声母发本音，韵母整体认读，两音相碰发音。有人为这种拼读法编了个口诀：“前音轻短后音重，两音相遇猛一碰。”(4) 要读准声调。

(二) 音节的拼写

1. y、w 的使用

(1) 韵母表中 i 行韵母，在构成零声母音节时要用 y 开头，以达到与前一音节分隔的目的。如果韵母中 i 后有其他元音，i 改写为 y，例如：

iā→yā（鸭）　　iān→yān（烟）

如果韵母中 i 后没有其他元音，i 前加 y，例如：

ī→yī（衣）　　　　　īn→yīn（阴）

（2）韵母表中 u 行韵母，在构成零声母音节时要用 w 开头，以达到与前一音节分隔的目的。如果韵母中 u 后有其他元音，u 改写为 w，如：

uā→wā（挖）　　　　　uān→wān（弯）

如果韵母中 u 后没有其他元音，u 前加 w，如：

ǔ→wǔ（五）

（3）韵母表中 ü 行韵母，在构成零声母音节时要用 y 开头，以达到与前一音节分隔的目的。一般是零声母音节前加 y，韵母中的 ü 省略上边两点，如：

ǚ→yǔ（雨）　　　　　ǘn→yún（云）

y、w 有分隔音节界限的作用，如“阴阳 yinyang”与“丹阳 danyang”。如果不使用 y、w，iniang、daniang 将不知是 i niang、da niang，还是 in iang、dan iang。

2. 隔音号的使用

以 a、o、e 开头的韵母，连接在其他音节之后，如果音节界限易于发生混淆，就需要使用隔音号“'”来分隔音节，如：

pí'ǎo　　xī'ān
皮袄　　西安

3. 省写

（1）iou、uei、uen 的省写。

iou、uei、uen 与零声母以外的其他声母拼合，省写中间主要元音。零声母音节不能省写，如：

lióu→liú（流）　　tuěi→tuǐ（腿）　　tuēn→tūn（吞）

yóu（油）　　wèi（卫）　　wēn（温）

（2）ü 的省写。

ü 在 j、q、x、y 声母后，省去上边两点，如：

yú（鱼）　jù（句）　qù（去）　xū（虚）

4. 标调法

（1）标主要元音，如：

yǎn　　yún　　fēng
眼　　云　　缝

（2）先标 a、o、e，后标 i、u、ü，如：

yāo　　lóu　　lián
腰　　楼　　连

（3）i、u 同出现，调号标后边，如：

liú　　tuǐ
流　　腿

第六节 连读变调与儿化音变

学习要点

- 上声的变调
- “一”、“不”的变调
- 轻声
- 什么是儿化
- 儿化韵与基本韵母的对应
- 儿化的作用

一、连读变调

单字音节单念时的声调，叫单字调，也称本调。单字音节在语流中的声调叫连读调或连调。与本调调值有明显差别的连读调，称为连读变调，简称变调。

普通话最常见的变调现象有上声的变调、“一”“七”“八”“不”的变调和轻声等。

（一）上声的变调

1.“上声＋上声”的连上变调

两个上声字相连，前字上声的连读调调值读成35，即214＋214变成35＋214，例如：

小米　美好

老友　水井

阳平调35与上声调214的单字调不同，但在上声前这一连调环境中，连读调读音相同，如：

起≠骑　起码＝骑马

土≠涂　土改＝涂改

2. 上声的21变调①

上声在阴平、阳平、去声前，连读调值一般读211或21，俗称“半上”，调值习惯记为21，试比较：

---

① 生成音系学学者将21视为上声214的一个非调位性变体，因而认为21是不变调。这里依照国内学者传统意见，暂仍将21视为变调。

小 —— 小车　　雨 —— 雨衣

起 —— 起程　　雨 —— 雨鞋

土 —— 土地　　雨 —— 雨雾

3. 轻声词语前字上声的变调

上声在轻声前有两类变调：21＋轻声；35＋轻声。例如：

21＋轻声：

眼睛　　老实　　买卖

奶奶　　姥姥　　姐姐

椅子　　小子　　本子

35＋轻声：

老虎　　打手　　打扫

比比　　走走　　洗洗

前字为上声的轻声词语，连调读音大致呈现出一定的规律性，具体表现为：（1）“子”缀词、亲属称谓重叠词，以及后字非上声的双音节词一般读 21＋轻；（2）后字为上声的双音节词和词语重叠式一般读 35＋轻。需要注意的是，上述规律确实也存在着一些例外。例如，“法子”按规律应读 21＋轻，实际读音却为 35＋轻；“马虎”“耳朵”按规律应读 35＋轻，实际读音却读 21＋轻。

4. 两字组以上的连上变调

连上变调规则在两字组中的变调情况较为简单，在两字组以上的组合中的变调情况较为复杂一些。普通话连上变调的变调规则可以总结表示如下：

214 → 35 /________ 214

“→”前的“214”为单字调，“→”后的 35 为变调，“/”后的“________ 214”为连读变调发生的语音环境。因此，上述变调规则“214 → 35 /________ 214”可以用文字描述为：上声 214 在上声 214 之前变为 35。

两字组以上的多字组连上组合，所施用的变调规则通常不会超出以上所提到的上声的三类连调规则。不同的连上组合之所以变调读音格式丰富复杂，连调读音格式不同，原因在于变调规则在具体连上组合中的施用情况不同。这里不妨以 2＋1 和 1＋2 格式的三字组连上组合的连调为例，试比较：

展　览　馆	洗　脸　水	
214　214　214	214　214　214	单字调
35　214　214	35　214　214	连上变调规则施用一次
35　35　214	35　35　214	连上变调规则施用两次
35　35　214	35　35　214	连读变调读音

好　总　理	买　雨　伞	
214　214　214	214　214　214	单字调
214　35　214	214　35　214	连上变调施用一次
21　35　214	21　35　214	变 21 的非连上变调
21　35　214	21　35　214	连读变调读音

连读变调与连读字组中的语音停顿、语法结构，以及组合中要强调的语义重点等都有着密切关系。语音停顿不同、语法结构信息不同，或者是组合中要强调的语义重点不同等，都可能会影响到连上组合内部不同成分之间相互结合的韵律结构关系。从而使得字与字之间呈现出不同类型的相对松紧关系，并进而影响到连读变调。例如，三字组“展览｜馆”“洗脸｜水”的语法结构，使得该类三字组呈现为 2＋1 的组合；而“好｜总理”“买｜雨伞”的语法结构使得此类三字组呈现为 1＋2 的组合。松紧关系不同，连读变调也随之出现了差别。

（二）“一”“不”“七”“八”的变调

1. “一”的变调

“一”在单念或在词句的末尾，以及充任序数词的情况下，读阴平本调，例如：

一和二　天下第一　四年级一班

“一”在其他情况下，有三类变调：

（1）在阴平、阳平、上声之前读 51，例如：

一间　一瓶　一盏

（2）在去声之前变调 35，例如：

一个　一件　一定

（3）在动词（用 V 表示）的“V — V”格式中读轻声，例如：

想一想　说一说　看一看

2. “不”的变调

“不”在单念或在词、句末尾，以及在阴平、阳平、上声之前都读去声本调，只在去声之前变调 35，例如：

不怕　不去　不对

“不”在动词的“V 不 V”格式中也读轻声，例如：

说不说　看不看　肯不肯

“不”在可能补语中也读轻声，例如：

看不清　扛不动　完成不了

3. “七”和“八”的变调

“七”和“八”在去声前可以变调 35，也可以不变，其余场合读阴平本调，例如：

七个　七岁　七块

八块　八路　八对

“一”“不”“七”“八”四个字都是古代的清声母入声字。相比较而言，“一”“不”的变调是必变的不自由变调；“七”“八”的变调是可变可不变的自由变调。

二、轻声

（一）轻声的定义

词或句子里的某一音节读得特别轻短，已经完全失去本调调值的音变现象，叫轻声。如：

喜欢　木头　桌子　弟弟

“欢、头、子、弟”等本调分别是阴平、阳平、上声、去声。轻声音节的调值并不取决于它们的本调，而是决定于它们前面音节的调值。这里不妨以“子”缀读音为例进行简要说明，见表2—26。

表2—26

连调类型	阴平＋轻	阳平＋轻	上声＋轻	去声＋轻
例字	桌子	瓶子	椅子	凳子
调值	55＋2	35＋3	214＋4	51＋1

普通话的轻声有如下两个特点：（1）轻声的调值读得非常轻短；（2）轻声音节已失去本调，轻声音节在语词中的连读调值并不取决于自己的本调，而是决定于前一音节的声调。

轻声音节的声母与韵母也常常发生一些音变。具体说来，一些不送气清塞音声母在轻声音节中浊化，如“耳朵”中“朵”的声母读［d］。一些韵母的韵腹在轻声音节中读音含混，趋于央化，如“妈妈”中后字“妈”的韵母；还有一些韵母在轻声音节中发生脱落，如“豆腐”中的“腐”的韵母脱落等。

耳朵［ər duə］　妈妈［mɑ mə］　豆腐［tou f̩］

（二）轻声词

普通话中的轻声词大致有两类：

1. 语法上有较强规律性的轻声词

语法上有较强规律的轻声词，叫语法轻声词。语法轻声词中的轻声音节主要有以下几种：

（1）语气词“呢、吗、啊、吧”等。

干什么呢　是吗　对啊

（2）助词“的、地、得、着、了、过”等。

我的书　好好地干　洗得干净

（3）名词后缀“子、头”等。

桌子　木头

(4) 名词后表示方位的“上、下、里”等。

墙上　乡下　屋里

(5) 动词后表示趋向的“来、去”等。

过来　出去

(6) 叠音词和一些重叠词的后一音节。

尝尝　想想　看看　姐姐　星星　蛐蛐

(7) 量词“个”。

那个　一个

2. 口语中常用的轻声词

口语中一些常用的轻声词，后一音节读轻声，目前还没发现什么规律。比如：

脑袋　胳膊　窗户　风筝　牡丹　护士　西瓜

吩咐　招呼　应付　便宜　体面　稀罕　清楚

(三) 轻声的作用

(1) 轻声音节轻读与否，语言成分的意义有别。如表 2—27 所示。

表 2—27

	非轻声词的意义	轻声词的意义
东西	东西方向	泛指各种事物
买卖	商品交换的两种方式	生意
孙子	古代军事家孙武	儿子的儿子

(2) 轻声音节轻读与否，语言成分的语法性质不同。如表 2—28 所示。

表 2—28

	非轻声词的词类	轻声词的词类
对头	形容词（正确）	名词（冤家）
大意	名词（主要的意思）	形容词（疏忽）
利害	名词（利和弊）	形容词（同“厉害”）

二、儿化音变

(一) 儿化的定义

“儿”音与前一音节融合所形成的一种音变现象叫儿化。儿化形成的韵母叫儿化韵，例如普通话里的“花儿［xuar］”。儿化韵并不是先发“［xua］”，再发“［ər］”，而是在发［a］的同时卷舌发出［ar］的卷舌元音。

“花儿”虽然是两个汉字，但读音却是一个音节。用作后缀的“儿”是普通话里唯一不能独立成音节的汉字。

（二）普通话儿化韵与基本韵母的读音情况

普通话普通单字音节的韵母称为基本韵母，儿化音节的韵母称为“儿化韵”。儿化韵与基本韵母的读音情况对照如表 2—29 所示。

表 2—29

基本韵母	儿化韵	例　词
ɑ	[ar]	刀把儿　打杂儿
ɑi		盖儿　小孩儿
ɑn		盘儿　老伴儿
iɑ	[iar]	豆芽儿　小虾儿
iɑn		眼儿　烟儿
uɑ	[uar]	牙刷儿　小花儿
uɑi		筷儿　拐儿
uɑn		官儿　玩儿
üɑn	[yar]	院儿　圈儿
o	[or]	坡儿　沫儿
uo	[uor]	活儿　被窝儿
ɑo	[ɑur]	小刀儿　小勺儿
iɑo	[iɑur]	票儿　火苗儿
-i [ɿ]	[ər]	字儿　丝儿
-i [ʅ]		事儿　树枝儿
ei		辈儿　宝贝儿
en		本儿　根儿
i	[iər]	鸡儿　玩意儿
in		今儿　信儿
uei	[uər]	水儿　穗儿
uen		三轮儿　木棍儿
ü	[yər]	小鱼儿　毛驴儿
ün		裙儿　合群儿
e	[ɤr]	个儿　唱歌儿
ie	[iɤr]	街儿　树叶儿
üe	[yɤr]	靴儿　空缺儿
u	[ur]	珠儿　肚儿
ou	[our]	兜儿　小偷儿
iou	[iour]	球儿　猴儿
ɑng	[ãr]	缸儿　药方儿
iɑng	[iãr]	亮儿　唱腔儿
uɑng	[uãr]	光儿　筐儿

续前表

基本韵母	儿化韵	例 词
eng	[ə̃r]	灯儿 板凳儿
ing	[iə̃r]	钉儿 瓶儿
ueng	[uə̃r]	瓮儿
ong	[ũr]	胡同儿 空儿
iong	[iũr]	小熊儿

(1) 韵腹为 ɑ、o、e、u，其后无韵尾，或以 u 为韵尾的韵母，儿化时元音直接卷舌（ɑo 中的 o 国际音标记音为 [u]）。

(2) 韵尾收 i、n 的韵母，儿化时失落韵尾，韵母主要元音卷舌。

(3) 主要元音是-i [ɿ]、-i [ʅ] 的韵母，儿化时主要元音变为 [ə] 并卷舌。

(4) 韵母 i、ü 儿化增加元音 [ə] 并卷舌，in、un 等韵母丢掉韵尾，再增加 [ə] 并卷舌。

(5) 收韵尾 ng 的韵母儿化时丢掉韵尾，韵腹变为鼻化元音，同时加卷舌动作。

(三) 儿化的作用

儿化是一种音变现象，与语法也有着密切的关系。儿化有区别词义、词性表达特定感情色彩的作用。

(1) 儿化词语与非儿化词语词义有别，见表 2—30。

表 2—30

非儿化词语的意义	儿化词语的意义
信（书信）	信儿（消息）
头（脑袋）	头儿（带头人）
眼（眼睛）	眼儿（小洞儿）

(2) 儿化词语与非儿化词语词性有别，见表 2—31。

表 2—31

非儿化词语的词类	儿化词语的词类
盖（动词）	盖儿（名词）
尖（形容词）	尖儿（名词）
画（动词）	画儿（名词）

(3) 儿化词语往往有表小称的作用，也常带有喜爱、亲切的感情色彩，如：

小孩儿　　小枣儿　　小兔儿　　老伴儿

第七节 音位归纳与普通话的音位

学习要点

- 音位归纳的原则
- 音位变体
- 轻声
- 普通话辅音音位
- 普通话元音音位
- 普通话的调位

一、音位归纳

（一）音位归纳

音位既然是从区别意义角度归纳出的音系的基本单位，那么，在语音分析过程中，音位归纳的中心任务便是要确定哪些音素是区别意义的不同音系单位，哪些音素是不区别意义的同一音位的不同变体形式。

1. 对立

不同音素如果在完全相同的语音环境中具有区别意义的功能，那么这些音素就存在着区别语素或词意义的对立关系。如普通话“骂”、“木”读音中韵母元音的对立，见表 2—32。

表 2—32

语音环境	字音	语音分布关系
m ____ ^{51}	mà ［ma^{51}］（骂）	对立
	mù ［mu^{51}］（木）	

存在对立关系的音素通常要区分为不同的音位。例如，普通话元音 ɑ ［a］、u ［u］存在对立关系，因而属于两个不同的音位。

语词中只有对立成分存在语音不同，其余成分读音都相同，如此形成的最小语音对立称为“最小对立体”（minimal pairs）。最小对立体是音位归纳过程中有效区分两个不同音位的重要语言依据。

2. 互补

不同语音成分如果从来不在相同的语音环境中出现，那么这些语音成分就存在着互补分布的关系。例如，北京话［ɿ］、［ʅ］、［i］三个韵母元音的分布，见表 2—33。

表 2—33

元音	字音	声韵拼合	语音分布关系
［ɿ］	［tsɿ⁵⁵］（资）	与［ts-］组声母拼合	互补
［ʅ］	［tʂʅ⁵⁵］（知）	与［tʂ-］组声母拼合	
［i］	［tɕi⁵⁵］（鸡）	与非［ts-］、［tʂ-］组的其他声母拼合	

存在互补分布关系的不同语音成分，如果语音比较相近，通常会合并为一个音位。普通话的三个韵母元音［ɿ］、［ʅ］、［i］，汉语拼音方案就依据其互补分布的语言条件合并为一个音位，音位标音为/i/。

音位归纳过程中，凡是构成对立关系的音素，音系归纳通常会把它们区分为不同的音位。具有互补关系的不同音素，如果语音相近，音位归纳通常会合并为一个音位。不过，音位归纳通常会参考一些补充性的原则进行音位分析，如语音近似、音位系统的简单对称、本地人的语感及历史上是否同音等。

（二）音位变体

音位在具体语音环境中的实际存在形式称为“音位变体”。例如，普通话/e/音位在不同语音环境中有［e］、［ə］、［ɤ］、［ɛ］等多种不同的变体形式。音位变体依变体之间的相互关系可分为条件变体和自由变体两类。

1. 条件变体

有些音位，音位的多个变体出现的语音环境不同，各自拥有不同的语音分布条件。例如，普通话/e/音位四个音位变体［ɤ］、［e］、［ɛ］、［ə］的语音分布条件，见表 2—34。

表 2—34

音位	音位变体	变体出现的条件	字音
/e/	［ɤ］	单独作韵母	［kɤ⁵⁵］（哥）
	［e］	［____ i］	［pei⁵⁵］（杯）
	［ɛ］	［ i ____］	［tiɛ²¹⁴］（铁）
	［ə］	［____ n］［____ ŋ］	［kən⁵⁵］（根）［kəŋ⁵⁵］（庚）

同一音位的不同音位变体各自拥有不同的语音分布条件，这类受语音环境制约的音位变体叫“条件变体”。

2. 自由变体

有些音位的多个变体在相同的分布环境中可以自由替换，且没有区别意义的功能。例如，甘肃兰州、江苏南京、湖北武汉、四川成都等方言中的［n］、［l］声母，读音常常可以自由变读，见表 2—35。

表 2—35

音位	音位变体	变体可以同时出现的条件	字音
/n/	[n]	[n]、[l] 两个变体在相同的语音环境中可以自由变读	[nan] / [lan]（南＝兰）
	[l]		[nian] / [lian]（年＝连）

同一音位的不同音位变体可以在相同的语音环境中自由变读，这类不受语音环境制约，可以自由替换且不影响意义的音位变体叫“自由变体”。

二、普通话的音位

（一）辅音音位

音位归纳的原则表明，利用音素之间的对立关系，可以区分出音系中不同的音位。如果将普通话中的不同辅音置入语音环境 [____ u] 中，大致可以区分出/p/b、/pʻ/p、/m/m、/f/f、/t/d、/tʻ/t、/n/n、/l/l、/ts/z、/tsʻ/c、/s/s、/tʂ/zh、/tʂʻ/ch、/ʂ/sh、/ʐ/r、/k/g、/kʻ/k、/x/h 等 18 个辅音音位。如果设置 [____ y] 的语音环境，填入可以与 [y] 韵母拼合的辅音，则可以区分出普通话/tɕ/j、/tɕʻ/q、/ɕ/x 等不同的辅音音位。普通话的鼻辅音还可以出现在音节的末尾。设置 [tɕi __] 这一语音环境，还可以区分韵尾的辅音音位/n/和/ŋ/。

普通话 [tɕ tɕʻ ɕ] 与 [ts tsʻ s]、[tʂ tʂʻ ʂ]、[k kʻ x] 三组声母存在互补的分布关系，四组声母与韵母四呼的拼合具体如下，见表 2—36。

表 2—36

声母＼四呼	开口呼	合口呼	齐齿呼	撮口呼
[tɕ]、[tɕʻ]、[ɕ]	—	—	＋	＋
[ts]、[tsʻ]、[s]	＋	＋	—	—
[tʂ]、[tʂʻ]、[ʂ]	＋	＋	—	—
[k]、[kʻ]、[x]	＋	＋	—	—

音位归纳常常由于目的及所持标准的不同，得出不同的音位归纳方案。普通话 [tɕ tɕʻ ɕ] 与 [ts tsʻ s]、[tʂ tʂʻ ʂ]、[k kʻ x] 三组声母的音位归纳，不同学者目前的意见就不尽相同。汉语拼音方案将 [tɕ tɕʻ ɕ] 独立为一组辅音音位，是国内汉语语音教学、汉语语音研究较常采用的一种处理方案。

汉语拼音方案将普通话辅音音位归纳为 22 个辅音音位。辅音音位与常见的音位变体形式简要介绍如下：

（1）普通话塞音、塞擦音只有一套清辅音音位，没有浊音音位。然而，不送气清塞音、塞擦音音位在轻声词语的轻声音节中常常会产生浊辅音的变体形式，例如：

音位	浊辅音的变体	举例
/p/	[b]	尾巴 [uei^{214}_{21} bA^{0}][①]
/t/	[d]	好的 [xau^{214}_{21} $də^{0}$]

(2) 辅音音位处于声母位置，与韵母拼合常会依韵母介音的语音条件产生不同的音位变体。例如，普通话舌尖清塞音/t/音位，在与合口呼、齐齿呼韵母拼合时常会产生圆唇化的 [t^w] 变体与腭化的 [t^j] 变体。

(3) 舌面后辅音音位常常因为后接前元音而产生发音部位前化的音位变体，如/k/音位在音节 [kei] 中就存在前化的 [k̟] 变体。

(4) 普通话鼻辅音音位/n/处于音节开头和结尾，会产生两个不同的音位变体形式。音节开头的变体形式发音拥有成阻、持阻、除阻三个阶段；音节末尾的变体形式通常不除阻。

(5) 鼻辅音/ŋ/单音节层面只出现在音节尾。语流中因发生语流音变也存在充当声母的情况，如"党啊 [$taŋ^{214}_{21}$ $ŋa^{0}$]"。音节开头的变体形式发音有成阻、持阻、除阻三个阶段；音节末尾的变体形式通常不除阻。

(二) 元音音位

人的发音器官能够发出的元音数目很多，但是，语音系统中的音位数量总是有限的。音位归纳由于归纳目的、归纳所持标准的不同，常常会得出不同的音位归纳方案。普通话元音音位的归纳，目前学界的意见也不尽一致。这里仅以汉语拼音方案的音位归纳为例，简要介绍普通话的元音音位。

汉语拼音方案将普通话的元音音位归纳为六个，具体如下：

/a/ɑ /o/o /e/e

/i/i /u/u /y/ü

六个元音音位常见的音位变体简要说明如下：

(1) /a/ɑ 音位常见的音位变体有 [a]、[ɑ]、[ε]、[æ]、[A]，见表 2—37。

表 2—37

音位	音位变体	出现的条件	字音
/a/ɑ	[a]	[__ i]、[__ n]、[u __ n]	[ai^{51}]（爱）[an^{55}]（安）[uan^{55}]（弯）
	[ɑ]	[__ u]、[__ ŋ]	[$kɑu^{55}$]（高）[$lɑŋ^{35}$]（狼）
	[ε]	[i __ n]	[$iεn^{55}$]（烟）[$liεn^{35}$]（连）
	[æ]	[y __ n]	[$yæn^{55}$]（冤）[$tɕyæn^{214}$]（卷）
	[A]	[__ ø]（零韵尾音节）	[tA^{51}]（大）[iA^{35}]（芽）

① 右上角数字标本调，右下角数字标变调。0 表示声调为轻声。

（2）/e/e 音位常见的音位变体有［ɤ］、［e］、［ɛ］、［ə］，见表 2—38。

表 2—38

音位	音位变体	出现的条件	字音
/e/e	［ɤ］	单独作韵母	［kɤ³⁵］（格）
	［e］	［__i］	［p'ei³⁵］（陪）
	［ɛ］	［i__］	［tɕiɛ⁵⁵］（街）
	［ə］	［__n］、［__ŋ］	［kən⁵⁵］（根）［k'əŋ⁵⁵］（坑）

（3）/o/o 音位常见的音位变体只有一个［o］。/o/o 音位的语音分布大致包括唇音声母之后、介音［u］之后，以及韵尾［u］之前。不过，［o］在韵母［ou］中处于韵尾［u］之前，实际读音更接近于一个比央元音［ə］略后、唇形略圆的元音。

（4）/i/i 音位常见的变体形式有［ɿ］、［ʅ］、［i］、［ɪ］，见表 2—39。

表 2—39

音位	音位变体	出现的条件	字音
/i/i	［ɿ］	［ts____］	［tsɿ⁵⁵］（资）
	［ʅ］	［tʂ____］	［tʂʅ⁵⁵］（知）
	［i］	与非［ts-］、［tʂ-］组的其他声母拼合	［tɕi⁵⁵］（鸡）
	［ɪ］	韵尾	［k'aɪ⁵⁵］（开）
	［j］	零声母音节齐齿呼韵母的韵头	［jan²¹⁴］（演）

（5）/u/u 音位常见的变体形式有［u］、［ʊ］、［ʋ］，见表 2—40。

表 2—40

音位	音位变体	出现的条件	字音
/u/u	［u］	充任韵母	［pu⁵¹］（步）
	［ʊ］	充任韵尾	［tsaʊ²¹⁴］（早）
	［ʋ］	零声母音节合口呼韵母的韵头	［ʋei⁵⁵］（微）

（6）/y/ü 音位常见的变体只有［y］、［ɥ］，见表 2—41。

表 2—41

音位	音位变体	出现的条件	字音
/y/ü	［y］	充任韵母	［tɕ'y⁵¹］（去）
	［ɥ］	零声母音节撮口呼韵母的韵头	［ɥan²¹⁴］（远）

（三）调位

根据元辅音音质成分归纳出的音位称音质音位，如普通话的辅音音位/n/、/l/与元音音位/a/、/i/。根据音高、音强、音长等非音质成分归纳出的音位叫超音质音位。普通话声调系统的四个调类/55/、/35/、/214/、/51/也是四个调位，就属于超音质音位。调位符号也常用/1/、/2/、/3/、/4/四个数字来表示。普通话四个声调只有上声的几个调位变体，语音差别相对比较明显，具体情况见表2—42。

表2—42

音位	音位变体	出现的条件	例词读音
/214/	[214]	音节后有语音停顿	$[\text{xau}^{214}]$（好！）
	[21]	处于阴平、阳平、去声之前	$[\text{tsau}^{214}_{21}\ \text{fan}^{51}]$（早饭）
	[35]	处于上声音节之前	$[\text{mei}^{214}_{35}\ \text{tɕiu}^{214}]$（美酒）

第八节 节奏和语调

学习要点

- 词的轻重音
- 单双音节组配
- 语调的定义
- 什么是停延
- 语句重音的类型
- 句调的语音表现

一、节奏

语言是有节奏的。普通话的节奏主要表现为轻重音节的轻重对比与轻重音节的组配，以及单双音节组配的类型等。普通话音节与音节相连可以组成大小不等的节奏单元，不同类型的节奏单元常常呈现出不同的轻重音组配模式。

（一）轻、重音节

从音节的层面看，音节有轻音节与重音节的不同。普通话的轻声音节语音轻而短，都是轻读的轻音节；非轻声音节相对来说则都是重音节。试比较：

椅·子① 玻·璃

① 轻声音节字前加“·”。

说·说　　写·写

吃·了　　想·着

实验语音数据表明，普通话的轻音节与音节的时长有着密切关系。音节的时长如果缩短至普通音节的三分之二，就容易被感知为轻读的轻音节。

普通话的轻音可以区别同形的不同词语，也可以区别同形的词与词组，例如：

[$\text{pai}^{214}_{21}\,\text{ʂə}^{4}$]（摆·设）　　[$\text{pai}^{214}_{21}\,\text{ʂə}^{51}$]（摆设）

[$\text{tuŋ}^{55}\,\text{ɕi}^{2}$]（东·西）　　[$\text{tuŋ}^{55}\,\text{ɕi}^{55}$]（东西）

[$\text{ʂuo}^{55}\,\text{fa}^{2}$]（说·法）　　[$\text{ʂuo}^{55}\,\text{fa}^{214}$]（说法）

轻声词里的轻声音节都是必须轻读的轻音节，如“摆设”“东西”“说法”中的轻音节。该类音节的轻声具有区别词义、词性的功能。普通话有些词语的轻音节，轻声调并不具有区别词义、词性的作用，“男子汉”“收音机”等三音节词中轻读的第二音节。音节可轻读可不轻读，与必读轻声的轻音节不同。“男子汉”相比“桌子腿”，“桌子腿”中的“子”必轻读，“男子汉”中的“子”则可轻可不轻，不轻读时可还原出音节原来的声调。有学者将这类可轻可不轻的音节称为“轻音”，也有学者将这类可还原出音节原来声调的轻声称为“可轻声”。

（二）音节的组配

音节与音节组配，可以构成大小不等的语音结构单元。语音结构单元内部音节强弱关系、突显关系以及松紧组合关系的不同，可以组配出大大小小不同类型的节奏单位。普通话基于音节所组配出的最小节奏单位称为音步。普通话的一个音步通常有两个音节构成。单个音节构成的残音步和三个音节构成的超长音步相对少一些。普通话双音节词居多，显然与普通话双音节音步为常规音步的节奏特点不无关系，例如：

出租/汽车/没有/及时/到达//。①

我们/一定/能够/完成/任务//。

音步是普通话节奏的基本结构单位，也是普通话连上变调的韵律基础。试比较：

雨	伞	厂	纸	老	虎	
214	214	214	214	214	214	单字调
214	214	214	214	214	214	音步划分
35	214	214	214	35	214	音步内连上变调
35	35	214	21	35	214	连读变调

“雨伞厂”是双音节音步“雨伞”加一个单音节“厂”，构成一个 2+1 的三音节组合。连读变调先是双音节音步“雨伞”内发生连上变调，继而再发生“伞”与“厂”

① “/”表示双音节音步之间的边界。

的连上变调。“纸老虎”是双音节步“老虎”加一个单音节“纸”，构成一个 1+2 的三音节组合。连上变调率先在“老虎”音步内发生，“老”字声调变成了 35，就阻断了首字“纸”进一步发生连上变调。“纸”在变了 35 调的“老”前只能变调为 21。

二、语调

话语语句利用停延、语句重音、句子音高变化模式等手段，表达特定意义、传递说话人特定情感的韵律组织系统，就是语调。语调问题具体涉及停延、语句重音、句调等。

（一）停延

人们说话时往往会在语句中的某个语法成分后设置较明显的语音停顿，往往会将语句的某个音节拉长。语句中的这种语音停顿以及音节读音的延长，称为“停延”。例如：

春天 / 来了//。

大家 / 都喜欢 / 这本书 //。

例句中画斜线的地方，都是可以发生停延的位置。语句末尾与较长的语句片段之后，是必须出现停延的地方，这些地方通常也会有标点符号的标识。句中词语或短语之间，依据话语语速的快慢不同，往往是既可以发生停延，也可以没有停延的地方。词语的内部一般不会发生停延。停延是构成语调的重要特征之一。合理利用停延手段，是构成特定语调、表达特定语气不可或缺的重要方面。试比较：

①给我/出去！

②给我出去！

相比较，例②句取消停延，整个语句凝成一个结构相对较紧的韵律节奏单元。整个句子一口气快速说出，说话人的语气、命令的力度相对更强。

（二）语句重音

语句重音是指出现在语句层面的重音。它通常不涉及词语意义，只和全句的意思和语气有关。语句重音进一步细分有“语法重音”和“逻辑重音”的不同。

语法重音是与语句的句法结构密切相关的重音，是语言节奏自然赋予语句的重音，因此也称“节律重音”，例如：

张师傅ˌ（送来一筐）苹果。

语法重音并不是说话人有意识地加上去的，而是说话时自然而然地带上的重音。一般来说，语法重音是有规则的，是可以预测的。

逻辑重音是说话人有意识特别加重某个词语的读音，以突出强调语句中某个需要强调的成分而赋予的重音，例如：

ˈ我买苹果。（< 问：谁买苹果?）

我ˈ买苹果。（< 问：你买不买苹果?）

我买苹果。（< 问：你买什么?）

逻辑重音与语法重音不同，它不是语句节奏自然赋予的重音，而是说话人根据表达需要有意识添加上去的重音。也就是说，重音较多情况下是为了突出语句中的焦点成分添加的重音，因而有时该类重音也称“强调重音”或“焦点重音”。

（三）句调

语句层面高低升降的音高变化模式称为句调。句调是构成语调的主干与核心内容，也是构成语调最为重要的语音特征。汉语是有声调语言，句调音高变化模式的韵律调节，往往采用调节调核、调尾部分音节声调的音高幅度，调整调尾音节声调调形的倾斜度等手段，来实现句调特定的音高变化模式。例句比较见图 2—6：

①陈述句：

②疑问句：

图 2—6 “马厂长买五把好雨伞”陈述、疑问句调音高曲线图（林茂灿，《汉语语调和声调》）

普通话陈述句的句调通常是降调，疑问句通常是升调。图 2—6 中句调的音高变化曲线图显示：无论是陈述句，还是疑问句，句调的核心部分都处于“五把”的位置，其中“五”的音高属于全句句调最为突显的部分。例①陈述句，句末音节“伞”的声调呈降调调形，且处于为全句音高变化曲线的最低区域。例②疑问句，句末音节“伞”的声调呈降升调调形。相对于例①来说，例②句尾的“伞”也不像例①那样存在声调调域进一步降低的情况，而是略有提升，且音高曲线的倾斜度有明显的增大。

第九节 语音规范

学习要点

- 普通话语音规范的标准
- 方音辨正

语音规范主要包含两方面的内容：一是普通话语音系统自身的规范，即确立普通话的各项语音标准；二是使用者的规范，即大力推广普通话。

一、普通话语音系统自身的规范

普通话是以北京语音为标准音的。既然已有了标准，为什么还要提确立普通话的各项语音标准呢？其主要原因是，普通话语音虽然是以北京语音为标准音的，但北京话语音系统内部至今仍存在着一些语音分歧。这些语音分歧，既不利于人们学习掌握普通话，也不利于人们使用普通话，有待进一步规范。

（一）异读词的规范

1. 异读词的定义

所谓异读，是指一种文字形式有两种或两种以上的读音。普通话中的异读，有以下几种情况：

（1）异义异读：

睡觉 shuì jiào	觉悟 jué wù
音乐 yīn yuè	快乐 kuài lè
畜牧 xù mù	牲畜 shēng chù
效率 xiào lǜ	率领 shuài lǐng

（2）同义异读：

颤 chàn	颤 zhàn
室 shì	室 shǐ
呆 dāi	呆 ái
跃 yuè	跃 yào

异读词是指一个词或词内的某个语素有两个或两个以上的读音。上述例子中的异义异读，如“觉、乐、畜、率”等，是在不同词语里具有不同的读音，属“多音多义字”，并不是异读词；上述例子中的同义异读，如“颤、室、呆、跃”等，可以构成异读词。同义异读的异读词是语言中的累赘，应是被规范的对象。

2. 异读词的读音类型

异读词的异读，具体表现为以下几种类型：

（1）声母的异读：

森林	sēn	shēn
波浪	bō	pō
包庇	bì	pì
谬论	miù	niù

（2）韵母的异读：

嗟叹	jiē	juē
娇嫩	nèn	nùn
跳跃	yuè	yào
琴弦	xián	xuán

（3）声调的异读：

教室	shì	shǐ
号召	zhào	zhāo
比较	jiào	jiǎo
质量	zhì	zhǐ

（4）声韵调多项异读：

暴露	bào	pù
供给	jǐ	gěi
颜色	sè	shǎi
鲜血	xuè	xiě

3. 异读词产生的原因

异读词产生的原因十分复杂，主要体现为以下几个方面：（1）语音自身演变滋生的异读。语音是不断发展演变的。语音历时演变过程中不同阶段的读音在共时系统中并存，就会产生异读。例如，"危、帆"等字旧读阳平，今读阴平。新、旧两读并存，导致异读词的产生。（2）文白异读的读音分歧。文读音通常指的是读书音；白读音通常指的是生活中的口语音。如"血、暴"等字，读书音分别是"xuè、pù"，口语读音分别是"xiě、bào"。读书音与口语音的读音分歧，导致异读词的产生。（3）其他方言的影响。北京话有些词语是从其他方言中吸收进来的。北京话在吸收其他方言词语的同时，也将外方言的词语读音吸收了进来，从而造成异读。如"卡 kǎ、揩 kāi"的异读音"qiǎ、kā"，就是从其他方言中吸收来的读音。（4）误读。有些人在读字的时候，喜欢根据汉字的某一部件来推测汉字读音，如"酵母"的"酵 jiào"，有人就常误读为"xiào"。误读也有可能导致异读词的产生。

4. 异读词读音的审定

1956年，中国科学院成立"普通话审音委员会"，专门审定异读词的读音问题。自1957年到1962年，先后分三次发表了《普通话异读词审音表初稿》，并于1963年辑录成《普通话异读词审音总表初稿》。后来，普通话审音委员会对《审音总表初稿》又进行了修订，并于1985年以《普通话异读词审音表》的名称正式公布。

普通话审音委员会在异读词读音审定的过程中，拟定了一些审定异读词读音的基本原则：（1）异读词读音的审定，应以词为对象。异读词的读音既然只是词语中某一个成分有多种读音，并不包括那些多音多义字，因此，异读词读音的审定应以词为对象，而不应以字为对象。(2) 读音是否符合北京语音系统的规律。语音规范化的标准是以北京语音为标准音，这里的标准实际上指的是以北京语音系统为标准，并不包括北京话中的一些个别土语成分的读音。异读词读音审定过程中应剔除不符合北京话语音系统规律的读音。(3) 读音在北京话里是否通行。如果某个读音在北京话中比较通行，则适当考虑采纳该读音。如果某个读音在北京话中既不通行，又不太符合北京话语音规律，则应对其进行规范，将其剔除。(4) 古清声母入声字今北京话声调读音的审定。古清声母入声字今北京话中如果没有异读，那么就采用通行的这一声调读音；如果有阴平、非阴平调异读的，一般采用阴平读法。

(二) 轻声、儿化的规范

轻声、儿化是北京话里比较突出的两种语言现象。普通话语音系统中也有轻声和儿化，是不是北京话中的所有轻声、儿化都可以进入普通话语音呢？我们不妨先分别考察一下北京话中的轻声、儿化情况，然后再简要回答这一问题。

1. 轻声的规范

北京话中读轻声的情况大致有以下几种：

(1) 词缀、虚词等语法成分的轻声，如“着、了、子”等；能够区别词义、词性的轻读，如“买卖、东西”中的“卖、西”等。

(2) 按照语音习惯，双音节词语的第二音节必须轻读，即词语读轻声已经成了人们的语音习惯，轻声读音在语言中已经比较通行，如“爸爸、玻璃、葡萄”等轻声词。

(3) 双音节词语只是第二音节可轻读可不轻读的轻声词，如“成绩、措施”等。

第一类规律性较强的轻声词语，普通话应该吸收。第二类习惯必须轻读的轻声词语，如果是已经比较通行的词语，普通话也应考虑吸收；如果还不太通行，有可能是北京话的土语成分，普通话则应慎重考虑是否吸收。第三类轻声词语，则应视作北京话的土语成分，不予吸收。

2. 儿化的规范

北京话中读儿化的情况大致有以下几种：

(1) 能够区分词义、词性的儿化，如“眼儿、盖儿”等。

(2) 按照习惯必须儿化的词语，如“小孩儿、小盘儿”等。

(3) 可儿化可不儿化的词语，如“字儿、事儿”等。

第三类儿化词语相对比较好处理。它们属于北京话中的土语成分，普通话不应该吸收。其余两类儿化词，语音规范过程中处理起来相对有些麻烦。儿化词语的规范还有一个词汇规范的问题。如果两类词语属于北京话中的非土语词，使用频率较高、通行范围较广，普通话则应考虑吸收。如果属于北京话的土语成分，使用频率较低、通行范围较窄，则应慎重考虑是否吸收。

二、方音辨正

汉语方言十分复杂，有限的篇幅显然无法将各方言语音与普通话的差异全部列举清楚，因此，这里只对方言中存在的几个典型问题作简要介绍，供大家在学习普通话时参考。（下文所用记音符号大多是汉语拼音方案的记音符号。方言中一些用汉语拼音方案无法标出的特殊读音，采用国际音标标音。国际音标一般放在［ ］中。）

（一）声母问题

1. 舌尖塞擦音、擦音声母问题

普通话舌尖塞擦音、擦音有 z、c、s 和 zh、ch、sh 两套。普通话读舌尖塞擦音、擦音的汉字在现代汉语各方言中的声母读音情况比较复杂，各地差别较大。大致来说有这样几种情况：（1）有些方言舌尖塞擦音、擦音只有舌尖前音 z、c、s，没有舌尖后音 zh、ch、sh。普通话所有读舌尖后音声母的汉字，在该类方言中都读成舌尖前音声母，如西南官话、吴语、粤语等方言区内的部分方言。（2）有些方言舌尖塞擦音、擦音只有舌尖前音声母，没有舌尖后音声母。普通话读舌尖后音声母的汉字，在方言中一部分读成舌尖前音声母，一部分读成舌尖中塞音声母，如湘语、客家话、赣语、闽语等方言区内的部分方言。（3）有些方言舌尖塞擦音、擦音声母只有舌尖后音一套，没有舌尖前音声母，如山西晋东南的部分方言。（4）还有一些方言，普通话读舌尖后塞擦音、擦音声母的汉字，在这些方言中分读成两类声母。如官话区内的胶辽官话。“知道”的“知”与“支部”的“支”在普通话中声母读音相同，在胶辽官话却分读成两类不同读音的声母。

方言区的人在学习普通话的时候，首先要分清 z、c、s 和 zh、ch、sh 的具体音值。试比较：

zǔ 组——zhǔ 主	cū 粗——chū 出	sū 苏——shū 书
zī 资——zhī 知	cáo 曹——cháo 潮	sān 三——shān 山

在掌握了普通话 z、c、s 和 zh、ch、sh 的准确发音之后，接着需要掌握普通话中究竟哪些字应读 z、c、s，哪些字应读 zh、ch、sh。具体情况参看本章“附录一”。

2. n、l 声母问题

n、l 在普通话中是两个不同的音位，在汉语绝大多数方言中也是分得比较清楚的两个音位，但在某些汉语方言中，n、l 却不能区别意义，合并为一个音位。n、l 不分的方言大致有以下几种情况：（1）n、l 不分，合并为一个音位，普通话读 n、l 两类声母的汉字，方言中多读为鼻辅音声母，如西南官话中的成都话。（2）n、l 不分，合并为一个音位，普通话读 n、l 两类声母的汉字，方言中多读为边音声母，如江淮官话中的南京话。（3）n、l 在洪音（开口呼、合口呼韵母）前不分，在细音（齐齿呼、撮口呼韵母）前分。也就是说，普通话读 n、l 两类声母的汉字，在方言中的声母读音，依汉字音节内部的韵母为条件，呈现出两类情况。细音前，声母读音与普通话规律一致。普通话读 n、l 两类声母的汉字，在方言中也分读成 n、l 两类声母。洪音前，声母读音与普通话不同。普通话读 n、l 两类声母的汉字，方言中则合并为一类声母，如赣语中的南昌话。

方言区的人在学习普通话的时候，首先要分清 n 和 l 声母的具体音值。试比较：

nán lán　nù lù　ní lí　nǚ lǚ
南——兰　怒——路　泥——梨　女——吕

在掌握了普通话 n 和 l 声母的准确发音之后，接着需要掌握普通话中究竟哪些字声母应读 n，哪些字声母应读 l。具体情况参看本章“附录一”。

3. f、h 声母问题

f、h 声母在普通话中是读音不同的两个声母，但在不少方言中，普通话读 f、h 声母的汉字，都读成了同一类声母，如粤方言、客家方言、赣方言、湘方言中的一些方言点。普通话读 f、h 两类声母的汉字，这些方言多读为齿唇音 f。闽方言中的一些方言点情况更为特殊，普通话读 f 声母的汉字，闽方言有些读为双唇音声母，有些读为舌根清擦音声母。

方言区的人在学习普通话的时候，首先要分清 f、h 声母的具体音值。试比较：

fā huā　fú hú　fáng huáng　fēn hūn
发——花　符——胡　房——黄　分——昏

在掌握了普通话 f、h 声母的准确发音之后，接着需要掌握普通话中究竟哪些字声母应读 f，哪些字声母应读 h。具体情况参看本章“附录一”。

4. 尖团音问题

所谓尖团，是指古精组字与古见、晓组字在今细音韵母前声母读音是否有分别。如果有分别就叫分尖团，古精组字的今声母读音为尖音，古见、晓组字的今声母读音为团音。如果没有分别，就叫不分尖团。不分尖团，也就无所谓尖团音了。古精组字如“精、秋、修”与古见、晓组字“经、丘、休”，中古声母读音属于两类不同的声母。随着古今语音的演变，古精组与古见、晓组在不同的方言中出现了不同的变化。普通话是以北京语音为标准音的，北京话古精组字与古见、晓组字在今细音韵母前声母读音合并为一类，也就是说，北京话不分尖团。而在某些方言中，古精组字与古见、晓组字在今细音韵母前声母读音仍有分别，也就是说分尖团，如中原官话中的郑州方言、开封方言等。普通话不分尖团，“精—经、秋—丘、修—休”分别是三对同音字；而在郑州、开封等分尖团的方言中，“精—经、秋—丘、修—休”等却不是同音字，原因是三组字前后字的声母读音都不同。

方言区的人在学习普通话的时候应首先掌握普通话 j、q、x 的正确读音，例如：

jīng　qīng　xīng
精——经　清——轻　星——兴

jiǔ　　　　　　qiū　　　　　　xiū
酒——九　　　　秋——丘　　　　修——休

在学好普通话 j、q、x 的正确读音之后，接着要弄清普通话所有读 j、q、x 声母的汉字在方言中的声母读音情况，并总结出方言与普通话的语音对应规律，然后结合语音对应规律学习普通话。

（二）韵母问题

1. 鼻韵母问题

普通话的鼻韵母分前鼻音韵尾-n 和后鼻音韵尾-ng 两套，具体情况如下（见表 2—43）：

表 2—43

-n 类韵母	an	ian	uan	üan	en	in	uen	ün
-ng 类韵母	ang	iang	uang		eng	ing	ueng ong	iong

普通话的前鼻音韵母与后鼻音韵母，读音分别比较清楚。如：

山≠伤　　烟≠秧　　船≠床　　身≠生

音≠英　　温≠翁　　昏≠轰　　晕≠拥

汉语有不少方言存在前鼻音韵尾-n 和后鼻音韵尾-ng 相混的现象。有些方言鼻韵母只有一套鼻韵尾，如长沙话只有前鼻尾-n，福州话只有后鼻音韵尾-ng。有些方言虽然有前鼻音韵尾-n 和-ng 后鼻音韵尾两套，但只是 an、ang 类韵母分，其余鼻韵母如“根—更、音—英、温—翁、晕—拥”等字的韵母，前鼻音韵尾与后鼻音韵尾则不能分，如西北地区的一些方言。

粤方言鼻韵母除了前鼻音韵尾-n 和后鼻音韵尾-ng 外，还有-m 韵尾，如广州话、阳江话等。

方言区的人在学习普通话时，应首先掌握普通话前鼻音韵母和后鼻音韵母的准确发音，例如：

shān　shāng　yān　yāng　chuán　chuáng　shēn　shēng
山 ≠ 伤　　烟 ≠ 央　　船 ≠ 床　　身 ≠ 生

yīn　yīng　wēn　wēng　hūn　hōng　yūn　yōng
音 ≠ 英　　温 ≠ 翁　　昏 ≠ 轰　　晕 ≠ 拥

在掌握了相应韵母的准确发音之后，接下来的任务就是要分清普通话究竟哪些字韵母读前鼻音韵尾，哪些字读后鼻音韵尾。选取韵头、韵腹相同而韵尾不同的汉字，进行对照练习，效果会更好一些。详细情况见本章“附录二”。

2. 单、复韵母问题

普通话中的复韵母较多。普通话读复韵母在某些方言中存在着读单韵母的情况。如普通话的 ai、ao 等韵母在济南话、苏州话等方言中多读作单韵母，例如（见表 2—44）：

表 2—44

	太	才	包	早
北京话	[t'ai꜄]	[꜁ts'ai]	[꜀pɑu]	[꜂tsɑu]
济南话	[t'ɛ꜄]	[꜁ts'ɛ]	[꜀pɔ]	[꜂tsɔ]
苏州话	[t'ᴇ꜄]文 [t'ɒ꜄]白	[꜁zᴇ]	[꜀pæ]	[꜂tsæ]

方言区的人在学习普通话的时候，应注意学习普通话复韵母的准确发音。特别要注意的是，单韵母是发音没有动程的韵母，复韵母是发音有动程的韵母。韵母学习过程中应将普通话的读音同自己方言的读音仔细对照，找出其中语音差异，认真学习。

3. 四呼问题

普通话有开口呼、合口呼、齐齿呼、撮口呼四呼，汉语大部分方言也都有四呼，然而，方言中有些汉字的读音同普通话的四呼读音并不一致，如“俗、端”等字，普通话都读合口呼，山东有些方言则存在着“俗”读撮口呼、“端”读开口呼的情况。闽南话、客家话的情况更为特殊，方言中没有撮口呼。（见表 2—45）

表 2—45

	居	群	雪	拳
北京话	[꜀tɕy]	[꜁tɕ'yn]	[꜂ɕye]	[꜁tɕ'yan]
厦门话	[꜀ku]	[꜁kun]	[suat꜆文] [seʔ꜆白]	[꜁kuan文] [꜁kun白]
梅县话	[꜀ki]	[꜁k'iun]	[siɛt꜆]	[꜁k'ian]

具备四呼的方言，只是部分汉字读音与普通话不一致，单独学习掌握读音不同的这部分汉字的普通话就可以了。没有撮口呼的方言在学习普通话的撮口呼韵母时，除了学习撮口呼韵母的准确发音外，还要找出普通话撮口呼字与自己方言的语音对应规律，以便将方言读音改读为普通话的读音。

（三）声调问题

声调涉及调类、调值两方面的问题。方言声调与普通话比较，大致存在以下几种情况：（1）调类相同，调值也相同或相近。例如，“边、天、飞”等字在武汉话、沈阳话里是阴平调，调值读高平调调值、调类与普通话相近。（2）调类相同，调值不同。例如，“边、天、飞”等字在济南话中是阴平调，但济南话的阴平调值是 213，与普通话 55 的阴平调值相差甚远。（3）调类不同，调值相同或相近。例如，济南话中的“好、马”等字，调类是上声调，调值是 55 调。济南话的上声调与普通话的阴平调，调类不同，调值却相同。（4）调类不同，调值也不同。例如，“麦、月”等字在郑州话中读阴平调，调值是 13，但在普通话中却是读去声调，调值是 51。

总结上述情况可以看出，方言区的人在学习普通话声调的时候，不仅要注意学习普通话的调值，而且要注意方言调类与普通话调类的异同。

1. 注意方言与普通话调值上的差异

方言区的人在学习普通话声调时，首要的任务是掌握普通话四声调值的准确发音。方言调值与普通话调值差异较大的要改读为普通话的调值；方言差别较小的调值，也要仔细分辨方言声调与普通话调值的差异，纠正发音。练习时可以找出一些同调类的字进行对照练习。

阴平 55：边、天、飞、刚、知、专。

阳平 35：平、团、盘、朋、年、连。

上声 214：古、好、手、五、女、老。

去声 51：倍、坐、事、去、试、树。

2. 注意方言与普通话调类上的差异

不同方言，古今调类分合规律也不尽相同。普通话中古平声字今分读阴平、阳平两类，而太原话中古平声字今仍自成一类，不分阴阳，例如（见表 2—46）：

表 2—46

	天	边	田	年
北京	55	55	35	35
太原	11	11	11	11

中古去声字普通话今仍读去声，而苏州话今分读阴去、阳去两类声调。例如（见表 2—47）：

表 2—47

	对	抗	共	谢
北京	51	51	51	51
苏州	412	412	31	31

方言区的人在学习普通话声调时，应注意方言与普通话调类分合规律的差异，总结出方言与普通话调类的语音对应规律，系统学习普通话声调。

3. 注意古入声字在不同方言中的不同归调情况

古入声普通话分别派入阴平、阳平、上声、去声四个声调，在各方言中的声调读音情况更是不尽相同。

吴方言、湘方言（新湘语）、客家方言、赣方言、闽方言、粤方言以及官话方言中的江淮官话等，今方言中仍有入声调。方言区的人在学习普通话声调时直接将本方言中的入声调改读为普通话中相应的阴平、阳平、上声、去声声调就可以了。

官话方言多数已没有了入声，入声消失后的归调路线与普通话不尽一致。（见表 2—48）

表 2—48

<table>
<tr><td colspan="2">今
古</td><td>北京官话</td><td>东北官话</td><td>胶辽官话</td><td>冀鲁官话</td><td>中原官话</td><td>兰银官话</td><td>西南官话</td></tr>
<tr><td rowspan="3">入声</td><td>清</td><td>阴阳上去</td><td>阴阳上$_{多}$去</td><td>上声</td><td>阴平</td><td rowspan="2">阴平</td><td rowspan="2">去声</td><td rowspan="3">阳平</td></tr>
<tr><td>次浊</td><td colspan="4">去声</td></tr>
<tr><td>全浊</td><td colspan="6">阳平</td></tr>
</table>

注：东北官话古清声母入声字今读上声调的汉字比北京官话多。

方言区的人在学习普通话声调的时候，最好总结出方言与普通话的语音对应规律，系统学习。

（四）方音辨正中的几点补充意见

1. 注意总结方言与普通话的语音对应规律

方音辨正不能死记硬背，即不能闭着眼一个字一个字或者说一个音节一个音节地硬记。最好在练习普通话读音之前，先总结出方言与普通话的语音对应规律，然后依据方言与普通话的语音对应规律系统学习普通话。普通话 n、l 与南京话相应声母的语音对应规律可以总结如下（见表 2—49）：

表 2—49

<table>
<tr><td>普通话</td><td>南京话</td><td>例字</td></tr>
<tr><td>n</td><td rowspan="2">l</td><td>拿纳捺南难男脑恼囊挪怒奴</td></tr>
<tr><td>l</td><td>拉辣腊腊蓝兰篮拦老捞牢劳路露陆</td></tr>
</table>

有了方言与普通话的语音对应规律，人们在方音辨正的语音练习过程中，就能做到心中有数，避免盲目记忆。人们根据语音对应规律学习，就不是一次只记一个字音，而是一次有规律地学习掌握一批字音，会收到事半功倍的效果。

2. 巧妙利用形声字的声符

方音辨正练习过程中要掌握的字音较多，掌握起来比较困难，需要学习者沉下心来，耐心学习。不过，也有一些诀窍可以帮助我们来学习。有些汉字偏旁相同，特别是那些形声字的声符相同，汉字读音也相同。我们可以利用这些偏旁去辅助记忆字音，从而提高学习的效率，例如：

（1）zh、ch、sh：

章——樟漳彰蟑鄣獐障嶂幛瘴；

朝——嘲潮；

山——汕讪舢。

（2）z、c、s：

宗——棕综踪鬃腙粽；

仓——沧舱苍伧；

叟——搜艘嗖馊溲飕。

（3）n、l：

农——浓脓侬；

龙——拢笼聋垄咙陇垅胧。

（4）f、h：

方——放防纺访仿坊妨肪彷芳；

户——护沪戽扈。

（5）鼻音韵尾：

门——闷扪焖们；

孟——猛锰蜢艋；

斤——近靳芹新薪忻昕；

京——惊鲸。

3. 根据普通话读音判断古入声字的几条规律

有些方言有入声。要想判断古入声字，相对来说比较容易。有些方言已没有了入声，人们要想推断古入声字，就困难多了。不过，我们可以根据普通话今读音的一些线索，推断出一部分古入声字。

（1）符合下列条件的一般是古入声字：

1）普通话声母是不送气塞音、塞擦音声母 b、d、g、j、z、zh，声调是阳平调的汉字，一般是古入声字，如“白、敌、革、及、杂、宅”等字。

2）普通话声母是 d、t、n、l、z、c、s，韵母是 e 的汉字，一般是古入声字，如“德、特、讷、乐、则、册、色”等字。

3）普通话声母是 zh、ch、sh、r、k，韵母是 uo 的汉字，一般是古入声字，如“捉、绰、说、若、阔”等字。

4）普通话声母是 b、p、m、d、t、n、l，韵母是 ie 的汉字，除“爹”字以外一般是古入声字，如“别、撇、灭、叠、铁、捏、列”等字。

5）韵母是 üe 的汉字除“靴、瘸、嗟”外，都是古入声字，如“绝、缺、学、略、虐、月”等字。

（2）符合下列条件的一般不是古入声字：

1）普通话韵母是鼻韵母的汉字一般不是古入声字，如“山、帮、身、更、同”等字。

2）普通话读 zi、ci、si、er 的汉字，都不是古入声字，如“字、次、丝、儿”等字。

在学习普通话的过程中，每个人也可以根据自己的具体情况总结出更多的适合自己学习的基本规律和诀窍。

本章小结

本章主要目的是使学生掌握现代汉语普通话的语音系统与汉语语音分析的基本方法。全章共分九节。

第一节“语音概述”主要介绍语音学的一些基础知识，如语音的性质、语音单位、记音符号等。学生在学习时应注意在理解把握一些基本概念的基础上掌握语音的这些基本知识，并进而熟练掌握汉语拼音方案与国际音标等记音符号。

第二节“声母”主要讲述普通话辅音声母的发音和分类。学生学习本节，应熟练掌握普通话辅音声母的发音部位和发音方法，并能够熟练地运用国际音标来记音。

第三节“韵母”包括元音和韵母两部分内容。元音主要讲述普通话元音的发音和分类，韵母主要讲述韵母的结构与分类。学生学习本节应熟练掌握元音的发音特点和分类，应熟悉普通话韵母的结构和三种不同的韵母分类。

第四节“声调”主要讲述普通话的声调，内容包括普通话的调值和调类，以及中古四声与普通话四声的关系等。学生学习本节，应注意学习掌握普通话声调的特点、标调的方法，以及古四声与普通话今四个声调的关系等。

第五节“音节结构”主要介绍了普通话音节的构成、声韵调的拼合规律及特点。学生学习本节，应注意学习掌握普通话音节结构的特点、声韵调的拼合规律和特点，以及音节的拼读和拼写等。

第六节“连读变调和儿化音变”主要讲述普通话上声的变调、轻声，以及儿化音变现象。学生学习本节，应注意学习掌握普通话连读变调的一些规则和特点，应注意学习体会普通话轻声、儿化的一些音变规律和作用。

第七节“音位归纳与普通话的音位”主要讲述音位归纳的原则和方法，以及普通话的音位系统。本节内容是本章的一个重点，也是本章的一个难点。学生学习本节，应注意理解、掌握音位归纳的原则和方法，并借助音位理论进一步领会普通话元辅音音位以及调位的分析和归纳。

第八节“节奏和语调”主要介绍普通话的节奏和语调。节奏方面主要介绍普通话词的轻重音、单双音节组配；语调方面主要介绍停延、语句重音和句调。节奏和语调是目前学界研究的一个前沿热点和难点。学生在学习时应注意联系实际，学习体会普通话节奏、语调的一些语音表现和特点。

第九节“语音规范”主要包含两方面内容：一是普通话的语音规范；一是方音辨正。普通话语音规范的内容主要包括普通话语音规范的标准以及普通话异读词、儿化词、轻声词的规范与审订。方音辨正部分主要是结合一些实例，简要介绍方音辨正中应注意的问题。要求学生能够结合自己的方音，比较方言与普通话的同异，能够有规律、成系统地进行方音辨正，学习普通话。

本章要求同学们重点掌握的基础知识主要有：汉语拼音方案、普通话的声韵调、音节结构、音变及语音的节律等。要求同学们具备的实践能力有：普通话语音的发音、拼写，汉语语音的分析方法等。同学们在学习基础理论、基本知识的同时，要注意普通话发音以及语音分析的训练；从而让自己不仅拥有扎实的语音理论知识，而且拥有熟练、准确发音，以及较高的分析语音的能力。

关键概念

语音	音节	音素	辅音
元音	音位	音位变体	自由变体
条件变体	声母	发音部位	零声母
韵母	四呼	声调	调值
调类	五度标调法	儿化	儿化韵
轻声	停延	逻辑重音	超音质音位
异读词			

思考题

1. 语音与自然界其他的声音有什么不同？
2. 为什么说语音的社会属性是语音的根本属性？
3. 语音四要素的生理基础是什么？
4. 请在图 2—7 标出发音器官各部分的名称。
5. 元音和辅音有什么区别？
6. 声母和辅音有什么不同？
7. 元音和韵母有什么不同？
8. 音素和音位有何区别？
9. 举例说明音位归纳的原则。
10. 决定辅音音质的因素是什么？
11. 举例说明普通话音位与变体的关系。
12. 怎样给辅音声母分类？
13. 决定元音音质的因素是什么？
14. 怎样给韵母分类？
15. 举例说明调值和调类的关系。
16. 简要说明普通话四个声调与中古四声的关系。
17. 汉语的音节结构有什么特点？
18. 举例说明汉语声韵拼合规律。
19、汉语声母与韵母的拼合是由什么因素决定的？
20. 举例说明普通话中的变调情况。
21. 举例说明儿化和轻声的作用。
22. 举例说明产生异读词的原因。

图 2—7

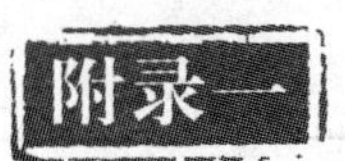

声母辨音字表

一、舌尖塞擦音、擦音

1. z 和 zh 辨音字表

声母 韵母	z	zh
-i [ɿ、ʅ]	〖阴平〗资姿咨兹滋孳孜龇辎〖上声〗子仔籽梓滓紫〖去声〗字自恣渍	〖阴平〗之芝支枝肢只一~织知蜘汁脂〖阳平〗直植殖值执侄职〖上声〗止址趾只~管旨指纸〖去声〗至窒致志治质帜挚掷秩置滞制智稚痔
u	〖阴平〗租〖阳平〗足族卒 〖上声〗组阻祖	〖阴平〗朱珠株蛛猪诸〖阳平〗竹烛逐〖上声〗主煮嘱〖去声〗注蛀住柱驻贮祝铸筑著
ɑ	〖阴平〗扎包~匝〖阳平〗杂砸	〖阴平〗扎~针渣〖阳平〗扎挣~铡闸札 〖上声〗眨〖去声〗乍炸诈蚱榨栅
e	〖阳平〗择泽责则〖去声〗仄	〖阴平〗遮〖阳平〗折哲辙〖上声〗者 〖去声〗这蔗浙
ɑi	〖阴平〗灾栽哉〖上声〗崽宰载转~ 〖去声〗在再载运~	〖阴平〗摘斋〖阳平〗宅〖上声〗窄〖去声〗寨债
ei	〖阳平〗贼	
ɑo	〖阴平〗遭糟〖阳平〗凿〖上声〗早枣澡〖去声〗造皂灶躁燥	〖阴平〗昭招朝〖阳平〗着〖上声〗爪找沼〖去声〗照召赵兆罩
ou	〖阴平〗邹〖上声〗走〖去声〗奏揍	〖阴平〗州洲舟周粥〖阳平〗轴〖上声〗帚肘 〖去声〗宙昼咒骤皱
uɑ		〖阴平〗抓
uo	〖阴平〗作〖阳平〗昨〖上声〗左 〖去声〗做坐座作	〖阴平〗桌捉拙卓〖阳平〗着酌灼浊镯啄琢
ui	〖上声〗嘴〖去声〗最罪醉	〖阴平〗追锥〖去声〗坠赘缀
ɑn	〖阴平〗簪〖阳平〗咱〖上声〗攒 〖去声〗赞暂	〖阴平〗沾毡粘~贴〖上声〗盏展斩〖去声〗占站战栈绽蘸
en	〖上声〗怎	〖阴平〗真贞侦桢祯〖上声〗疹诊枕缜〖去声〗振震阵镇
ɑng	〖阴平〗脏赃〖去声〗葬藏脏	〖阴平〗张章樟彰〖上声〗长掌涨〖去声〗仗杖帐涨瘴障
eng	〖阴平〗曾憎增缯〖去声〗赠	〖阴平〗正~月征争睁筝挣〖上声〗整拯〖去声〗正政症证郑
ong	〖阴平〗宗踪棕鬃〖上声〗总〖去声〗纵粽	〖阴平〗中~间盅忠钟衷终〖上声〗肿种~子〖去声〗中打~种栽~仲重众
uɑn	〖阴平〗钻~研〖上声〗纂〖去声〗钻~石攥	〖阴平〗专砖〖上声〗转~达〖去声〗传~记转~盘撰篆赚
uen	〖阴平〗尊遵樽鳟〖上声〗撙	〖上声〗准
uɑng		〖阴平〗庄桩装妆〖去声〗壮状撞

2. c和ch辨音字表

声母 韵母	c	ch
-i [ɿ、ʅ]	〖阴平〗疵差参~〖阳平〗雌辞词祠瓷慈磁〖上声〗此〖去声〗次伺刺赐	〖阴平〗吃痴嗤〖阳平〗池驰迟持匙〖上声〗尺齿耻侈豉〖去声〗斥炽翅赤叱
u	〖阴平〗粗〖去声〗猝促醋簇	〖阴平〗出初〖阳平〗除锄厨橱躇刍雏〖上声〗楚础杵储处~分〖去声〗畜触矗处
a	〖阴平〗擦嚓	〖阴平〗叉杈插差〖阳平〗茶搽查察〖上声〗衩〖去声〗岔诧差
e	〖去声〗册策厕侧测恻	〖阴平〗车〖上声〗扯〖去声〗彻撤掣
ai	〖阴平〗猜〖阳平〗才财材裁〖上声〗采彩踩〖去声〗菜蔡	〖阴平〗差拆钗〖阳平〗柴豺
ao	〖阴平〗操糙〖阳平〗曹漕嘈槽〖上声〗草	〖阴平〗抄钞超〖阳平〗朝潮嘲巢〖上声〗吵炒
ou	〖去声〗凑	〖阴平〗抽〖阳平〗仇筹踌绸稠酬愁〖上声〗瞅丑〖去声〗臭
uo	〖阴平〗搓蹉撮〖去声〗措错挫锉	〖阴平〗踔戳〖去声〗绰辍啜
uai		〖上声〗揣〖去声〗踹
ui	〖阴平〗崔催摧〖去声〗萃悴淬翠粹瘁脆	〖阴平〗吹炊〖阳平〗垂锤捶槌
an	〖阴平〗参餐〖阳平〗蚕残惭〖上声〗惨〖去声〗灿	〖阴平〗掺搀〖阳平〗蝉禅谗馋潺蟾〖上声〗产铲阐〖去声〗忏颤
en	〖阴平〗参~差〖阳平〗岑	〖阴平〗琛嗔〖阳平〗辰晨宸沉忱陈臣〖去声〗趁衬称
ang	〖阴平〗仓苍舱沧〖阳平〗藏	〖阴平〗昌猖娼伥〖阳平〗常嫦尝偿场肠长〖上声〗厂敞氅〖去声〗倡唱畅怅
eng	〖阳平〗层曾〖去声〗蹭	〖阴平〗撑称〖阳平〗成诚城盛呈承乘澄橙惩〖上声〗逞骋〖去声〗秤
ong	〖阴平〗匆葱囱聪〖阳平〗从丛淙	〖阴平〗充冲舂〖阳平〗重虫崇〖上声〗宠
uan	〖阴平〗窜〖去声〗窜篡	〖阴平〗川穿〖阳平〗船传椽〖上声〗喘〖去声〗串钏
uen	〖阴平〗村〖阳平〗存〖上声〗忖〖去声〗寸	〖阴平〗春椿〖阳平〗唇纯淳醇〖上声〗蠢
uang		〖阴平〗窗疮创~伤〖阳平〗床〖上声〗闯〖去声〗创~造

3. s和sh辨音字表

韵母＼声母	s	sh
-i [ɿ、ʅ]	〖阴平〗司私思斯丝〖上声〗死〖去声〗四肆似寺	〖阴平〗师狮失尸施诗湿虱〖阳平〗十什拾石时识实食蚀〖上声〗史使驶始屎矢〖去声〗世势誓逝市示事是视室适饰士氏恃轼弑
u	〖阴平〗苏酥〖阳平〗俗〖去声〗素塑诉肃粟宿速	〖阴平〗书梳疏蔬舒殊叔淑输抒枢〖阳平〗孰熟赎〖上声〗暑署薯曙鼠数属黍〖去声〗树竖术述束漱恕数
ɑ	〖阴平〗撒〖上声〗洒撒〖去声〗卅萨飒	〖阴平〗沙纱砂痧杀〖上声〗傻〖去声〗煞厦
e	〖去声〗色瑟啬涩塞	〖阴平〗奢赊〖阳平〗舌蛇〖上声〗舍〖去声〗社射麝设摄涉赦
ɑi	〖阴平〗腮鳃塞〖去声〗赛塞边~	〖阴平〗筛〖去声〗晒
ɑo	〖阴平〗臊骚搔〖上声〗扫嫂〖去声〗臊害~	〖阴平〗捎稍艄烧〖阳平〗勺芍韶〖上声〗少〖去声〗少哨绍邵
ou	〖阴平〗搜溲嗖馊艘飕〖上声〗叟擞	〖阴平〗收〖阳平〗熟〖上声〗手首守〖去声〗授寿售兽瘦
uɑ		〖阴平〗刷〖上声〗耍
uo	〖阴平〗缩娑蓑梭唆〖上声〗所锁琐索	〖阴平〗说〖去声〗硕烁朔
uɑi		〖阴平〗衰〖上声〗甩〖去声〗帅率蟀
ui	〖阴平〗虽〖阳平〗随隋绥	〖阳平〗谁〖上声〗水〖去声〗睡税
ɑn	〖阴平〗三叁〖上声〗伞散~文〖去声〗散分~	〖阴平〗山舢删衫珊姗跚〖上声〗闪陕〖去声〗扇膳缮擅赡
en	〖阴平〗森	〖阴平〗身申伸呻深参人~〖阳平〗神〖上声〗审婶沈〖去声〗慎肾甚渗
ɑng	〖阴平〗桑丧~事〖上声〗嗓〖去声〗丧~失	〖阴平〗商墒伤〖上声〗晌垧赏〖去声〗尚
eng	〖阴平〗僧	〖阴平〗生牲笙升声〖阳平〗绳〖上声〗省〖去声〗圣胜盛剩
ong	〖阴平〗松〖上声〗悚〖去声〗宋颂诵	
uɑn	〖阴平〗酸〖去声〗算蒜	〖阴平〗拴栓〖去声〗涮
uen	〖阴平〗孙〖上声〗笋损	〖上声〗吮〖去声〗顺舜
uɑng		〖阴平〗双霜〖上声〗爽

二、n、l辨音字表

韵母＼声母	n	l
i	〖阳平〗尼泥呢霓〖上声〗你拟〖去声〗腻匿溺逆	〖阳平〗离篱璃厘黎梨犁〖上声〗礼里理鲤李〖去声〗历荔隶砾立粒笠栗沥
u	〖阳平〗奴〖上声〗努〖去声〗怒	〖阳平〗卢泸炉芦颅〖上声〗卤虏鲁橹〖去声〗碌陆鹭露~珠路录鹿辘戮绿~林
ü	〖上声〗女	〖阳平〗驴〖上声〗吕侣铝旅屡缕履〖去声〗虑滤律率绿氯
a	〖阳平〗拿〖上声〗哪〖去声〗那纳钠	〖阴平〗拉啦垃〖上声〗喇〖去声〗辣蜡腊
e		〖去声〗勒乐
ai	〖上声〗乃奶〖去声〗奈耐	〖阳平〗来〖去声〗赖癞
ao	〖阳平〗挠铙〖上声〗脑恼〖去声〗闹	〖阴平〗捞〖阳平〗劳痨牢〖上声〗老姥〖去声〗涝烙酪
ou		〖阴平〗搂〖阳平〗楼耧〖上声〗搂篓〖去声〗漏陋
ia		〖上声〗俩
ie	〖阴平〗捏〖去声〗蹑镊孽镍	〖上声〗咧〖去声〗列烈裂劣猎
iao	〖上声〗鸟〖去声〗尿	〖阴平〗撩〖阳平〗辽疗僚嘹聊
iou	〖阴平〗妞〖阳平〗牛〖上声〗扭纽	〖阴平〗溜〖阳平〗刘流琉硫留榴瘤〖上声〗柳绺〖去声〗六
uo	〖阳平〗挪〖去声〗诺懦糯	〖阳平〗罗萝逻箩锣螺骡〖上声〗裸〖去声〗落洛络骆
üe	〖去声〗虐疟	〖去声〗略掠
an	〖阳平〗难男南楠〖去声〗难责~	〖阳平〗兰拦栏蓝篮婪〖上声〗懒览揽榄缆〖去声〗烂滥
en	〖去声〗嫩	
ian	〖阴平〗蔫〖阳平〗年粘鲇〖上声〗拈碾〖去声〗念廿	〖阳平〗连莲联怜帘廉镰〖上声〗脸敛〖去声〗炼练链恋殓
in	〖阳平〗您	〖阳平〗邻磷鳞麟林淋琳临〖上声〗凛檩〖去声〗吝
uan	〖上声〗暖	〖阳平〗孪〖上声〗卵〖去声〗乱
uen		〖阴平〗抡〖阳平〗仑伦轮〖去声〗论
ang	〖阳平〗囊	〖阳平〗狼郎廊琅螂榔〖上声〗朗〖去声〗浪
eng	〖阳平〗能	〖上声〗冷〖去声〗愣
ong	〖阳平〗农浓脓〖去声〗弄	〖阳平〗龙咙笼隆聋〖上声〗垄拢陇
iang	〖阳平〗娘〖去声〗酿	〖阳平〗良粮凉梁粱〖上声〗两〖去声〗辆晾亮谅

三、f、h 辨音字表

声母/韵母	f	h	声母/韵母
u	〖阴平〗夫麸孵敷肤〖阳平〗扶芙俘符拂服伏袱幅福辐蝠〖上声〗甫辅府俯斧釜腐抚〖去声〗付咐赴副富傅妇附负父腹赋复缚	〖阴平〗乎呼忽惚〖阳平〗胡湖瑚蝴糊葫弧狐壶斛〖上声〗虎唬〖去声〗户护沪互	u
a	〖阴平〗发〖阳平〗乏罚伐筏阀〖上声〗法砝〖去声〗发头~	〖阴平〗花哗〖阳平〗华铧滑划~船猾〖去声〗化画话划桦	ua
o	〖阳平〗佛	〖阴平〗豁〖阳平〗活〖上声〗火伙〖去声〗货祸或惑获霍	uo
ai		〖阳平〗怀槐淮徊〖去声〗坏	uai
ei	〖阴平〗非飞妃啡〖阳平〗肥〖上声〗匪〖去声〗吠沸费废肺痱	〖阴平〗灰恢挥辉徽〖阳平〗回茴蛔〖上声〗悔毁〖去声〗贿秽讳汇会烩慧晦惠溃绘卉	uei
an	〖阴平〗番翻帆〖阳平〗凡烦樊繁矾〖上声〗反返〖去声〗饭贩犯范泛	〖阴平〗欢獾〖阳平〗还环〖上声〗缓〖去声〗唤换焕幻患	uan
en	〖阴平〗分吩芬纷〖阳平〗坟焚〖上声〗粉〖去声〗奋粪份愤	〖阴平〗昏婚荤〖阳平〗浑魂〖去声〗混	un
ang	〖阴平〗方仿防坊妨芳〖去声〗放	〖阴平〗荒慌〖阳平〗皇凰蝗惶黄磺簧〖上声〗恍幌谎〖去声〗晃	uang
eng	〖阴平〗风枫疯丰峰蜂锋封〖阳平〗逢缝冯〖上声〗讽〖去声〗奉凤缝~隙	〖阴平〗烘轰〖阳平〗红洪虹鸿宏〖上声〗哄~骗〖去声〗哄起~	ong

附录二 韵母辨音字表

一、en、eng 辨音字表

韵母/声母	en	eng
b	〖阴平〗奔〖上声〗本〖去声〗笨	〖阴平〗崩绷~带〖阳平〗甭〖上声〗绷~脸〖去声〗泵迸蚌蹦
p	〖阴平〗喷〖阳平〗盆〖去声〗喷~香	〖阴平〗抨怦烹砰澎〖阳平〗朋棚硼鹏蓬篷彭澎膨〖上声〗捧〖去声〗碰
m	〖阴平〗闷~热〖阳平〗门们扪〖去声〗闷愁~焖懑	〖阴平〗蒙~骗〖阳平〗虻萌蒙盟朦檬甍〖上声〗猛蒙~古族锰蜢懵〖去声〗孟梦

续前表

声母＼韵母	en	eng
f	〖阴平〗分芬吩纷氛〖阳平〗坟焚〖上声〗粉〖去声〗分水~份奋粪愤	〖阴平〗丰峰蜂锋烽风枫疯封〖阳平〗冯逢缝〖上声〗讽〖去声〗凤奉俸缝~隙
d	〖去声〗扽	〖阴平〗灯登噔蹬〖上声〗等戥〖去声〗邓凳澄瞪
t		〖阳平〗疼腾藤滕誊
n	〖去声〗嫩	〖阳平〗能
l		〖阳平〗棱楞〖上声〗冷〖去声〗愣
g	〖阴平〗根跟〖阳平〗哏〖去声〗亘	〖阴平〗更庚赓耕羹〖上声〗埂哽梗耿〖去声〗更
k	〖上声〗肯啃垦恳〖去声〗裉	〖阴平〗坑吭铿
h	〖阳平〗痕〖上声〗很狠〖去声〗恨	〖阴平〗亨哼〖阳平〗行道~恒横衡〖去声〗横蛮~
z	〖上声〗怎	〖阴平〗曾增憎〖去声〗赠锃
c	〖阴平〗参~差〖阳平〗岑涔	〖阴平〗噌〖阳平〗层曾~经〖去声〗蹭
s	〖阴平〗森	〖阴平〗僧
zh	〖阴平〗贞侦针珍真砧斟甄箴臻榛〖上声〗诊枕疹缜〖去声〗阵振赈震朕镇	〖阴平〗正~月争征怔挣狰症~结睁铮筝蒸〖上声〗拯整〖去声〗正政郑净症~状
ch	〖阴平〗嗔抻〖阳平〗臣辰晨沉陈忱〖上声〗碜〖去声〗衬称对~趁	〖阴平〗称撑瞠〖阳平〗成城盛丞呈程承乘澄橙惩
sh	〖阴平〗申伸呻绅身深参人~莘〖阳平〗什神〖上声〗沈审哂婶〖去声〗肾甚渗葚慎	〖阴平〗升生牲甥笙声〖阳平〗绳〖上声〗省〖去声〗圣胜剩盛
r	〖阳平〗人壬仁〖上声〗忍荏稔〖去声〗刃韧纫认任妊	〖阴平〗扔〖阳平〗仍
ø	〖阴平〗恩蒽〖去声〗摁	〖阴平〗鞥

二、in、ing 辨音字表

声母＼韵母	in	ing
b	〖阴平〗宾傧滨缤彬斌濒〖去声〗摈殡膑鬓	〖阴平〗冰兵〖上声〗丙柄秉饼禀性〖去声〗并病
p	〖阴平〗拼姘〖阳平〗贫频嫔〖上声〗品〖去声〗聘	〖阴平〗乒娉〖阳平〗平评坪苹萍凭屏瓶
m	〖阳平〗民〖上声〗皿抿悯敏	〖阳平〗名明鸣冥铭〖上声〗酩〖去声〗命
d		〖阴平〗丁叮盯钉〖上声〗顶鼎〖去声〗订钉~扣子定腚锭

续前表

声母＼韵母	in	ing
t		〖阴平〗厅听〖阳平〗廷庭霆亭停婷蜓
n	〖阳平〗恁您	〖阳平〗宁拧凝狞〖去声〗佞宁~可
l	〖阴平〗拎〖阳平〗邻林临淋琳粼嶙霖磷鳞麟〖上声〗凛廪檩〖去声〗吝赁淋~病	〖阳平〗灵玲铃凌陵聆菱棂绫零龄〖上声〗岭领〖去声〗另令
j	〖阴平〗巾斤今金津筋襟〖上声〗仅尽~管紧锦谨馑槿〖去声〗尽~力进近妗劲晋烬浸禁靳噤缙	〖阴平〗茎京惊经荆菁旌晶睛粳精兢鲸〖上声〗井颈~联景警〖去声〗经~敌径净痉竞竟敬静境镜
q	〖阴平〗亲钦侵〖阳平〗芹勤琴秦禽擒〖上声〗寝〖去声〗沁	〖阴平〗青清蜻轻氢倾卿〖阳平〗情晴擎〖上声〗请倾〖去声〗庆亲~家
x	〖阴平〗心芯辛锌欣昕新薪歆馨鑫〖阳平〗镡〖上声〗伈〖去声〗囟信衅	〖阴平〗兴~起星猩惺腥〖阳平〗刑邢形型行〖上声〗省~亲醒擤〖去声〗兴杏幸性姓悻
ø	〖阴平〗因茵姻殷阴荫音喑〖阳平〗吟垠银淫龈寅〖上声〗尹引饮蚓隐瘾〖去声〗印荫~庇	〖阴平〗应~该英莺婴樱鹦膺鹰〖阳平〗迎茔荧盈莹营萤萦楹蝇赢〖上声〗颖影〖去声〗应~变映硬

三、uen（un）、ueng 辨音字表

声母＼韵母	uen（un）	ueng
ø	〖阴平〗温瘟〖阳平〗文纹蚊闻〖上声〗稳吻紊〖去声〗问	〖阴平〗翁嗡〖去声〗瓮

四、uen（un）、ong 辨音字表

声母＼韵母	uen（un）	ong
d	〖阴平〗吨敦墩礅蹲〖上声〗盹趸〖去声〗囤沌炖钝顿盾遁	〖阴平〗东冬咚〖上声〗董懂〖去声〗动冻栋侗洞恫
t	〖阴平〗吞〖阳平〗屯囤豚臀〖上声〗氽〖去声〗褪	〖阴平〗通嗵〖阳平〗仝同彤桐铜童瞳〖上声〗统捅桶筒〖去声〗痛
l	〖阴平〗抡〖阳平〗仑伦轮〖去声〗论	〖阳平〗龙咙聋笼隆窿〖上声〗拢垄〖去声〗弄~堂
g	〖上声〗衮滚磙辊〖去声〗棍	〖阴平〗工功攻弓公蚣供～求宫恭觥〖上声〗巩汞拱〖去声〗共贡供~认
k	〖阴平〗昆坤〖上声〗捆〖去声〗困	〖阴平〗空天~〖上声〗孔恐〖去声〗空~白控
h	〖阴平〗昏婚荤〖阳平〗魂浑〖去声〗混	〖阴平〗轰哄烘〖阳平〗红虹宏洪鸿

续前表

声母＼韵母	uen（un）	ong
z	〖阴平〗尊遵樽鳟〖上声〗撙	〖阴平〗宗踪棕鬃〖上声〗总〖去声〗纵粽
c	〖阴平〗村〖阳平〗存〖上声〗忖〖去声〗寸	〖阴平〗匆葱囱聪〖阳平〗从丛淙
s	〖阴平〗孙〖上声〗笋损	〖阴平〗松〖上声〗悚〖去声〗宋颂诵
zh	〖阴平〗谆〖上声〗准	〖阴平〗中~间盅忠钟衷终〖上声〗肿种~子〖去声〗中打~种栽~仲重众
ch	〖阴平〗春椿〖阳平〗唇纯淳醇〖上声〗蠢	〖阴平〗充冲舂〖阳平〗重虫崇〖上声〗宠
sh	〖上声〗吮〖去声〗顺瞬	
r	〖去声〗闰润	〖阳平〗容溶熔蓉绒荣嵘茸融

五、ün、iong 辨音字表

声母＼韵母	ün	iong
j	〖阴平〗军均钧君〖去声〗俊竣峻骏郡	〖上声〗窘炯迥扃
q	〖阳平〗群裙	〖阳平〗穷琼
x	〖阴平〗勋熏〖阳平〗旬询洵寻循巡〖去声〗讯汛迅驯殉逊	〖阴平〗凶汹兄匈胸〖阳平〗雄熊
ø	〖阴平〗晕〖阳平〗云匀芸耘〖上声〗允陨殒〖去声〗运孕韵熨酝蕴	〖阴平〗庸拥雍臃〖阳平〗喁〖上声〗永甬涌踊咏泳〖去声〗用

附录三 中古入声字在普通话中的读音

声韵拼合＼例字		声调			
		阴平	阳平	上声	去声
b	ɑ	八捌	拔跋		
	o	拨剥~削钵	博搏膊薄勃渤帛伯泊箔舶驳		
	i	逼	鼻荸	笔	必毕哔辟壁璧弼碧
	u			卜	不
	ɑi		白	伯百佰	
	ɑo	剥~皮	薄雹		
	ei				
	ie				

续前表

声韵拼合 \ 例字		声调			
		阴平	阳平	上声	去声
d	ɑ	答~应 搭	答回~ 达		
	e		德得		
	i	滴	敌笛迪狄荻 的~确 籴涤		的目~
	u	督	毒独读渎犊黩	笃	
	ie	跌	迭叠谍堞牒碟蝶		
	uo	咄	夺度揣~ 踱铎		
g	e	胳割疙鸽搁	革隔嗝膈阁格蛤	葛	个各
	u		谷骨	梏	
	ei			给	
	uɑ	刮鸹			
	uo	郭聒蝈	国掴帼		
j	i	击迹唧屐绩缉激	吉及汲级极疾嫉藉籍 即亟急棘集瘠	给供~ 脊戟	寂鲫稷
	ü	掬鞠	局菊		剧
	iɑ	夹浃	荚颊	甲胛钾	
	ie	接疖揭	节诘洁结劫捷睫杰 截竭		
	üe	撅	绝决诀抉觉倔掘爵嚼 攫珏蹶		
	iɑo		嚼	角脚	
z	ɑ	扎包~ 匝	杂砸		
	e		择泽责则		仄
	u		足族卒		
	ɑo		凿开~		
	ei		贼		
	uo	作~坊	昨		作~用
zh	ɑ	扎~针	扎挣~ 轧铡闸	眨	栅
	e		折哲辙		这浙
	i	只—~ 汁	直植殖值执侄职	只~管	质帜秩掷窒炙
	u		竹烛逐	嘱	祝筑
	ɑi	摘		窄	
	ɑo		着~急		
	ou	粥	轴妯		
	uo	桌捉拙卓	着酌灼浊镯啄琢		
p	o	泼泊			迫珀粕魄
	i	劈霹	枇	匹癖	辟僻
	u	扑仆		朴	瀑
	ɑi	拍			
	ie	撇~开 瞥		撇	

续前表

声韵拼合 \ 例字		声调			
		阴平	阳平	上声	去声
t	ɑ	塌		塔獭	沓踏榻蹋挞
	e				特忑
	i	踢剔			惕
	u	秃突凸			
	ie	贴		铁帖	
	uo	脱托			拓柝
c	ɑ	擦			
	e				册侧厕测恻策
	u				促猝簇蹙蹴
	uo	撮			错
ch	ɑ	插	察		
	e				彻澈撤
	i	吃		尺	斥赤叱饬
	u	出			畜触矗绌黜
	ɑi	拆			
	uo	戳			绰啜辍龊
q	i	七戚喊缉~鞋口漆		乞	泣讫迄
	ü	曲弯~蛐屈		曲歌~	
	iɑ	掐			恰洽
	ie				切窃怯惬妾锲挈
	üe	缺阙			却雀确鹊
	iɑo				壳地~
k	e	磕瞌	咳壳	渴	克刻客嗑
	u	哭窟			酷
	uo				扩括阔廓
f	ɑ	发出~	乏伐筏阀罚	法砝	发头~珐
	o		佛		
	u		福辐蝠幅服		复腹蝮覆
s	ɑ			撒	卅萨飒
	e				色涩啬瑟
	u		俗		肃速宿粟夙簌
	ɑi	塞			
	uo	缩		索	
sh	ɑ	杀刹			煞霎
	e		舌		设涉摄
	i	失湿虱	十石识实食拾蚀		式拭饰室适释
	u	叔淑	赎孰熟塾	属蜀	束术述
	ɑi			色	
	ɑo		勺芍		
	uɑ	刷			

续前表

声韵拼合＼例字		声调			
		阴平	阳平	上声	去声
sh	uo	说			烁铄朔硕
	uai				率蟀
x	i	吸昔惜夕汐析淅晰蜥息悉蟋膝锡	习席袭媳		隙
	ü				恤畜蓄续旭
	ia	瞎	匣侠峡狭辖		吓
	ie	歇蝎楔	协胁挟	血	泄屑亵
	üe	削剥~	学穴噱	雪	血
	iao	削~皮儿			
h	e	喝	合盒颌核阂涸阖貉		吓威~赫鹤褐壑
	u	忽惚	斛囫		
	ao			郝	
	ei	黑嘿			
	ua		滑猾		划
	uo		活		或惑获霍豁
m	a	抹~布			
	o				末沫抹茉没沉~陌墨默
	i				密蜜觅
	u				木沐目睦牧穆
	ai				麦脉山~
	ei		没~有		
	ie				灭蔑篾
n	a				呐纳衲捺
	i				
	ie				
	üe				
	uo				诺
l	a	邋			辣蜡腊
	e				乐勒
	i				力历沥雳立粒笠砾栗
	u				录禄碌陆鹿漉麓戮
	ü				率效~律绿
	ao				烙酪
	ei	勒~紧			肋
	ie				猎列烈裂劣
	iu				六
	uo				洛落骆络
	üe				略掠

续前表

例字 声韵拼合		声调 阴平	阳平	上声	去声
r	e				热
	i				日
	u			辱	入褥
	ou				肉
	uo				弱若
ø	ɑ	腌			
	e		额	恶~心	厄扼呃谔萼腭锷遏恶噩
	iɑ				
	iɑo				
	ie				
	i	一壹揖		乙	亦弈译驿抑邑悒佚轶役疫易益溢逸翼亿臆屹蜴
	uɑ	挖			袜
	uo				沃握龌
	u	屋			勿物
	ü				玉育郁狱浴欲域毓
	üe	约曰			月乐音~岳悦阅跃越钺粤

附录四 普通话声韵配合表

	开口呼 -i	ɑ	o	e	ê	ɑi	ei	ɑo	ou	ɑn	en	ɑng	eng	er
b		ba 巴	bo 玻			bai 白	bei 杯	bao 包		ban 般	ben 奔	bang 帮	beng 崩	
p		pa 趴	po 坡			pai 拍	pei 胚	pao 抛	pou 剖	pan 潘	pen 喷	pang 旁	peng 烹	
m		ma 妈	mo 摸	me 么		mai 埋	mei 眉	mao 猫	mou 谋	man 蛮	men 闷	mang 忙	meng 盟	
f		fa 发	fo 佛						fou 否	fan 翻	fen 分	fang 方	feng 风	
d		da 搭		de 得		dai 呆	dei 得	dao 刀	dou 兜	dan 单		dang 当	dng 登	

续前表

	开口呼													
	-i	a	o	e	ê	ai	ei	ao	ou	an	en	ang	eng	er
t		ta 他		te 特		tai 胎		tao 滔	tou 偷	tan 摊		tang 汤	teng 疼	
n		na 拿		ne 讷		nai 奶	nei 内	nao 恼	nou 耨	nan 南	nen 嫩	nang 囊	neng 能	
l		la 拉		le 勒		lai 来	lei 雷	lao 劳	lou 楼	lan 兰		lang 郎	leng 冷	
g		ga 嘎		ge 哥		gai 该	gei 给	gao 高	gou 沟	gan 干	gen 根	gang 刚	geng 更	
k		ka 咖		ke 科		kai 开		kao 考	kou 口	kan 看	ken 垦	kang 康	keng 坑	
h		ha 哈		he 喝		hai 海	hei 黑	hao 好	hou 猴	han 寒	hen 痕	hang 杭	heng 哼	
j														
q														
x														
zh	zhi 知	zha 渣		zhe 遮		zhai 窄	zhei 这	zhao 招	zhou 周	zhan 毡	zhen 真	zhang 张	zheng 争	
ch	chi 吃	cha 插		che 车		chai 拆		chao 超	chou 抽	chan 搀	chen 陈	chang 昌	cheng 称	
sh	shi 诗	sha 沙		she 奢		shai 筛	shei 谁	shao 烧	shou 收	shan 山	shen 伸	shang 伤	sheng 生	
r	ri 日			re 热				rao 绕	rou 柔	ran 然	ren 人	rang 让	reng 扔	
z	zi 资	za 杂		ze 则		zai 灾	zei 贼	zao 遭	zou 邹	zan 咱	zen 怎	zang 脏	zeng 增	
c	ci 雌	ca 擦		ce 策		cai 猜		cao 曹	cou 凑	can 参	cen 岑	cang 仓	ceng 层	
s	si 私	sa 撒		se 色		sai 腮		sao 搔	sou 搜	san 三	sen 森	sang 桑	seng 僧	
Ø		a 啊	o 喔	e 鹅	ê 欸	ai 哀		ao 熬	ou 欧	an 安	en 恩	ang 昂	eng 鞥	er 儿

续前表

	齐齿呼									合口呼			
	i	ia	ie	iao	iu	ian	in	iang	ing	u	ua	uo	uai
b	bi 逼		bie 别	biao 标		bian 边	bin 滨		bing 冰	bu 不			
p	pi 批		pie 撇	piao 飘		pian 篇	pin 拼		ping 乒	pu 铺			
m	mi 迷		mie 灭	miao 苗	miu 谬	mian 棉	min 民		ming 明	mu 木			
f										fu 夫			
d	di 低		die 爹	diao 雕	diu 丢	dian 颠			ding 丁	du 都		duo 多	
t	ti 梯		tie 贴	tiao 挑		tian 天			ting 听	tu 秃		tuo 脱	
n	ni 泥		nie 捏	niao 鸟	niu 妞	nian 年	nin 您	niang 娘	ning 宁	nu 奴		nuo 挪	
l	li 利		lie 列	liao 了	liu 流	lian 连	lin 林	liang 凉	ling 零	lu 炉		luo 锣	
g										gu 姑	gua 瓜	guo 锅	guai 拐
k										ku 枯	kua 夸	kuo 阔	kuai 快
h										hu 呼	hua 花	huo 火	huai 怀
j	ji 基	jia 家	jie 街	jiao 交	jiu 究	jian 坚	jin 今	jiang 江	jing 京				
q	qi 欺	qia 恰	qie 切	qiao 敲	qiu 秋	qian 千	qin 亲	qiang 腔	qing 清				
x	xi 希	xia 瞎	xie 些	xiao 消	xiu 休	xian 先	xin 新	xiang 香	xing 兴				
zh										zhu 珠	zhua 抓	zhuo 桌	zhuai 拽
ch										chu 初	chua 欻	chuo 戳	chuai 揣
sh										shu 书	shua 刷	shuo 说	shuai 衰
r										ru 如		ruo 若	
z										zu 租		zuo 昨	
c										cu 粗		cuo 错	
s										su 苏		suo 索	
Ø	yi 衣	ya 呀	ye 耶	yao 腰	you 忧	yan 烟	yin 因	yang 央	ying 英	wu 乌	wa 蛙	wo 窝	wai 歪

续前表

	合口呼						撮口呼				
	ui	uan	un	uang	ueng	ong	ü	üe	üan	ün	iong
b											
p											
m											
f											
d	dui 堆	duan 端	dun 蹲			dong 东					
t	tui 推	tuan 团	tun 吞			tong 通					
n		nuan 暖				nong 农	nü 女	nüe 虐			
l		luan 滦	lun 轮			long 龙	lü 驴	lüe 略			
g	gui 规	guan 关	gun 滚	guang 光		gong 工					
k	kui 亏	kuan 宽	kun 昆	kuang 筐		kong 空					
h	hui 灰	huan 欢	hun 婚	huang 荒		hong 轰					
j							ju 居	jue 决	juan 捐	jun 军	jiong 窘
q							qu 区	que 缺	quan 圈	qun 群	qiong 穷
x							xu 虚	xue 靴	xuan 轩	xun 勋	xiong 兄
zh	zhui 追	zhuan 专	zhun 准	zhuang 庄		zhong 中					
ch	chui 吹	chuan 川	chun 春	chuang 窗		chong 充					
sh	shui 水	shuan 栓	shun 顺	shuang 双							
r	rui 瑞	ruan 软	run 润			rong 荣					
z	zui 最	zuan 钻	zun 尊			zong 宗					
c	cui 催	cuan 蹿	cun 村			cong 聪					
s	sui 虽	suan 酸	sun 孙			song 松					
ø	wei 威	wan 弯	wen 温	wang 汪	weng 翁		yu 迂	yue 约	yuan 冤	yun 晕	yong 用

第三章 语 汇

第一节 语汇概述

学习要点

- 什么是语汇
- 语汇的特点

一、什么是语汇

语汇是词和熟语的总汇，它不仅包含语言中的大量词语，而且还包括大量的固定短语。语汇也由于它是词和熟语的集合而得名。在语汇这一集合中，成千上万的词语构成它的主体，语汇因而也称“词汇”。语汇既可以指称某种语言的词和熟语的总汇，如汉语语汇、日语语汇、英语语汇等；也可以是小范围内某一方言的词和语的总汇，如西安方言语汇、广州方言语汇等；甚至可以指称某一本著作词和语的汇编，如《红楼梦》的语汇、《小二黑结婚》的语汇等。

语汇与词是两个不同的概念。从概念所指的对象方面看，词所指的仅仅是语言中能够独立用来造句的最小音、义结合体，而语汇所指的是一个集合，一个由大量词和熟语构成的集合。从概念的性质特点方面看，词作为最小的造句单位，是可数名词。我们可以说一个词、两个词，也可以说许多词。而语汇是指词和熟语的总汇，它是一个集合，是不可数名词。因此，我们不可以说“这个语汇”“那些语汇”等。

语汇是语言的建筑材料。人们无论是口头交际，还是书面写作，都要有丰富语汇的支撑。没有粮、米，难以为炊；没有砖瓦，难以盖起高楼大厦；没有语汇，人们的言语交际就如无源之水。相反，一个人如果掌握了大量的词语，或者说语汇比较丰富，那么他在组织语言表达自己的思想感情时相应就会左右逢源。因为，语汇越丰富，表达思想感情时选用词语的余地就越大。丰富的语汇给人们选用最恰当的词语来表情达意创造了条件。语汇的丰富无疑也有助于一个人言语表达的准确、生动与形象。

二、语汇的性质

（一）系统性

语汇是由成千上万的词和熟语构成的集合。它的内部并不是一盘散沙，而是一个复杂而且有序的集合，是一个有机的系统。因此，语汇本身具有一定的系统性。

语汇的系统性具体表现为，语汇内部的各个元素，并不是一个个各自孤立的个体，而是通过种种联系构成的一个相互之间有一定交叉关系的网络。如果从语汇的内部构成成分方面看，语汇可以分出词和熟语等分支系统；如果从内部构成元素的性质方面看，语汇可以分出基本语汇、一般语汇等分支系统；如果从意义、功能及词语来源方面看，语汇内部又可分出一些意义类聚的集合、功能类聚的集合，以及同源词语构成的集合等。

（二）层级性

语汇系统是一个复杂而有层级的系统。大系统内部可分出次一级的分支系统，分支系统下面又可分出更小的子系统。例如，语汇系统内部可分出词和熟语等不同的分支系统，而词语系统的内部又可分出单音节词、双音节词、多音节词等不同的分支系统。熟语内部又可分出成语、谚语、惯用语、歇后语等不同的分支系统。具体到词语的意义层面，词义方面也存在着一些相互隶属的层级关系，如上下位词之间相互隶属的词义的上、下位关系等。

（三）民族性

不同民族语言的语汇系统是不相同的，这体现了语汇系统的民族性。首先，词语的音、义结合不同。语汇是词和熟语的总汇。词和熟语都是表达一定意义的语音形式，是音和义的结合体。语言符号的音、义结合原本就具有一定任意性，不同民族语言词语音义结合的不同，自然也是情理之中的事情。其次，词语在表意功能上也有差别。例如，汉语“婶母、姨母、姑母”三个词语指称三种不同的亲属，而英语“aunt”一个词语就可以指称以上三种亲属。不同民族语言各有一套可以相对自足的语汇系统，来完成本民族全民交际的表意任务。

（四）开放性

语汇系统是一个开放的系统。所谓开放，意思有两方面：首先，语汇系统内部的元素不是一个有限的集合，集合内的元素是数不清的。其次，语汇系统是一个不断发展着的系统。随着社会的发展，随时都会有新成员加入，产生新词。

现代汉语语汇是现代汉语词和熟语的总汇，语汇十分丰富，其丰富性具体表现为数量多、词义丰富、同义词多等几个方面：（1）数量多。就拿《现代汉语词典》这样的中型词典来说，收词就达五万余条。（2）词义丰富。汉语的语词普遍存在着一词多义现象，如词语“死”，不仅指“生命终结”，有时还可以指“不灵活”等意义。（3）现代汉语语汇中有大量的同义词，如“坚强、刚强、顽强”等。

第二节　语汇系统的基本成分

学习要点

- 什么是词
- 词的基本特点
- 语素和词有什么关系
- 什么是熟语
- 成语有什么特点
- 谚语与成语的区别
- 歇后语的特点
- 惯用语的特点

一、词

（一）什么是词

语汇系统中，词语是主体。要想学习现代汉语语汇，首先必须明确什么是现代汉语的词。汉语是我们的母语，如果现在要大家举一些词的例子，恐怕大家一下子会说出好多好多，如“人、车、工人、农民、打、红……”等。那么，究竟什么是词呢？这些具体的词究竟有什么特点呢？我们不妨先分析一下这些词的特点，再来总结词这一概念的含义。

1. 有一定的语音形式

从形式上看，词具有一定的语音形式。例如，“人、车、工人、农民、打、红”等词各自都有一定的语音形式。

rén　chē　gōng rén　nóng mín　dǎ　hóng

2. 有意义

词是表达一定意义的语言单位，任何一个词都有一定的意义。例如：

人：能制造工具并会使用工具的高级动物。

车：陆地上有轮子的运输工具。

工人：长期参加工业劳动的劳动者。

农民：长期参加农业劳动的劳动者。

打：用手或器具撞击物体。

红：像鲜血一样的颜色。

3. 功能

从词的功能方面来看，词是能够独立运用的最小的句法单位。例如：

人能胜天。

那是什么？——车！

工人和农民都是劳动者。

不要随便打人。

橘子红了。

所谓能够独立运用，可以有几种不同的理解：（1）能够独立成句，如例句中的“车！”。（2）能够独立充当句子成分，如例句中“人、橘子、打、红”等。（3）独立运用这里还包括虚词在句子中的运用。虽然它们的独立性相对较弱，但在组词造句层面，把它们在句法中的运用依然可以归入独立运用的范围。

综上所述，词是能够独立运用的有音、有义的最小句法单位。

（二）词的语音形式

词是音和义的结合体。任何一个词的语音形式都是表达一定意义的语音形式。反过来说，任何一个词的意义都是由语音形式来承载的。词的语音形式是词义的载体，词如果没有语音形式，词义也就无法存在，无法表达。

绝大多数词都只有固定的一种语音形式，只是少数词语有两种或多种语音形式，即我们在语音部分提到的异读词，如“熟”人们口语中常常存在着“shú”“shóu”两种读音。

词按照音节多少划分，可以分为单音节词、双音节词和多音节词。举例见表3—1。

表 3—1

	例 词
单音节词	人 车 树 打 吃 白 重 一 我 两 很 在 和 的 啊
双音节词	蝴蝶 仿佛 玲珑 蛐蛐 爸爸 天空 楼房 拍打 观赏 高兴
多音节词	拖拉机 办公室 霹雳舞 机关枪 照相机 生产力 日光灯
	社会主义 生产关系 资产阶级 奥林匹克 亚特兰大
	布尔什维克 君士坦丁堡

现代汉语的语词以双音节形式为最多，占汉语词语总量的70%。

（三）词与语素

词是能够独立运用的有音、有义的最小造句单位，但它并不是最小的语法单位。有不少词还可以进一步切分，如“天空”就可以分出“天”和“空”两个有音、有义的成分。“天”和“空”这种有音、有义的构词成分称为“语素”。语素作为构词成分，是语言中最小的音和义的结合体，也是最小的语法单位。

语素从不同的角度划分可以有不同的分类：（1）按音节的多少分，语素可以分为单音节语素、多音节语素，如“鸟、玻璃、布尔什维克”等。（2）按是否能够独立充当句法成分的角度分，语素可分为自由语素和黏着语素。例如，“人、车、玻璃、蛐蛐”等语素，可以单独构词，充任句法成分。这类语素就属于自由语素。而“民、工、思、者”等语素不能单独构词，必须同其他语素一起构词；“了、的、啊”等语素虽然能单独构词，但是词语不能单独充任句法成分，这两类语素都是不能单独充当句法成分的语言成分，因而属于黏着语素。（3）按是否能够单独成词的角度分，语素有成词语素和不成词语素两类。例如，“人、车、玻璃、的、着、啊”等都是成词语素，而“民、工、思、者”等都是不成词语素。（4）从跟别的语素组合时的具体位置情况看，语素有定位语素和不定位语素两类。定位语素是指同其他语素组合时位置固定的语素，如“第一”中的“第”、“桌子”中的“子”以及“啊、吧、很”等；不定位语素是指同其他语素组合时位置不固定的语素，如“民、天”等语素。“民、天”既可以位置在前，组成“民工、天空”等词，又可以位置在后，组成“农民、蓝天”等词。

词是由语素构成的。语素构词的具体情况有多种：（1）一个成词语素可以单独构成一个词，如“人、马、走、葡萄、玻璃”；（2）不成词语素和不成词语素可以共同构成一个词，如“民工、机器、鼻子”；（3）不成词语素和成词语素构成一个词，如“工人、机车”；（4）成词语素与成词语素构成一个词，如“白菜、红旗”。

（四）词与字

词是能够表达一定意义的语言单位，字是记录语言的书写单位，词与字有密切的关系。词与字的具体关系比较复杂，主要表现为以下几点：（1）一个字记录一个词语，如“山、水、人、车”。（2）两个或多个汉字共同记录一个词语，如“玻璃、崎岖、巧克力”。（3）不同的汉字记录同一个词语，这种情况多表现为一些异体字、繁简字等，如“峰—峯、辗转—展转”。（4）一个汉字可以表示多个词语，如“打”是一个汉字，它既可以记录“用手或某种器具撞击某物”的“打”，也可以记录“一打”的量词“打”。一个“打”字记录了两个同音不同义的同音词。再如“重”，它既可以记录“与轻意义相反”的“重”，也可以记录“重复”的“重”，一个“重”字记录了既不同音也不同义的两个词。

词与字毕竟是性质不同的两个概念，二者不可混淆。语言分析时注意到词与字的密切关系固然是有必要的，而语言分析时明确区分词与字的不同性质则更加重要。

二、熟语

熟语是由词或语素构成的固定词组或短语。它通常只能整体使用，一般不能随意变动内部构成成分，如成语、谚语、歇后语和惯用语等。

（一）成语

成语是人们长期以来习用的言简意赅的固定词组或短语。如守株待兔、井底之蛙、对牛弹琴、负荆请罪、逃之夭夭、狼子野心等。

1. 成语的特点

成语最为突出的特点有以下两点：（1）结构上的凝固性。成语一般是四字格，形式比较固定。结构上一般不可以扩展，也不可以任意变换成语内部文字的顺序。如果将“守株待兔、井底之蛙、对牛弹琴”等成语变换或扩展成“守株来待兔、井底之青蛙、对黄牛弹钢琴”以及将“狼子野心、逃之夭夭、负荆请罪”等变换为“野心狼子、夭夭逃之、请罪负荆”等，都是不可以的。（2）意义上的整体性。成语长期为人们所习用，文字虽少，但言简意赅。它与一般的短语不同的是，成语的意义通常不是各组成部分意义的简单相加，而是整个成语整体表达特定的意义。例如，“守株待兔”并不是指“守着大树等兔子”的字面意思，而是应整体理解为指“死守狭隘经验，不知变通”的意思。

成语多数为四字格，形式相对整齐。当然也有少量非四字格的例子，如“不入虎穴，焉得虎子”“惶惶不可终日”“风马牛不相及”等。

2. 成语的主要来源

成语的起源，可谓源头众多。成语最主要的来源大致有以下几个方面：

（1）不少成语来源于古代的寓言故事和神话传说。如：

守株待兔：《韩非子·五蠹》。

愚公移山：《列子·汤问》。

精卫填海：《山海经·北山经》。

（2）不少成语来源于古代的历史事件或一些历史故事。如：

三顾茅庐：三国时期刘备请诸葛亮出山的故事。

负荆请罪：《史记·廉颇蔺相如列传》。

图穷匕见：《战国策·燕策三》荆轲刺秦王的故事。

（3）不少成语来源于古人的名作、名句。如：

沧海一粟：宋苏轼《前赤壁赋》“渺沧海之一粟”，意思是无边无际水面上的一颗谷粒。

朽木不雕：《论语·公冶长》：“朽木不可雕也，粪土之墙不可圬（wū 粉刷）也。”

万马齐喑：清龚自珍《己亥杂诗》：“九州生气恃风雷，万马齐喑究可哀。”

（4）不少成语来自古今老百姓的口头语言。如：

七手八脚　　一清二楚　　狼子野心

成语是语素或词语按照一定规则组合在一起的固定短语。一般短语所具有的语法结构类型，成语也有。例如：

联合：正大光明　　龙飞凤舞　　七上八下　　水落石出

偏正：井底之蛙　　世外桃源　　弹丸之地　　中流砥柱

述宾：三顾茅庐　　横扫千军　　好为人师　　巧立名目

主谓：万马齐喑　　精卫填海　　愚公移山　　道貌岸然

述补：重于泰山　　绳之以法　　趋之若鹜　　取之不尽

复谓：守株待兔　　负荆请罪　　请君入瓮　　引狼入室

正确理解成语的意义非常重要。理解普通短语时，我们习惯首先理解构成短语的词或语素的意义。这是因为，普通短语的意义一般与构成成分的意义相同或相近。把握了词与语素的意义，普通短语的意义一般也可以理解了。成语的理解，情况会复杂一些。有些成语与普通短语情况相同，理解了成语中词或语素的意义，通常也就可以把握住成语的意义，如“欺人太甚、乘人之危、精打细算”等。有些成语情况就不同了。构成成语的具体语素，古今意义已经发生了变化，但这些语素在成语中仍保留着它古代的意义，例如，“亡羊补牢”的“亡”是“丢失”，而不是当今常用的“死亡”之义。“不速之客”中的“速”是“邀请”的意思，而不是当今常理解的“速度”之义。因此，准确把握成语构成成分的意义，对理解成语至关重要。还有一些成语，它们的意义是根据成语的字面意义比喻、引申出来的意义，比如“万马齐喑、三顾茅庐、守株待兔”等。成语的意义并不是语素义的简单相加，这些成语更需要人们从其来源、用法等方面整体把握成语的意义和用法。

成语，言简意赅。使用时要注意读准成语的字音，正确书写成语的字形。成语中有些字可能比较生僻，尤其是与一些常用字字形非常接近的字，经常会导致使用者产生一些误读、误写的情况。大家在以后的工作学习中一定要注意成语字音、字形的学习和掌握，不要读错、写错。

（二）谚语

谚语是流传于劳动人民口头、语句简单通俗、含义却十分深刻的固定语句。谚语是劳动人民生活经验的总结，因此，它的内容涉及人们工作生活的方方面面。如：

白露早，寒露迟，春分种麦正适时。（农谚）

一九二九不出手，三九四九凌上走。（气象）

磨刀不误砍柴工。（工作经验）

良药苦口利于病，忠言逆耳利于行。（规劝）

饭后百步走，活到九十九。（生活常识）

谚语从形式上看，有单句与复句两种。

单句：磨刀不误砍柴工。

复句：饭后百步走，活到九十九。

复句型谚语以两句的居多。上、下句形成对偶，韵律整齐，便于记忆。

成语与谚语虽然都是熟语，但在形式和内容方面仍存在着不少差别：（1）成语构成以四字格为主，谚语构成以句子特别是复句形式居多。（2）成语与谚语虽然都比较定型化，然而，成语比谚语更加定型化。（3）成语书面语体色彩较浓，谚语口语性较强。

（三）歇后语

歇后语是劳动人民基于生活实践所创造出的一种特殊语言形式，它通常由前后两部分内容构成，由于后半部分常常可以隐去，故称歇后语。例如：

一根筷子吃藕——挑眼儿

哑巴吃黄连——有苦说不出

王八吃西瓜——滚的滚，爬的爬

外甥打灯笼——照舅（旧）

歇后语常常巧妙地利用了比喻、双关、谐音等修辞手段，因此，语言表达生动形象、诙谐有趣。例如：

大姑娘上轿——头一回（比喻。人初次做某事像大姑娘上花轿一样）

一根筷子吃藕——挑眼儿（双关。挑藕眼儿；挑刺儿）

孔夫子搬家——尽是书（输）（谐音）

歇后语之所以形象、生动、有趣的原因是，前后两部分通常构成谜面、谜底的关系。歇后语不把意思直接说明，而是通过迂回曲折的方式启发人们去思考，因而显得非常生动、有趣。歇后语大多是劳动人民客观生活的总结，它来源于生活，且受到人们长时期的检验。只有那些生动、形象真正受到大家喜爱的歇后语，才会在人们中间广为流传。

（四）惯用语

惯用语是人们口头上习用的一种习惯用语，结构形式固定，意义也通常是约定俗成的。它通常以整体结构表达一种特殊意义。例如：

戴高帽　吹牛皮　碰钉子　开小差　敲门砖　穿小鞋

惯用语具有如下一些特点：（1）惯用语多是一些习惯表达，表示的通常不是词语字面的意义，而是惯用语整体表达一种特定的含义。例如，“戴高帽”是吹捧人；“穿小鞋”是故意刁难人。(2) 惯用语的意义多为贬义或略带贬义，如“吹牛皮”。少数也有一些中性的例子，如“开绿灯”。但是，人们很少能见到褒义的惯用语。(3) 惯用语三字格形式居多，个别情况有超出三个字的，如“快刀斩乱麻”“不管三七二十一”等。(4) 惯用语结构与成语相比没有成语那么固定。它只是一种相对的固定，特殊情况下可以有一些灵活变动的变体格式，如“别吹破了牛皮”“碰个大钉子”等。

第三节 现代汉语的词语系统

学习要点

- 基本词汇有哪些特点
- 什么是古语词
- 吸收方言词的原则
- 新语词与生造词语有何不同
- 什么是外来词

词是语汇系统内部的主要成分。根据词的性质，可以将词分为基本词汇和一般词汇两类。

一、基本词汇

（一）什么是基本词汇

基本词汇中的词语是语言中最稳固、通行范围最广、全民最常用的核心词语。该类词语通常是与人们的生活密切相关的基本词。例如：

有关自然界事物的：风、云、雨、雷、电、山、水、土地、植物等；

有关日常生活的：米、面、车、路、衣服、食物等；

有关亲属称谓的：爸爸、妈妈、爷爷、奶奶、哥哥、姐姐等；

有关人体各部位的：头、口、心、手、血、脚等；

有关人体各种动作行为的：走、吃、想、哭、坐、做等。

（二）基本词汇的特点

1. 稳固性

基本词汇的稳固性，指的是该类词语千百年来一直服务于人们的语言交际，且在表达的意义和词语的使用功能方面基本上是稳定的，没有太大的变化，如“人、车、一、二、大、小”等词。基本词汇的稳固性是一种相对的稳固性。基本词汇内部也有发展，也有变化，并不是一成不变的。例如，古代汉语中的一些单音节基本词向现代汉语的双音节词语发展，古汉语的“鼻”“月”和“目”三词语到了现代汉语则分别演变为“鼻子”“月亮”和“眼睛”。

2. 全民常用性

基本词汇的全民常用性是指该类词语通行范围较广，使用频率较高，为全民族共同使用。语言本身是人们最重要的交际工具，再加上基本词汇同人们的生活密切相关的特点，社会中的每一个成员在平时的日常生活中都将会时时处处用到基本词汇，因而基本词汇具有全民常用性。

全民常用性与稳固性是密切相关的两个方面。基本词汇具有全民常用性，才使得这些词语在人们语言交际中十分稳固。因为，语言本身就是人们约定俗成的音义符号，那些使用频率较高、通行范围较广的词语，在人们的交际中已深入人心，势必会使得该类词语具有一定的稳固性。另外，基本词汇的全民常用性客观上也要求这些词语具有一定的稳固性。如果基本词汇不稳固，今天有今天的说法，明天有明天的规定，语言交际非乱不可。相反，那些不具有全民常用性的词语，使用频率较低、通行范围不广，就无需强求其具有稳固性。短时间变化一个或几个都无所谓，一般不会导致交际的混乱。

二、一般词汇

语汇中除去基本词汇的其余成分都是一般词汇。一般词汇通常不具有稳固性、全民常用性的特点。如果某一个词语原本不是基本词汇，后来具备了稳固性、全民常用性的特点，那么它也有可能变成基本词汇。一般词汇的数量非常大。从其来源上讲有古语词、方言词、新语词、外来词等。

（一）古语词

古语词多是在古代比较通行，但在现代汉语中只在书面语中使用的一些词语。这些词语多是一些文言词语，如“之、其、若干、如此、逝世”，也包括一些历史词语，如“宰相、大臣、太监”。

日常言语交际中巧妙地运用一些古语词，会给文章带来一些特殊的效果。有些古语词比如“逝世、吊唁、瞻仰、铭记”等，本身带有比较庄重、严肃的感情色彩。这些古语词在现代汉语书面语中的表达效果也是其他词语无法替代的。

古语词相对现代汉语的双音节、多音节词语而言，显得更加简洁。在现代白话文中巧妙地点缀几个古语词，显然会给文章的语言表达风格增添一些变化，表达会更生动。

不过，古语词也不能用得过多。文章如果滥用古语词，不仅不能增色，可能还会起到相反的效果。使用古语词一定要看是否需要，一定要用得恰当、贴切。

（二）方言词

方言词语是通行于汉语方言中的词语。方言词语与普通话词语的不同，最为突出的表现是：(1) 相同的事物、相同的概念，普通话与方言分别用不同的词语表示。例如，普通话称“玉米”，山东济南话叫“棒子”。(2) 普通话与方言名称相同的某个词语，所指事物未必相同，如普通话的“饺子”指的是“水饺”，客家话的“饺子”则指“馄饨”。方言中还有一些特有的方言词语，普通话中根本没有。

民族共同语通常是在基础方言的基础上形成的标准语。普通话语汇的基础方言是北方话，但也不排除从其他方言吸收一些方言词语。例如，“瘪三”就是从吴语中吸收进来的；“雪糕”是从粤语中吸收进来的。

普通话语汇的基础方言虽然是北方话，但在吸收方言词语时，也不是不加选择地全部吸收，而是尽可能剔除北方话中通行范围较窄、方言色彩较浓的词语，选取那些通行范围较广、富有一定表现力的词语。例如，北京话中的“呲儿”“猫儿腻”等土语词，就没有吸收进普通话。

普通话从一般方言中吸收方言词语通常也会有一些语言或语言使用上的考虑，例如：(1) 方言中一些表现力特别强普通话中又没有的词语。(2) 方言词语在社会上的普及程度。如果普通话需要吸收某个方言词语，且该方言词语又已经在社会上通行，那么就可以考虑吸收该词语了。

一些文学作品为了突出乡土特色，为了增强文学表现力，常常会使用一些方言词语。作品中适当地使用一些方言词语是可以的，但是不可滥用。滥用方言词语，无论是对文学作品本身的阅读，还是对普通话的推广都是极为不利的。

（三）新语词

新语词是随着社会的发展、新事物的出现而不断产生的表达新的概念意义的语词。新语词往往随着社会的发展变化而不断变化，它是丰富语汇的一个重要途径。

新语词的创造与吸收也有一定的原则：首先，要看语汇系统需不需要新造语词。如果语汇系统中已经有了相应的语词，一般不必再新造。其次，新造语词必须符合汉语语词的结构规律，要符合规范。有些人为了省事，不顾汉语语词的结构规律，随意地生造词语，如“男牛（男式牛皮鞋）”“女猪（女式猪皮鞋）”等。生造词语不利于表达，不利于汉语规范，是要不得的。

新造语词必须明确，为广大群众所接受。否则，该语词的生命力通常不会太长久。抗战中的重庆曾新造一个语词——“西瓜水”。“西瓜水”并不是指西瓜榨出来的汁，而是指普通的果汁饮料。这个词语由于不太符合人们的思维习惯，出现后不久就逐渐消失了。

（四）外来词

外来词是从其他民族语言中借用而来的语词，也叫借词。词语借用的具体方式主要有以下几种情况：

音译词：沙发（sofa） 咖啡（coffee） 海洛因（heroin） 可可（cocoa）

译音兼译义：可口可乐（Coca Cola） 维他命（vitamin） 模特儿（model）

音译加表意：啤酒 芭蕾舞 卡片

外来词或者说借词是从其他民族语言中借来的音和义的结合体，那些利用本民族语言的构词材料、构词方式意译其他民族语言词语所产生的语词，不属于外来词。有意思的是，有些借词的音译成分原本是只表音不表义的成分，目前正逐渐发展为可以表示一定的意义构词成分，如“啤酒”中的“啤”原来只是 beer 的译音，现在逐渐发展为可以表示一定的意义、具有一定构词能力的语言成分，如“扎啤”“冰啤”“听啤”等。

汉语有些词是近代从日语中借来的词语，这些借词的情况有些特殊。一是这些词多为汉字词，二是这些汉字词给人的感觉，全然不像从印欧语系语言中借来的词语，如“电话”“干部”等。如果单纯从这些语词的近代来源方面看，词语应是外来词，属于借词。如果深入考察这些语词更早的历史渊源，这些词语也可以认为不是外来词。因为，日语的汉字词原本就是从汉语中借去的语言成分，汉字词的构词材料与构词方式也都基本和汉语的构词材料、构词方式相同或相近。“电话”“干部”等词语虽然是在近代日语中最先出现的，但这些词语多是日语用汉语的构词材料和构词方式创造出的新词。这些利用汉语构词材料与汉语构词方式创造的词语与汉语的语词没有什么本质区别，因而不应是外来词。也有语言研究者认为：早期日本从中国借去了汉字、汉字词，在此基础上又创造出一些新词。由于这些语词比较符合汉语的表达习惯，所以中国近代又从日语借入了这些语词。这些语词既有中国人民的智慧，也有日本人民的创造，是中日文化交流的结晶。汉语近代借入的这些词语，应称为“回归借词”。

不同民族语言的词，结构规律往往不尽相同。因此，在吸收外来词时一定要注意保持本民族语言的纯洁和健康。乱用音译词、盲目追新猎奇是要不得的。

第四节 词 义

学习要点

- 什么是词义
- 词义的基本性质

- 词义与语素义的关系
- 词义的类型
- 义位的划分
- 如何区分同音词与多义词
- 义素的基本性质
- 义素分析法

一、词义及其性质

词义，顾名思义就是词的意义，它是词语一定语音形式所负载的信息内容，是对客观事物本质特点的反映。词义具有如下的性质：

（一）词义的客观性

词义是人脑对客观事物的反映，具有客观性。客观外界的事物多种多样，反映到人的头脑中就会形成各种各样的认识。这些大脑中的认识同一定的语音形式结合起来，就形成了音和义的结合体——词语。例如，“车”这种交通工具，人们认识到它有轮子，可以装载东西等。人们将这种“陆地上有轮子能够装载东西的交通工具”的概念意义与汉语的语音形式“chē”结合在一起，就产生了汉语的“车”这一词语。“车”的词义，实际是“车”这一客观外界事物在人们大脑中的客观反映。

有些词语如“鬼、神、幽灵”等，词义所反映的内容客观外界并不存在，但这并不能说明词义不具有客观性。一方面，这些虚构的内容往往都有一定的客观外界事物的原形。另一方面，这些虚构的内容都是在科学技术不发达时期，人们对客观事物的一种初步理解，同样也是对客观外界的一种反映，只不过是一种歪曲的反映罢了。

（二）词义的概括性

词语在表达一定意义、反映一定客观事实的时候，并不是对客观世界中一个个具体事物的具体反映，而是对具体事物进行概括、抽象，是对同类客观事物的概括反映，词义具有一定的概括性。例如，“人”这一词语的词义，它并不特指“张三”，也不专指“李四”，而是指所有能够制造工具并会使用工具的一种高级动物。即使是“张三”这样信息内容非常具体的名词，也同样具有一定的概括性。“张三”作为一个名词，不仅指童年的“张三”、壮年的“张三”、老年的“张三”，还包括“张三”的一些其他内容信息。“张三”这一名词的词义，是概括张三这个人的各个方面而得出的一个概括性认识。再比如动词“打”，不管你是“狠狠地打”，还是“轻轻地打”，只要是用手或某种器具去撞击另一种东西，都可以叫“打”。不管你“打”的具体对象是人，还是什么物体，只要是“用手或某种器具去撞击另一种东西”，都也是“打”。“打”的词义实际上是对日常生活中种种“打”的具体事实的概括反映。当然，词语不同，词义的概括程度也不完全相同。逻辑上具有包含关系的上、下位词，如“人”与“男人”，相对来说上位词“人”更概括一些，下位词“男人”更具体一些。

（三）词义的民族性

不同民族语言，词义相近词语所指的客观事实往往不尽相同，词义所反映出的人们对客观事物的认识也存在着种种差异。这反映出词义具有一定的民族性。有些词语，词义的民族性具体体现为词语概念意义的不同，词语所指的对象、所概括的客观事实有差异。例如，汉语中的“哥哥”和“弟弟”分别是两个不同的词语。年长的兄弟为“哥哥”，年幼的兄弟为“弟弟”。而英语中表达“哥哥”“弟弟”意义的词语只有“brother”一词，“brother”既可以指“哥哥”，也可以指“弟弟”。有些词语，词义的民族性具体体现为词语的附加意义有区别，词语在感情色彩、语体色彩等方面存在着差异。例如，“狗”在汉语中是一个带有贬义色彩的词语，利用“狗”组成的词语也多是贬义词，如“哈巴狗、狗腿子、癞皮狗”等。而“dog（狗）”在英语中却是一个比较好的字眼儿，如“Lucky dog（幸运儿）”这一说法。

（四）词义的模糊性

词义的模糊性是指词语概念意义界限的模糊。世界上的许多事物本身都呈现为一个连续的整体，在过渡阶段往往没有明确的界线。词语的模糊性就客观反映了这一事实。例如，“多”与“少”。何谓“多”，何谓“少”，都是相对而言的。“他脑袋上的头发很多”、“她脑袋上的头发少一些”。到底多少根算多，多少根才算少，不会有一个明确的数量界限。再比如“上午、中午、下午”。人们只有一个大概的“上午、中午、下午”的时间划分，但是并没有明确地界定究竟哪一分哪一秒是“上午、中午”的分界线，也没有明确界定究竟哪一分哪一秒是“中午、下午”的分界线。词语的模糊性与说话模棱两可是两回事。前者是客观事实连续性的真实客观反映；后者是故意把明确的事实说得不清楚，实际上是对客观事物的不完全反映。

二、词义与语素义

（一）语素

语素是最小的音义结合体。它作为构词成分，是比词更小的语言单位。试比较表3—2中五个词的语素构成：

表 3—2

<table>
<tr><td>词</td><td>车</td><td>玻璃</td><td colspan="2">开关</td><td colspan="2">学生</td><td colspan="2">桌子</td></tr>
<tr><td rowspan="2">语素</td><td>车</td><td>玻璃</td><td>开</td><td>关</td><td>学</td><td>生</td><td>桌</td><td>子</td></tr>
<tr><td>1</td><td>1</td><td colspan="2">2</td><td colspan="2">2</td><td colspan="2">2</td></tr>
</table>

（二）语素义

语素义，顾名思义是语素所具有的意义。不同类型的语素，语素义的具体表现情况也不尽相同。成词语素的语素义既是语素的意义，也是语素构成的词的意义。例如，成词语素“空”，语素义是“里面没有东西或内容”。单纯词“空”由成词语素“空”构成，“空”的语素义“里面没有东西或内容”也是单纯词“空”的词义，语素义与词义一致。不成词语素的意义通常仅仅表现为该语素的语素义。例如，不成词语素“器”，它在“陶器、容器”里面是“器具”的意思，“器具”只是不成词语素“器”的语素义。再比如“晴空”中的语素“空”，它也不能单独成词，“空”在“晴空”一词中的意义“天空”，仅仅是语素“空”的语素义。

（三）词义与语素义的关系

词是由语素构成的，词义与语素义存在着密切的联系。了解词义与语素义的语义关系，对于人们把握词义具有重要意义。词义与语素义的具体关系大致存在以下几种情况：

（1）单纯词是由一个语素构成的词语，词义与语素义相同，例如：

人：能制造工具并使用工具进行劳动的高等动物。

车：陆地上有轮子的交通运输工具。

仿佛：似乎；好像。

玻璃：一种质地硬而脆的透明物体，一般用石英砂、石灰石、纯碱等混合后，在高温下熔化、成型、冷却后制成。主要成分是二氧化硅、氧化钠和氧化钙等。

（2）合成词是由两个或多个语素构成的词语，词义与语素义的关系相对复杂一些。常见的情况有以下几种：

第一，语素义直接表示词义，例如：

毁誉：毁谤和称赞。

俯首：低下头。

受贿：接受贿赂。

丢失：遗失。

洗涤：洗。

归拢：把分散的东西收集到一起。

第二，利用语素义的比喻义和借代义构成词义，例如：

口齿：说话时的发音。

谈吐：谈话时的措辞和态度。

踏青：清明节前后到郊外散步游玩。青：青草。

印把子：指行政机关图章的把儿。比喻政权。

鬼胎：比喻不可告人的念头。

第三，语素义只表示词义的部分具有区别性特征的内容。例如：

火柴：用细小的木条蘸上磷或硫的化合物制成的取火的东西。

水兵：海军舰艇上的士兵。

“火柴”语素义仅仅是“取火的木棍儿”。“水兵”仅仅是“在水上活动的士兵”。

第四，词语在演变过程中，部分语素失去了意义，词义仅仅表现为词语中某一个语素的意义。例如：

窗户：窗。

忘记：忘。

第五，有些词语已经很难看出词义与词语内部语素的意义的联系，这些词语已经变得非常像单纯词了。例如：

利落：（言语、动作）灵活敏捷。

大方：对于财物不计较、不吝啬；言谈举止自然得体、不俗气。

词义与语素义并不是一一对应的。有些词语词义与语素义相同、相近或相关，人们借助语素义可以比较容易把握词语的意义；而有些词语，词义与语素义关联已不太密切，人们直接通过语素义将不易把握词语的意义。鉴于词义与语素义之间存在的种种复杂关系，人们在利用语素义学习掌握词义的时候，一定要注意，不能草率地根据语素义直接推断词义。

三、词义分析

（一）词义的类型

1. 概念义

词的概念义是指词语所反映出的概念内容，即客观反映外界事物的概念内容。词是音和义的结合体，它一方面是语音形式，一方面是意义内容，即概念内容。概念内容只是词的一个方面，它与词并不完全相等。词的概念义具体表现为词语反映客观外界事物的内容。例如：

书：装订成册的著作。

车：有轮子能装载东西的交通运输工具。

叔叔：父亲的弟弟。

有些词语的意义有可能是对客观事物歪曲的反映，例如：

鬼：迷信的人所说的人死后的灵魂。

上帝：宇宙万物的创造者和主宰者。

词语的概念意义是词义的核心内容。一般实词通常都有一定的概念意义。

2. 附加义

词的附加义有感情色彩义、语体色彩义等。

（1）感情色彩义：

词的感情色彩义具体表现为词义对于所表述客观事物的评价与态度，如褒扬、贬斥、喜爱、憎恶等。有些词语的概念义本身就能表达人的情感与态度，词义的感情色彩相对比较突显。例如：

喜爱　　尊敬　　讨厌　　反感

词语的感情色彩义多依附于词语的概念意义，表达人们对词语所表述客观事物的主观评价。感情色彩义中既有褒扬，也有贬斥。试比较：

有褒扬感情色彩义的词语：

成果　　成绩　　认真　　虚心

有贬斥感情色彩义的词语：

后果　　恶果　　粗心　　马虎

表示喜爱的情感，表达褒扬评价的词语是褒义词；表示憎恶的情感，表达贬斥评价的词语是贬义词。也有一些词语没有褒贬色彩，这样的词语属于中性词。试比较：

褒义词：

美丽　　勇敢　　崇敬　　仰慕　　悦耳

贬义词：

丑陋　　怯懦　　厌烦　　鄙视　　凶狠

中性词：

死　　结果　　中心　　尺寸　　颜色

（2）语体色彩义：

语体色彩义是词语经常出现于某一特定语境而具有的附加意义。不同词语概念义可能不同，感情色彩可能各异，它们使用的场合、文体、交际范围往往也存在一定差别。有的词语文雅一些，如“请您”“道谢”，多用于一些比较正式的场合；有的词语相对来说就俗一些，如“咬耳朵”“老婆子”，多在一些比较随便的口语会话中出现。词语这种适用于不同场合、不同文体、不同交际范围的雅俗庄谐不同的词义差异，就是词义语体色彩的差异。语体色彩不同的词语，不仅使用环境不一样，语体风格也不尽相同。如：

书面语	口语
父亲	爸爸
妻子	老婆
头颅	脑袋

口语语体多用于口头交际，语句一般比较简短，表达相对比较生动，生活气息较

浓。书面语语体一般用于书面或比较正式、比较庄重严肃的场合，语句相对比较规范，表达一般比较文雅、庄重。

（二）词义的分析

1. 义位

词义特别是多义词的意义往往是十分复杂的，一下子把握词语的全部意义也是有难度的。将复杂的意义分解成一个个语义单位，无疑有助于人们学习并掌握词语的意义和用法。根据词语在具体语境中的不同意义，将复杂的词义划分出的一个个语义单位叫义位，它是由一定词形表示的、能够独立运用的固定的语义单位。义位（sememe）是瑞典语言学家诺伦（A. Noreen）提出的，用以指称大致相当于义项这一语义单位的一个术语。例如：

那只燕子飞得很低。（从下向上距离小）

他的驾驶水平很低。（在一般标准或平均程度之下）

他是低年级学生。（等级在下的）

他羞愧地低下了头。（低垂）

例句中的“低”大致可以划分为以下四个义位：上下距离小，离地面近；在一般标准之下；等级在下的；低垂。

2. 义位的性质

词的义位具有如下的性质：

（1）义位是借助一定词语形式来表示的语义单位。

一种意义同某个词语形式结合，才可以构成一个义位。例如，“朋友”这一词语与“彼此有交情的人”的意义结合在一起，表达“彼此有交情的人”的“朋友”才是一个义位。义位作为一个语义单位，既有一定的意义，也有一定的词语形式。单纯的意义如“彼此有交情的人”，只是对“朋友”这个义位的意义解释，本身并不是义位。

（2）义位是能够独立运用的语义单位。

划分义位时，只有那些能够独立运用的语义单位才可以划分为一个义位。相反一些不能独立运用的语义单位，则不能分析为一个义位。词语是能够独立运用的句法单位，词语的意义一般来说都是可以独立运用的，但是也有一些意义是不能够独立运用的，如词语的感情色彩义与语体色彩义等，表达这些意义的词语形式就不能单独划分为一个义位。如“后果”一词，它既可以表达“最后的结果”的意义，也可以传递“坏的（结果）”的感情色彩义。表达“最后的结果”意义的“后果”，可以独立运用，是一个义位。例如：

天天逃学的后果是可想而知的。

做事不考虑后果是非常危险的。

而“多用于坏的方面”的感情色彩义是不能独立运用的，它必须依附在“最后的结果”的概念义之上与概念义一同使用。感情色彩义不能独立运用，因而不能单独划分为一个义位。

（3）义位是概括的、固定的语义单位。

义位虽然是根据词语在具体语境中的不同意义划分出的一个个语义单位，但是，这些语义单位都是基于词语在使用中的意义概括出的固定单位。词语在具体运用中往往具有一些特殊的临时义，义位是从临时义中概括出来的固定意义。例如：

李明饿了。

李明走不动了。

李明失明了。

上述四个句子的主语都是“李明”，谓语分别是“饿了”“走不动了”“失明了”。“饿了”肯定是“肚子饿了”，“走不动了”当然是“腿走不动了”，“失明了”自然是“眼睛失明了”。李明在三个句子中的临时义分别是“李明的肚子”“李明的腿”“李明的眼睛”。我们不能根据它在句子中的具体意义认为“李明”有三个义位，分别是“李明的肚子”“李明的腿”“李明的眼睛”。而应根据“李明”各种临时义概括出“李明”这个义位，固定的意义就是“这位名字叫李明的人”。

3. 义位的划分

义位是词义的基本单位，是对词语复杂意义的分项说明。人们在分解词义、确定义位时应注意以下几点：

（1）简明性。划分义位要根据词语在具体语言环境中的具体情况来决定，能够用一个义位来解释清楚的，就不要划分为两个义位，如果一个义位无法全面把意思表达清楚，就要划分为两个或多个义位。划分义位要简洁明确。

（2）系统性。词义特别是多义词语本身具有一定的系统性，词语的各个义位之间常常存在着基本义、引申义、比喻义之类的区别与联系，常常具有不同的语言使用环境。划分义位要照顾到这种系统性，尽量客观反映出各义位间的意义关系。如果有些意义一点瓜葛都没有，那就不能看做是一个词的不同义位，而应视为不同的词。

（3）周延性。给词义划分义位，应使划出的义位具有较大的覆盖面，尽量能涵盖词语最常用的一些用法。如果划分出的义位不能涵盖词语的一些常见用法，划分的义位就可能有问题。

4. 单义词与多义词

单义词指的是只有一个义位的词语。例如：

娶　　蚯蚓　　枪　　玻璃

多义词是指有两个或两个以上义位的词语。例如：

口　　疙瘩　　低　　成熟

多义词语的多个义位往往有一个是词语最初的义位。随着词义的发展，词语在原有义位的基础上又派生出新的义位。最初的义位是词的本义，在本义基础上直接或间接派生的意义叫派生义，也称转义。

有些意义是在本义基础上引申出来的意义叫引申义。例如，“锯”本义是“锯子”，后来引申出“锯断”的引申义；有的是在本义的基础上通过打比喻的方式产生的意义叫比喻义。例如，“成熟”本义是“植物果实完全长成”，通过打比喻后来产生“事物达到完善程度”的比喻义。

引申义：

河：黄河——→河：一般河流。

本：树根——→本：根本。

男人：男性成年人——→男人：丈夫。

处决：处理决定——→处决：执行死刑。

铁：钢铁——→铁：坚硬——→铁：坚定不移。

丝竹：丝和竹子——→丝竹：用丝弦和竹管等材料做成的乐器——→丝竹：丝竹音乐。

比喻义：

同胞：同一父母所生——→同胞：同一国家同一民族的人。

收获：收取成熟的庄稼——→收获：取得其他一切成果。

梦话：睡梦中说的话——→梦话：不切实际、不能实现的话。

结晶：溶液或蒸汽中固体颗粒析出——→结晶：珍贵的成果。

词语义位中最常用的那个义位叫词的基本义。词语基本义、派生义、引申义、比喻义之间的关系可以图示如下：

词义
- 基本义
- 派生义（转义）
  - 引申义
  - 比喻义

5. 同音词

同音词是指语音相同但意义之间没有丝毫联系的词语。同音词有同音同形词和同音异形词两种情况。

同音同形词：

打$_1$：用手或器物撞击某物。～人。

打$_2$：介词：从。～这里经过。

打$_3$：乘。～车；～的。

风化$_1$：风俗教化。有伤～。

风化$_2$：由于长期的风吹日晒、雨水冲刷、生物的破坏等作用，地壳表面和组成地壳的各种岩石受到破坏或发生变化。峭壁上的岩石～掉了。

同音异形词：

师——诗　　丝——私

期中——期终　　暗示——暗室

深渊——申冤　　利益——立意

同音词产生的原因：

（1）语音形式的有限。现代汉语不计声调的声韵配合是400多个，声韵调全计算在内的音节也就1 000多个。现代汉语的音节数量是有限的，而词的数量却是数以万计的，像《现代汉语词典》这样的简明词典，就收词56 000余条。语汇是一个开放的系统，词语的数量随着时代的不断发展还在不断增多。大量的词语，有限的音节，必然会使得有些词语采取相同的语音形式。

（2）语音的发展演变。语音是不断发展演变着的。古今语音演变过程中，一些原本不同音的词语，有可能随着语音的演变变为同音。例如：

隶古去——力古入　　墓古去——木古入

（3）词义的分化。词义是不断发展变化着的。不少词语由原来的一个义位分化为两个义位，甚至多个义位。分化出的义位随着词的不断发展，差别越来越远，以至于达到无法分辨两个义位之间语义联系的程度，这时一词多义便分化成两个词了，也就成了同音词。例如：

把：动词，把握、拿、用。

把：介词。

介词“把”是从动词“把”虚化而来。近代汉语中“把”还有“握、拿、用”等实词的意义，如韩愈的“谁把长剑倚太行”。“把”后来渐渐虚化，成为表示处置义的介词。

同音词与多义词的区别：同音词是两个或多个词语语音相同。多义词是一个词语有多个意义。从概念上区分二者没什么困难，但在一些具体问题的分析与处理上，却不太容易。同音异形的同音词与多义词比较容易辨别。词形有别语音相同的词语肯定是同音词。而有些同音同形的同音词与多义词在区分时往往不太容易分辨。例如：

铁：钢铁。这锅是～做的。

铁：坚硬。～了心了。

打：用手或器物撞击某物。～人。

打：介词：从。～这里经过。

区分同音词与多义词，大家普遍采取的标准是：两个词语形式的意义是否有联系。例如，“铁”的两个意义有密切联系，属于多义词。而“打”的两个意义没有联系，属于同音词。

词语意义方面的联系，既有词源方面的联系，也有词语现时感觉方面的联系。在区分同音词与多义词时，两种或多种词形在意义方面的联系可能会出现以下的情况：

①词源无联系，现时感觉意义也无联系。

②词源无联系，现时感觉意义有联系。

③词源有联系，现时感觉意义无联系。

④词源有联系，现时感觉意义有联系。

①④两种情况比较容易处理。①是同音词，④是多义词。②③相对来说有些麻烦。不过，情况②处理为同音词好些。虽然现时感觉意义有些联系，但这种联系只是人们根据现在意义的一种主观臆断。探本求源，我们会发现，这种联系仅仅是一种巧合。如果根据这种联系将两种形式处理为一词多义，有可能会抹杀两个词语的不同的来源和历时演变线索。情况③处理为同音词好些。一则二者意义已经失掉了联系，已经成为两个毫不相干的音义结合体；二则一词多义不断分化，导致最后分化为两个词。处理为同音词显然较符合词义分化的客观事实。

（三）义素分析

传统的词义分析通常是将词语的意义作为一个整体来解释的。例如：

丈夫：男女结婚以后女子的配偶。

妻子：男女结婚以后男子的配偶。

这种解释对于人们认识词语的整体意义有一定帮助，但不利于人们细致把握词义的内部构成。义素是义位的组成成分，是词义构成最小的意义单位。要想辨析清楚义位，首先应离析清楚义素。例如：

丈夫：近亲属；配偶关系；男性。

妻子：近亲属；配偶关系；女性。

义素是构成义位的基本单位，是从同一组相关词语中分析出来的语义的区别性特征。义素分析法将义位分解为几个义素，不仅有助于人们理解词义的内部构成，而且有助于人们通过义素分析把握整个词语的意义和用法。义素分析法相对传统词义分析法，更有助于人们把握相同语义场内词语的相同义素和不同义素，从而能够更加便利地找到两个义位的联系与差别。

1. 义素的性质

（1）义素是构成义位的基本单位。例如，表达“婚后女人配偶”意义的“丈夫”就是一个义位，该义位是由“近亲属、配偶关系、男性”等义素构成。义素通常放在［ ］中，正号“＋”表示“是”，负号“－”表示“非”。例如，“丈夫、妻子”两义位可以分别表示为：

丈夫：［＋男性←→配偶关系］［＋近亲属］

妻子：［－男性←→配偶关系］［＋近亲属］

（2）义素是有义无形的语义区别性特征。词义与义位都是由一定语音形式表示的意义单位。而义素是构成义位的一些区别性特征，它只是一个义位区别于其他义位的一些语义区别特征，并没有与自己相对应的语音形式，如“丈夫”这一义位中的“＋男性”“＋近亲属”“配偶关系”等义素。

2. 义素分析法的步骤

（1）确定要分析的对象。

无论是义位分析，还是义素分析，都不是随便选取几个词义就可草率进行词义分析的。事实上，拿一些没有关联的义位来进行分析是没有意义的。义素分析首先必须确定一个适当的范围，即选取一些有分析价值、意义上有一定关联的义位作为分析的对象。例如：

鞋子：[＋穿在脚上的东西][＋着地][－有筒]

靴子：[＋穿在脚上的东西][＋着地][＋有筒]

袜子：[＋穿在脚上的东西][－着地][＋有筒]

（2）比较异同，确定义素。

确定了需要分析的义位之后，接下来的任务是通过义位比较，找出义位间的共同特征与不同特点，确定义素。共同语义特征即共同义素，体现了词义间的相关性；区别特征即区别义素，体现了词义间的差别。这里不妨以“鞋子、靴子、袜子”为例，三个义位的语义特征列表对照见表3—3：

表3—3

	穿着部位	形状特征	走路时是否接触地面
鞋子	穿在脚上的东西	没有筒	着地
靴子	穿在脚上的东西	有筒	着地
袜子	穿在脚上的东西	有筒	不着地

义素分析在比较词义异同、离析义位的语义特征时一定要注意，离析出的语义特征要尽可能充分揭示义位的意义。有些研究者试图借助词典来辅助分析比较。选择词典时要注意：首先要选择一个合适的词典；选择了某个词典后还应考虑到，词典编排的目的并不是出于义位分析的考虑。因此，利用词典进行义素分析时一定要细心考察，谨慎处理。

（3）描写。

确定了义素之后，下一步任务就是采取适当的形式列出每个义位的具体义素。例如：

{鞋子} ＝[＋穿在脚上的东西][＋着地][－有筒]

{靴子} ＝[＋穿在脚上的东西][＋着地][＋有筒]

{袜子} ＝[＋穿在脚上的东西][－着地][＋有筒]

3. 义素分析的优点

义素分析具有传统词义所不具备的优点，主要表现在以下几个方面：

（1）义素分析可以凸显词义之间的异同。举例见表 3—4：

表 3—4

义位	义素		
丈夫	＋男性	＋配偶关系	＋亲属
妻子	－男性	＋配偶关系	＋亲属

通过义素分析，我们可以清楚看出“丈夫”与“妻子”两义位语义特征的同与异。具体说来，“丈夫”与“妻子”同属于配偶关系，同为亲属。二者的不同关键在于性别的差异。

（2）可以有效揭示词义之间的组合规则。举例见表 3—5：

表 3—5

义位	义素			
吃	＋用口	＋咀嚼	＋咽下	＋固体食物
喝	＋用口	－咀嚼	＋咽下	－固体食物

通过义素分析，人们不仅可以看出“吃”与“喝”的不同，而且可以清楚知道二者组合能力的异同。“吃”只可以同固体食物之类的宾语搭配，如“吃米饭、吃苹果”等；“喝”只可以同液体、流体等非固体食物之类的宾语搭配，如“喝水、喝酒”等。

（3）义素可以用符号来表示，便于词义分析的形式化。举例见表 3—6：

表 3—6

义位	义素			符号表示
	男性：A	配偶关系：B	亲属：C	
丈夫	＋男性	＋配偶关系	＋亲属	ABC
妻子	－男性	＋配偶关系	＋亲属	$\bar{A}$BC

词义分析的形式化可为中文信息处理提供一定的方便。

第五节　词语的类聚

学习要点

- 什么是语义场
- 什么是上下位词
- 如何辨析同义词
- 同义词的作用

- 反义词的类型
- 反义词的作用

一、语义场

语义场是具有共同义素的义位组成的集合，如丈夫、妻子、父亲、母亲、儿子、女儿、哥哥、弟弟、姐姐、妹妹等。这些义位都具有一个共同的义素“［＋亲属称谓］”，这个共同的义素使得它们能够聚合在一起，构成一个集合，形成一个“亲属称谓”的语义场。

语义场是一个复杂的集合，具有一定的层级性。有些义位处于相同层级，属于词的横向联系；有些义位处于不同层级，属于词的纵向联系。试比较：

文具 { 橡皮 ; 笔 { 钢笔 ; 铅笔 ; 圆珠笔 } }

“橡皮”与“笔”在语义场中处于同一层级，义位之间既相互联系，又相互区别。义位之间的语义关系属于词的横向联系。“文具”与“橡皮”“钢笔”处于不同层级，义位之间的语义关系属于词的纵向联系。

二、上下位词

（一）什么是上、下位词

从词义的纵向关系方面看，范围较大的义位是范围较小义位的上位词，相反，范围较小的义位是范围较大义位的下位词。例如，“橡皮”和“笔”是“文具”的下位词，而文具相对于“橡皮”和“笔”是上位词。上、下位词反映了词义之间互相隶属的语义关系。

生活中具有上下位词关系的例子非常普遍。例如：

生物 { 植物 ; 动物 }　　　　车 { 汽车 ; 火车 }

（二）上、下位词的作用

上、下位词的作用主要表现在以下几个方面：

人们在解释一个事物特别是给一个事物下定义的时候常常用到上下位词关系。表示为“下位词是……的上位词”。例如：

车是有轮子能够运送东西的交通工具。

上、下位词关系反映了词义的相互隶属关系。上、下位词词义关系的分析，无疑有助于人们掌握下位词的类别，以及下位词具有什么属性特征。例如：

汉字是一种语素文字。

鲸鱼是一种哺乳动物。

上、下位词在构词方面也有一定的作用。上位词意义范围较宽，如果以此为词根，添加一些修饰限制成分，就可以造出一个下位的新词。例如：

车——汽车、火车、自行车

酒——米酒、黄酒、白酒、啤酒

该类构词方法无疑是丰富汉语语汇的一种比较重要的手段，有不少词语就是利用这种方法造出来的。

三、同义词

（一）同义词的类型

同义词是指意义相同或相近的词。同义词依据词义的相同或相近有等义词、近义词的不同。

1. 等义词

意义完全相同，在任何语境中都可以相互替换的词语，叫等义词。例如：

电扇——电风扇　　剪刀——剪子

铁道——铁路　　青霉素——盘尼西林

语汇中这类等义词并不是很多。这些意义完全相同，使用上没有什么差别的等义词，只会给人学习掌握词语带来一些不便，没有什么好处，因此属于语汇规范的对象。

2. 近义词

语汇中有大量意义基本相同，只在某些细节上存在一些差别的词语，叫近义词。近义词在语汇中的数量非常多，对于人们的语言表达起着积极的作用。大家平时所说的同义词实际上指的多是这些近义词。例如：

坚强——刚强　　爱惜——珍惜

保重——珍重　　想念——思念

同义词是具有相同义位的词语。义位相同，意味着词语的固定意义相同。多义词语只要有一个义位与另一个词语的某个义位相同，就可构成一对同义词。例如：

自豪——骄傲　　骄傲——自满

（二）同义词的来源

同义词的形成和产生，主要有以下几种来源：

普通话已有某个词语，又从方言中吸收了意义相同或相近的词语，从而形成同义词。例如：

米粉——米线　　玉米——棒子

不同感情色彩、语体色彩的词语形成同义词。例如：

成果——结果　　逝世——牺牲

父亲——爸爸　　驼背——罗锅

本民族词语与外来词语形成同义词。例如：

锦纶——尼龙　　塔——浮屠

语言发展过程中利用相同构词成分构词形成的同义词。例如：

保卫——保护　　保养——养护

（三）同义词辨析

同义词的辨析实质是同义义位的辨析。两个同义的义位通常表现为，一些非区别性义素是相同的，一些区别性义素存在着一定的差别。例如：

父亲＝［＋男性］［＋近亲属→生育关系］［＋书面语］

爸爸＝［＋男性］［＋近亲属→生育关系］［－书面语］

同义词的辨析就是要准确地把握同义词之间的异同，即在把握同义词义同的基础上，梳理出它们之间的不同。同义词的辨析可以从以下几个方面来入手：

1. 概念意义的不同

同义词在概念意义方面的不同主要体现在以下几方面：

（1）范围大小不同：同义词所指对象的范围有大有小。例如：

时代——时期　　城市——城区

边疆——边境　　战争——战斗

（2）程度轻重不同：同义词的词义表现为程度上轻重有别。例如：

轻视——蔑视　　失望——绝望

用力——竭力　　优良——优异

（3）侧重点不同：同义词在意义相同的基础上各有各的侧重点。例如：

整理——整顿　　粗重——粗壮

爱惜——爱护　　精细——精确

2. 色彩意义的不同

（1）感情色彩的不同。例如：

成果——后果　　顽强——顽固

保护——庇护　　鼓励——怂恿

（2）语体色彩不同。例如：

父亲——爸爸　　诞辰——生日

儿童——小孩儿　　责备——数落

3. 搭配功能的不同

词的搭配功能同词语的意义与语法性质都有密切关系。多数同义词意义并不完全相同，它们的搭配功能往往也不完全相同。例如：

装备——设备　　关心——关怀

改进——改善　　繁荣——繁华

“装备”一般指“武器装备”，而“设备”通常指一般“机器设备”。“关心”既可以是人，也可以是物，“关怀”通常只能是人。“改进”是改变旧有情况，使之有所进步，“改善”是改变原有情况，使情况有所好转。“繁荣”指经济或事业蓬勃发展，“繁华”指（城市或街道）繁荣热闹。

（四）同义词的作用

同义词语的意义同中有异，因而能够较好地区分同类事物间的细微差别。语言中大量同义词的存在，为准确表情达意提供了便利。语言表达可以从大量同义词中挑选较为准确的词语，从而使表达更为精确、严密。例如：

你从来没考虑过这件事，就草率下结论，这不是果断，是武断。

语言表达过程中有效利用同义词，不仅可以使表达内容更精确、严密，而且可以使得语言富于变化。语言表述需要强调一个意思时，如果合理使用同义词，还可以使得语言更有表现力。例如：

瞧不起我们，蔑视我们，鄙视我们，这一切的一切我们都不在乎。走自己的路，让别人去说吧。

四、反义词

（一）反义词的类型

反义词是意义相反或相对的词语。反义词依据其词义相反或相对的情况可分为绝对反义词和相对反义词两类：

绝对反义词肯定了甲，就否定了乙；肯定了乙，就否定了甲。在相反的意义之间没有第三种情况。例如：

死——活　　有——无　　动——静

曲——直　　反——正　　公——私

有限——无限　　黑夜——白天　　正确——错误

相对反义词肯定了甲，就否定了乙，但否定了甲，不一定就肯定了乙。在相反的意义之间还有其他的可能性。例如：

冷——热　　黑——白　　苦——甜

粗——细　　东——西　　高——低

高大——矮小　　先进——落后　　快乐——痛苦

构成反义词的双方通常是一对结构对等的词语，词与短语无法形成反义词。

反义词是以义位的反义为基础形成的一对或一组词语。如果两个或多个词语分别有一对义位是反义关系，就可以构成一对反义词。例如，“骄傲”是一个多义词，它有“自豪”的义位，也有“自以为了不起”的义位。“骄傲”的“自以为了不起”这一义位与“谦虚”意义相反，因此，“骄傲”可以与“谦虚”构成一对反义词。

反义词之间常见的反义关系有以下几种：

单义词与单义词之间一对一的反义关系。例如：

出席——缺席　　内行——外行

非法——合法　　恩人——仇人

词语与词语之间某一个义位意义相反或相对的反义关系，具体表现为以下两种情况：单义词与多义词某一个义位相反的反义关系。例如：

谦虚——骄傲（自以为了不起；自豪）

多义词与多义词某一个义位存在反义关系。例如：

假（不真实；假借）——真（真实；确实）

一个词同多个词构成反义关系，例如：

脆弱——坚强　　脆弱——稳固

（二）反义词的作用

反义词意义相反，在语言交际中若使用得当，也会收到较好的表达效果。

反义词可以表示事物的鲜明对立，从而把事物的特点深刻地表现出来。例如：

卑鄙是卑鄙者的通行证；高尚是高尚者的墓志铭。

悲剧将人生的有价值的东西毁灭给人看，喜剧将那无价值的撕破给人看。

学问是苦根上长出的甜果。

语句中对举反义词，可以构成言简意赅、富有哲理的警句。例如：

祸兮福所倚，福兮祸所伏。

假作真时真亦假，无为有处有还无。

第六节　语汇的发展及规范

学习要点

- 古今词义的变化
- 语汇系统本身的规范
- 语言运用中的词语规范

一、语汇的发展

语言是不断发展演变着的。而在语言的发展演变过程中，最容易发生变化的要数语汇了。语汇的发展变化主要体现在以下几个方面。

（一）语汇系统内部成分在数量上的变化

语汇系统内部成分在数量上的变化主要表现为新语词的产生和旧语词的消亡。随着社会的不断发展，新事物、新思想、新观念的不断出现，表达新事物、新思想、新观念的新语词也就应运而生。相反，一些不适应社会发展的旧事物不断消亡，表达这些旧事物的语词也就会从语言中逐渐消失。例如，计算机进入了人们的生活，人们的语汇随之增添了“电脑”“网络”等一系列新语词；而“耒耜”这种古人耕作使用的农具，现在已不复存在了，“耒耜”一词，也就逐渐从人们的语汇中消失了。随着时代的发展，国际文化交流的日益增多，人们不断从其他民族语言中吸收进来一些外来词，外来借词的借用和吸收也是影响语汇内部成分数量不可忽略的重要因素。

（二）语汇系统内部成分身份特征的变换

语汇系统具有层级性，比如语素与词就属于不同的层级。词在古今汉语发展演变过程中有变化为语素的情况，也就是说，有些成分在古汉语中还是能够独立运用的造句单位，发展到现代，它们已经不能再以句法单位的身份出现，而成了构词成分——语素，如“日、月、鼻、目”等。语汇内部的词语有基本词汇和一般词汇两种类型，基本词汇和一般词汇其实也不是一成不变的。随着语汇系统的不断发展，基本词汇与一般词汇存在着相互转化的情况，即某些词语在古代汉语中属于基本词汇，发展到现代转化成了一般词汇；而古代汉语中的某些一般词汇，发展到现代汉语转化成了基本词汇。

（三）词义的发展演变

语汇内部的主体成员是词。词是音和义的结合体。词语本身的发展演变具体体现为语音形式和词义两个方面的变化。比较古今的语音系统，可以发现古今语音已经发生了巨大的变化，语音的发展变化涉及声韵调以及音节结构、语音拼合规则等各个方面。比较古今词语的意义，可以发现词义也发生了较大的变化。古今词义的演变具体表现为词义的深化、词义的扩大、词义的缩小、词义的转移等。

1. 词义的深化

所谓词义的深化是指词语所指对象不变，但对客观事物的认识更加深入。词义深化是人们对客观外界事物认识不断深入的结果。例如：

土：地之吐生物者也。

土：土壤，泥土。

许慎《说文解字》将“土”解释为“地之吐生物者”只是认识到了“土”的作用，对“土”的其他方面则没有关注。《现代汉语词典》将“土”解释为“土壤”，而对“土壤”的解释是：“地球陆地表面的一层疏松物质，由各种颗粒状矿物质、有机物质、水分、空气、微生物等组成，能生长植物。”很明显，《现代汉语词典》从“土”的特征、内部构成、作用等方面对“土”作了更为全面、更为深入的解释。

2. 词义的扩大

所谓词义扩大，是指词义所指范围的扩大。词义扩大具体表现为部分词语的意义由原来的表局部扩展为表整体，由原来的表示单个事物扩展为可以表示多个事物。

（1）词义所指由表局部扩大为表整体。例如：

脸：原来的意义是“目下颊上也”，今指从上额到下巴的部分。

腿：原指小腿（脚上膝下），今为大、小腿的统称（脚上臀下）。

瞎：原指一目闭合，今指双眼失明。

（2）词义所指由单一事物扩大为多个对象。例如：

收获：原来意义是“收取庄稼”，后来发展为“收取一切成果”。

河：原指黄河，后来泛指一切河流。

妇：古称士之妻曰妇人，今泛指妇女。

3. 词义的缩小

所谓词义缩小是指词语所指对象范围的缩小。例如：

脚：原指人和动物的行走器官，今指人或动物腿的下端接触地面支持身体的部分。

学者：古代指求学的人，今指在学术上有一定成就的人。

报复：原是“报答恩和怨”的意思，今是“报怨”的意思。

4. 词义的转移

词义的转移是指词义原来指称甲事物，随着词义的发展后来指称乙事物。例如：

布告：原为动词，对众宣告的意思，今为名词，指的是（机关、团体）张贴出来的通知群众的文件。

书：原指信件，今为装订成册的著作。

涕：古代多指眼泪，今意义为鼻涕。

二、语汇的规范

语汇的规范是现代汉语规范化中不可或缺的重要组成部分，它具体涉及语汇系统本身的规范和语言使用中词语的规范两方面的内容。

（一）语汇系统本身的规范

语汇同语音、文字有密切关系，语汇系统本身的不完善也体现于语音、文字等各个方面。例如：

异读词：

赏赐 shǎng cì　shǎng sì　　熟练 shú liàn　shóu liàn

比较 bǐ jiǎo　bǐ jiào　　颜色 yán sè　yán shǎi

异形词：

寻找——找寻　　感伤——伤感

裁剪——剪裁　　笔画——笔划

气呼呼——气乎乎　　麦克风——扩音器

语汇在进行规范时应注意根据语汇的内部规律进行规范，语言中那些通行范围较广、词义比较明确的词语或词语形式，我们可以酌情吸收，那些使用范围较窄、不具普遍性的词语或词语形式，则可酌情规范掉。现代汉语语汇是以北方方言为基础的，现代汉语语汇在吸收基础方言语汇时无疑存在着语汇规范问题。并不是说北方方言中的所有语词都是规范的，都可进入普通话。只有那些通行范围比较广、具有一定普遍性的语词，才能够进入普通话语汇。普通话语汇本身也存在一些不完善的地方，如普通话语汇内部存在着一些异读词、异形词等。异读词、异形词的存在，无论是对人们学习掌握语汇，还是对语汇的信息处理，都会带来一些不必要的麻烦，因而需要规范。普通话异读词、异形词的语汇规范，当然也要考虑到语汇的内部规律。一些比较简明、通俗，词义比较明确的词语或词语形式，我们可以酌情采用；而那些通行范围较窄、比较生僻的词语或词语形式，则应酌情舍弃，如“吩咐—分付、悲痛—悲恸、水泥——水门汀”等。相比较而言，“吩咐、悲痛、水泥”比较简明、通俗，通行范围较广，可以考虑采纳；而“分付、悲恸、水门汀”之类的词语形式，相对比较生僻，通行范围较窄，则可以考虑规范掉。

（二）语言运用中词语的规范

人们在使用词语的过程中也应注意词语的规范问题。语言使用中的词语规范问题主要表现为：(1) 正确使用词语。语词是音和义的结合体，人们在使用词语的时候不仅要注意词语的语音形式，而且要准确理解词语的意义。(2) 不生造词语。所谓生造词语指的是那些既不能表示新事物、新概念，又不具备特殊表现力，没有必要产生的词语。例如，“天屎（指鸟粪）、呕像（指讨厌的人）”等都属生造词语。(3) 不滥用简称。简称是将比较长的词语进行简缩或紧缩而成的词语。词义比较明确的一些简称，通常音节简单，表义完备，便于人们提高语言表达效率，如“科学技术、环境保护”分别简缩为“科技、环保”。也有一些简称，由于是简缩形式，容易让人产生歧义，使用时一定要谨慎，注意准确使用，如“遇难”并不是“遇到困难”的简称。人们在言语表达过程中绝对不能贪图省事而乱简缩。如有人将“男式牛皮鞋、女士猪皮鞋”分别简缩为“男牛、女猪”，是不可取的。乱简缩，既犯了生造词语的毛病，也起不到简称言简意赅的表达效果。

本章小结

本章主要讲述了现代汉语语汇方面的一些基本知识。全章共分六节。

前三节内容主要是关于现代汉语语汇系统的一些基础知识。同学们在学习时应注意结合语言实际理解什么是语汇、语汇的基本特点，认识基础词汇与一般词汇的区别与联系，熟练掌握各类熟语的特点。

第四节“词义”是本章的一个重点，主要包括以下三方面的内容：一是词义的基本类型，二是词义与语素义的关系，三是词义分析。词义分析是本节的难点。词义分析中所涉及的义位、义素等概念，是大家以前没有接触过的，希望同学们结合实例，边分析边学习。

第五节“词语的类聚”包括同义词、反义词、上下位词三方面的内容。同义词与反义词属于词的横向联系，上下位词属于词的纵向联系。本节要求同学们学习掌握同义词、反义词、上下位词的特点及作用，能够根据所学知识辨析词义。

第六节“语汇的发展及规范”包括语汇的发展与规范两个方面。语汇的发展不仅表现为具体词语数量的增减，而且表现为词语成分具体身份的转变以及词语词义的古今变化。语汇的规范不仅要注意语汇系统本身的规范，而且要注意语言使用中词语的规范。本节只要求学生重点掌握语汇古今发展演变的几种表现，其他内容只作一般了解。

本章知识重点为现代汉语语汇的一些基础知识，能力训练重点是正确地分析、辨析并解释词义。本章要求同学们熟练掌握有关语汇学、语义学的一些基础理论和基本知识，根据所学的理论知识，正确地分析、辨析词义，并进而提高自己的词语运用能力。

关键概念

语汇	语素	词	熟语	成语
基本词汇	古语词	外来词	词义	义位
义素	语义场	同义词	反义词	上下位词
同音词	多义词			

思考题

1. 语汇和词语有什么关系？
2. 语汇有哪些基本特点？
3. 词有哪些基本特点？
4. 成语有什么特点？
5. 成语与谚语有什么区别？
6. 歇后语有什么特点？
7. 惯用语有什么特点？
8. 基本词汇有哪些基本特点？
9. 古语词都是已经废弃了的词语，对吗？
10. 普通话语汇要不要吸收方言词语，如果需要的话，吸收方言词语的原则是什么？
11. 新语词与生造词语有什么不同？
12. 举例说明什么是外来词。
13. 词义的基本类型有哪些？
14. 义位的基本性质是什么？
15. 义素有哪些基本性质？
16. 简要说明义素分析法的基本步骤。
17. 如何辨析同义词？
18. 反义词有几种类型，请举例说明。
19. 什么是上、下位词？
20. 如何辨析同义词？

附 录 词典的编纂

词典的编纂，是一门独立的且实践性较强的学科。这里只简要介绍一些有关的知识，主要涉及词典的类型、编排及词语的释义等内容。

（一）词典的类型及常见的词典

词典是人们查找资料、解释疑惑日常必备的工具书。不同词典针对的对象不同，具体的功用不同，因而在收集资料、收词范围方面也各有不同。词典根据其性质、功用大致可以分为百科词典、专科词典、语文词典三种类型。

1. 百科词典

百科词典，有人也称它为百科全书，是解释说明自然科学、社会科学各个领域术语概念的综合性百科词典。例如，我国明代永乐年间编成的《永乐大典》，被认为是世界上第一部综合性百科辞典。《永乐大典》按韵目分列单字，按单字依次辑入与此字相联系的各项文史记载，共 22 877 卷。比较著名的百科词典还有《中国大百科全书》《大不列颠大百科全书》等。

2. 专科词典

专科词典，有人也称为学科词典，是解释某一学科、部门或某几个相邻学科、部门名词术语的专科性词典，如《中国人名大辞典》《中国地名大辞典》《佛学大辞典》《中国医学百科全书》等。

3. 语文词典

语文词典是解释说明语言词语的词典。根据词典解释说明的语言的对象，语文词典有双语词典、单语词典等。双语词典如《新英汉大词典》《汉英词典》《俄汉词典》等；单语词典如《现代汉语词典》《新华词典》《辞源》《汉语大词典》《汉语方言大词典》等。

大家现在最常用的字典、词典主要有以下几种：

《新华字典》（新华辞书社编纂，1953 年商务印书馆出版，之后多次修订）收字 11 000个、多音词 3 500 条。字典用汉语拼音和注音字母注音，有释义。这部字典在正字、正音、科学释义方面起了重要的作用。

《现代汉语词典》（中国社会科学院语言研究所词典编辑室编，商务印书馆 1978 年出版，之后多次修订）收词 65 000 余条。这本词典注音规范、释义确切，在现代汉语规范化方面起了重要的作用。

《辞海》是一本中型语文兼百科的辞典，收词 90 000 余条，涉及 120 多个学科。语词释义确切。

《辞源》是一部解释说明汉语语汇发展演变的工具书，收单字 12 800 多个、复词 84 100 余条。这部词典重在说明词语的最早的意义和词义的历史发展演变，是人们阅读古籍必不可少的工具书。

（二）词典的编排及词语的释义

1. 词典的编排

词典的编排主要包括条目次序的编排、条目下内容的编排、条目下义项的编排等内容。

词典条目次序的编排，通常的做法有以下几种：（1）按音序编排。现在通常以汉语拼音字母的顺序编排，早期词典也有注音字母顺序编排的。（2）按笔画编排。以汉字的笔画数目与起笔的形状为依据编排条目顺序，一般是点、横、竖、撇的顺序。（3）按部首编排。由于古今字形有所变化，部首的分类也并不相同。现在的现代汉语字词典通常是在简化字形基础上设立的部首。按部首也要用到笔画，如部首繁简的程度，笔画的多少以及起笔的形状等。(4) 按四角号码编排。该方法将汉字四角的笔形规定为十种类型,每一类型用一个阿拉伯数字来表示。四角号码数字表示方法是:"横一垂二三点捺,叉四插五方框六。七角八八九是小,点下有横变零头。"

词典的每个条目一般要解释具体词语的语音、意义,说明词语的感情色彩,并利用具体例句举例说明等。条目下内容的编排次序一般是:注音、义项(义项前说明口语、书面语、方言等情况)、释义、说明感情色彩、引例。有些条目,条目下的内容不一定要全部具备上述内容,内容的设置可以按照需要来取舍。

汉语有不少词语是多义词,一词有多个义项。条目下义项的编排次序因词典的类型不同也有所不同。一般词典是先列基本义,再列引申义和比喻义。而词源词典一般是按照词义产生的先后顺序来编排的。

2. 词语的释义

编纂字词典需要给词语释义,在日常工作生活中有时也需要给一些词语释义。如何给词语释义呢?词义包括概念意义和色彩意义,给词语释义时也要注意这两方面的内容。词语最常用的几种释义方法是:

(1) 直接利用语素义释义。有些词语意义本身是在语素义基础上形成的,这些词语大都可以直接利用语素义进行释义。例如:

土改:土地改革。

受贿:收受贿赂。

群集:成群地聚集。

(2) 利用同义词、反义词释义。例如:

同义词:

权:秤锤。

箠:鞭子。

反义词:

死板:不活泼。

冷落:不热闹。

拉杂:没有条理。

(3) 定义式释义。用给事物下定义的方式给词语释义,实际上是利用上下位词的关系来释义,具体公式是:下位词=修饰限制语+上位词。例如:

车:陆地上有轮子的运输工具。

导火线:使爆炸物爆炸的引线。

(4) 动词与某些形容词可以采用直接说明词语的动作行为或性状的方式释义。例如:

打:用手或器物撞击某物。

漂：浮在液体表面上。

大：在面积、体积、数量等方面超过所比较的对象。

甜：像糖和蜜的味道。

（5）有些描摹性的状态词实在不容易解释的时候，可以利用“形容……”的格式来辅助释义。例如：

浩瀚：形容水大。

泪人儿：形容哭得很厉害的人。

（6）有些词语常用的意义是它的比喻义，这时候就可以直接指明其比喻义来进行释义。例如：

露馅儿：比喻不愿让人知道的事儿暴露了出来。

靠山：比喻可以依靠的力量。

在给词语释义时一定要注意：

1）释义要准确、恰当。例如：

箱子：用藤条、木材制成，用来收藏东西。

上述释义只解释了“箱子”的“质料、用途”，对“箱子”的特征类属没有界定说明，因而释义不太全面、准确。“箱子”相对比较准确的解释应是用什么材料制成、有什么用途的什么东西，即“用木材、铁皮等材料制成的用来收藏东西的方形器具”。

2）不要重复解释，即解释的文字中尽量不要出现被解释的词语。例如：

详：详细的详。

筲：汲水用的水筲。

要解释的字词，往往是人们不理解、需要解释的词语，如果重复解释，不懂的语言成分仍然是不懂，起不到解释词义的作用。

3）释义用语要规范。词语的释义要用普通话规范的词语，不能用方言、古语词以及其他的一些生僻词语释义。例如：

玉米：苞谷。

上吊：自缢。

上述两个释义分别采用了方言词语释义、古语词释义。方言词语、古语词大多是通行范围相对较窄、不具普遍性的词语，用这些词语释义也会影响释义的效果。

第四章　语　法

第一节　语法概述

学习要点

- 什么是语法
- 语法的性质

一、什么是语法

语言是一个音义结合的符号系统。语言系统内的语言符号大小不等，复杂程度也各有不同。如果将有音、有义的语言符号任意组合，是否都可以构成合格的语言成分来表情达意呢？试比较“我”“把”“瓶子”“打”“碎”“了”六个词语的下述八种组合。

①我把瓶子打碎了。　　②我瓶子打碎了把。

③瓶子把我打碎了。　　④瓶子打碎了把我。

⑤打碎把瓶子了我。　　⑥我把瓶子打了碎。

⑦我瓶子把打碎了。　　⑧碎打瓶子了把我。

八种组合中，只有①才是符合汉语表达习惯的组合。这说明语言除了语音、语义、语汇之外，还有一套语言符号的结构组合规则。语言将较小语言符号组构为较大语言符号的结构规则系统，就是语法。

语法有词法和句法的不同。词法主要涉及词类、词的内部构成，以及词形的变化；句法主要关注短语、句子的结构规律和类型，即组词造句的基本规则。普通话的“门”“窗”“开”“关”“了”等单音节语言成分，既是最小的音义结合体，也是组构较大语言符号的初始性单位。将“开”“关”组合，可以构成并列式合成词“开关”，所讨论的内容基本属于词法的内容。考察“门”“窗”与“开”“关”的词类归属，前者属名词，后者属动词。组合“门”“开”“了”三个词，可以构成“门开了”“开门了”或“开了门”等不同短语，词类问题及短语组构所涉及的结构规则均属于句法的内容。

或许有人疑惑，普通话我们天天在用。我们在平时的言语交际中并没有注意到语法规则的存在呀。无论是口语对话，还是信笔成文，我们完全可以不假思索地组词造句。其实，语法规则还是存在的，在人们的言语交际中时时起着作用。人们之所以觉察不到它，是因为人们从小就习得自己的母语，语法规则在长期的语言习得、语言实践过程中早已深深地内化于心，人们对其习而不察罢了。比如，当遇到一个留学生朋友邀请你时说：“我想下午见面你了。”你大脑中潜藏的语法规则会让你马上感到，话语中的“见面你”和“了”使用上有问题。其一，普通话“见面”这类动词，其后通常不带宾语（近些年逐渐有人也开始有了带宾的说法）；其二，“想下午怎样”表达的是未发生的计划和打算，而句尾的“了”通常表示已发生的事情。句子前后词语意义相互矛盾。再比如，普通话的比较句“扁担比板凳长”，以汉语为母语的人通常都能根据“A 比 B 怎么样”这类语法格式，类推出一系列与“扁担比板凳长”类似的比较句：

板凳比扁担宽

哥哥比弟弟高

舅舅比外甥年龄还小

北京的冬天比上海冷

需要注意的是，语法与语法学不同。语法是语言结构系统本身固有的结构规律，而语法学则是语言学者基于语法事实归纳出来的语法知识。语言结构系统内部的语法事实是唯一的，语法系统也只有一个，然而，不同学者基于语法事实归纳出的语法知识，基于语法系统建立的语法体系则可能各有不同。

二、语法的性质

（一）抽象性

语法是语言的结构规则，它是从词的内部结构、词的变化规律以及词与词的组合规则中抽象出来的结构规则。例如：

（A）高兴　高高兴兴　高兴高兴

（B）野生植物　绿色食品　高大身材

（A）例三种成分的概念意义相差不大，但是语法功能却差别明显。“高兴”可以作谓语，可以受“很”“不”修饰。而“高兴高兴”“高高兴兴”既不能受“很”修饰，也不能与“不”组合。“高兴高兴”与“高高兴兴”也不相同：“高高兴兴”可以作状语，如“他高高兴兴地走来了”，“高兴高兴”则不行。

（B）例三种成分的概念意义完全不同，可是语法结构却完全相同，都属于偏正结构。

语法并不注重语言单位的具体概念意义，而是着重研究语言单位的结构规则，即从各种具体语言单位种种搭配组合里面抽象出的语法规则。

语法规则好像数学公式一样具有一定的抽象性，常常是某一条语法规则对应着一类具体语言成分或语言成分的组合。例如，动词能同否定副词组合，名词则不可以。试比较（前加 * 的语言成分为不合法的语言成分）：

不说　　不吃　　不想念　　不休息

*不水　　*不车　　*不思想　　*不态度

（二）递归性

递归是借自数学的一个术语。语法的递归性是指某种语法规则在语言单位的组合中可以重复使用。任何一种语言诸如词、短语、句子之类的具体语言单位是无限的，但构成这些语言单位的语法规则却是有限的。人们利用有限语法规则可以生成无限句法单位的原因就在于，人们可以重复利用同一语法规则造出大量相同功能类型的句法结构，即语法具有递归性。

正因为语法具有递归性，人们根据有限的语法规则，才可以创造出无数丰富多彩的具体语言单位，从而表达各种各样的思想内容。而如果一个语法规则只能在组词造句时使用一次，那么有限的规则只能造出有限的语言单位，人们只能讲有限的句子，显然无法满足人们的交际需要的。如果一个语法规则只能用一次，这就意味着说出不同的话就要利用不同的语法规则，这种随时改变的语法规则实际上等于没有语法规则，没有语法结构规则的语言实际上是无法使用的，也是不可能存在的。

（三）民族性

任何一种语言都有它自身的民族特点，这种民族特点不仅表现在语音、语汇上，而且表现在语法上。印欧语言用词形变化来表示词的语法意义。例如：

数的变化	级的变化	时的变化
photo→photos	small→smaller	ask→asked
cat→cats	heavy→heavier	look→looked

印欧语语法有丰富的形态变化，相反，汉语中的形态变化却很少。

汉语与日语、朝鲜语相比，也有自己的民族特点。如汉语数量名结构的语序是“一本书”，而日语、朝鲜语都是“书一本”。

第二节 语素和词

学习要点

- 语素及语素的分类
- 语素、音节、汉字之间的关系
- 替换方法与语素的判定
- 什么是单纯词
- 合成词的结构类型
- 词的重叠
- 简称

如果要进行语法分析，首先必须明确语法分析的对象，确定要分析的语法单位。语法分析的基本单位有语素、词、短语和句子。本节首先介绍语素和词的一些基本知识。

一、语素

语素是最小的音和义的结合体，是最小的语法单位，如车、玻璃、开、关、学、生、桌、子等。

（一）语素的分类

根据语素的使用情况，语素可以有以下几种分类。

1. 自由语素与黏着语素

自由语素是指能够独立运用的语素，这里所说的能够独立运用，是指能够单独充任句法成分。例如：

马 人 地 车 水 走 打 红 玻璃 葡萄

黏着语素是指不能独立运用的语素。例如：

民 努 警 鼻 器 把 的 呢

2. 成词语素和不成词语素

成词语素是指单独能够构成词语的语素。例如：

人 吃 在 的 了 牡丹 芙蓉

不成词语素是指不能单独构成词语的语素。例如：

晴 聪 谦 籍 肃 语 言

3. 定位语素与不定位语素

定位语素是指语素在同其他语言单位组合时位置总是固定的语素。例如：

子　者　第　阿　们

不定位语素是指与其他语言单位组合时位置不固定的语素。例如：

晴　警　黑　民　籍

（二）语素与音节

语素绝大多数是单音节的，但是一个音节未必只代表一个语素。普通话音节有1 000多个，但是语素的数量远远超过这个数字。有不少语素的语音形式是相同的。例如，jiāo 这个音节就对应着“交、教、焦、胶、娇、骄、浇”等许多不同的语素。

双音节和多音节语素以联绵词、外来词居多。

1. 联绵词

联绵词是指两个音节连缀成义，不能拆开来解释的词语。联绵词有双声、叠韵与非双声叠韵三类。

双声：

参差　仿佛　忐忑　伶俐　崎岖

玲珑　蜘蛛　吩咐　尴尬　琵琶

叠韵：

彷徨　窈窕　烂漫　从容　逍遥

玫瑰　徘徊　肮脏　骆驼　馄饨

非双声叠韵：

玛瑙　垃圾　蝙蝠　芙蓉

2. 外来词

外来的音译词通常是双音节或多音节的单个语素。例如：

（1）双音节：

沙发　葡萄　菩萨　吉他

（2）多音节：

可口可乐　奥林匹克　木乃伊

还有一些较为特殊的情况，如“甭、俩、仨”通常被认为是一个音节两个语素。而“花儿”中的“儿”，虽然不是一个独立的音节，但通常算作一个语素。

（三）语素与汉字

汉字是语素文字，但是汉字与语素却不是一一对应的关系。

有些多音字，一种字形记录几个不同的语素。例如：

打：打（拳）、打（的）

乐：（音）乐、乐（意）

有的情况是一个语素对应几个不同的汉字。例如：

吧——罢　　算——祘

一个语素多个汉字，多属于异体字，应是被规范的对象。

有的字形只是对应某一个音节，并没有什么意义。例如：

玻、璃、葡、萄

（四）语素、音节、汉字之间的关系

语素的语音形式往往呈现为单个或多个音节，记录语素的书面符号往往是单个或多个汉字，语素、音节与汉字之间具有密切的关系。三者关系固然密切，但却不是一一对应的关系。三者之间的关系大致有以下几种情况：

（1）绝大多数情况，一个语素一个音节，记录为一个汉字。

（2）同音同形语素：多个语素一个音节，一个汉字。

（3）同音异形语素：多个语素一个音节，多个汉字。

（4）多音多义字：多个语素多个音节，一个汉字。

（5）多音节单纯词：一个语素多个音节，多个汉字。

（五）“替换”方法与语素的判定

替换，是语言研究中经常用到的一种分析方法。所谓替换，是用一个语言成分来替代语言组合里另一语言成分的具体过程。事实上，我们在语音部分归纳音位时就已经使用过替换的方法。音位归纳的原则有对立、互补等。所谓对立，是指两个音素在相同的语音环境中有区别意义的作用。对立关系的判定实际上就是在某一语音环境中替换两个音素，通过替换比较两个音素是否有区别意义的作用。例如，我们可以利用替换方法来判断辅音［n］、［l］在北京话、成都话语音系统中的别义情况。见表 4—1：

表 4—1

	北京话		成都话	
语音环境	［__ an^{35}］		［__ an^{31}］	
替换	［nan^{35}］	［lan^{35}］	［nan^{31}］	［lan^{31}］
意义	南	兰	南兰	

通过替换可以看出，辅音［n］、［l］在北京话语音系统中有区别意义的作用，是两个不同的音位，而在成都话中却没有区别意义的作用，可归纳为一个音位。

替换方法也是人们判定词语内部语素构成情况的重要手段。例如（带＊的成分为不合法成分）：

力量：大量、海量、重量、肚量、酒量……

　　　力气、力度、力图、力求、力争……

玻璃：琉璃、＊～璃

＊玻～

“力量”的前后两个成分都可以替换，而“玻璃”却不可以。凡是可以用已知语素进行双向替换，替换之后仍能构成有意义的语言单位，且意义变化不大的语言成分，都是语素。

双音节词语在替换时可能有以下不同情况：

白菜：白酒、白药、白色……

素菜、青菜、香菜……

马虎：老虎、猛虎、壁虎……

马背、马鞍、马车……

菠菜：素菜、香菜、白菜……

＊菠～

蟋蟀：＊～蟀

＊蟋～

双音节词语如“白菜”在替换之后，“白”和“菜”的意义及内部结构关系基本不变，“白”和“菜”是两个不同的语素。有些词语如“马虎”在替换后，替换后的“马”与“虎”与原来“马虎”中的“马”和“虎”意义差别较大，这表明“马虎”前后都不可替换，“马虎”是一个语素。有些词语，只有一个成分可以同其他成分组合。能与其他成分组合的是语素，不能同其他成分组合的成分为剩余语素。例如，“菠菜、啤酒”中“菜、酒”是语素，“菠、啤”等是剩余语素。有些词语如“蟋蟀”，“蟋”和“蟀”均不能替换，“蟋蟀”是一个语素。

二、词

（一）词的构成

词是由语素构成的语言单位，是最小的能够独立运用的有意义的造句单位，见表4—2。

表 4—2

语素		词	
成词语素	{马}	马	单纯词
	{人}	人	
	{车}	车	
不成词语素	{民}	—	—
	{们}	—	

续前表

语素		词	
成词语素	{玻璃}	玻璃	单纯词
	{葡萄}	葡萄	
语素复合	{人}＋{民}	人民	合成词
	{人}＋{们}	人们	

根据词语内部语素的数量，词可分为单纯词、合成词两类。

1. 单纯词

由一个语素构成的词是单纯词。单纯词具体表现为以下几种情况：

（1）单音节语素构成的词：江、天、人、树。

（2）联绵词：伶俐、崎岖、彷徨、哆嗦、鸳鸯。

（3）叠音词：蛐蛐、猩猩、姥姥、潺潺、瑟瑟。

（4）音译词：咖啡、沙发、马拉松。

（5）拟声词：嘎吱、扑通、咕咚。

2. 合成词

由两个或两个以上语素构成的词是合成词。合成词有复合式、附加式和重叠式等不同类型。

（1）复合式：由两个或两个以上的实语素构成的词叫复合词。构成合成词的实语素是词根，词根是词义的主干。复合词是词根与词根组合而成的词，从词根与词根之间的结构关系看，复合词又可分为以下几种类型：

1）并列式：词语前后两个语素地位平等，多由两个意义相同、相近、相关或相反的词根并列组合而成。例如：

道路　收获　英明　选择　朋友　根本

开关　买卖　横竖　反正　来往　始终

有些并列式合成词，两个语素只有一个语素有意义，另一个语素如今已经没有意义，这类词叫偏义复词。例如：

窗户　忘记　人物

2）偏正式：词语前一语素修饰限制后一语素，前为偏，后为正。例如：

电灯　人流　小说　象牙　冰箱　飞机

火红　雪白　笔直　冰冷　狂热　蜡黄

痛恨　腾飞　冷笑　偷看　昏睡　胡说

3）补充式：词语后一语素补充说明前一语素。例如：

说明　弄清　推广　改进　揭穿　证实

马匹　书本　纸张　车辆　人口　房间

4）支配式：词语的前一个语素表示动作行为，后一个语素表示动作行为支配的对象。例如：

管家　司机　披肩　关心　动员　悦耳

5）陈述式：词语的前一个语素是被陈述说明的对象，后一个语素是陈述说明的内容。例如：

眼红　地震　口吃　心酸　月亮　日食

（2）附加式：由词根与词缀共同构成的合成词是附加式合成词。附加式合成词又可分为前附加式和后附加式两类。

1）前附加式：词缀在前、词根在后构成的合成词。例如：

第一　阿姨　老虎

2）后附加式：词根在前、词缀在后的附加式合成词。例如：

桌子　木头　自觉性

附加式的后缀还包括一些叠音成分。例如：

热乎乎　酸溜溜　美滋滋

（3）重叠式：语素重叠所构成的一类合成词。例如：

爸爸　哥哥　星星　刚刚

重叠式合成词与叠音词虽然都叠音，但是却存在着明显的区别：重叠式拆开之后的单个成分，是一个语素，如“爷爷”；而叠音词拆开后的单个成分，只表音，没有意义，如“蛐蛐”。

（二）词的重叠变化

汉语的某些名词、动词、形容词、量词、拟声词可以重叠，重叠之后添加一定的语法意义。

1. 量词、名词的重叠

某些量词、名词重叠之后，通常表示“每一”的意义。例如：

家家　人人　本本　个个

2. 动词的重叠

某些动词重叠之后，表示短时或尝试的意义。动词的重叠大致有以下两种情况：

（1）单音节动词的重叠（VV 式）。例如：

摸摸　尝尝　想想　试试

（2）双音节动词的重叠（ABAB 式）。例如：

品尝——品尝品尝　思考——思考思考　摇晃——摇晃摇晃

3. 形容词的重叠

形容词重叠之后，表示的程度增强。形容词的重叠大致有以下几种情况：

（1）单音节形容词的重叠（“AA 儿的”式），重叠式的第二音节通常读阴平。

例如：

好好儿的　　慢慢儿的

（2）双音节形容词的重叠（AABB式）。例如：

快乐——快快乐乐　　高兴——高高兴兴

（3）“A里AB”式的重叠。例如：

糊涂——糊里糊涂　　傻气——傻里傻气

4. 拟声词的重叠

拟声词也可以重叠。拟声词的重叠依据拟声词单、双音节的不同又可分为两种情况。

（1）单音节拟声词的重叠（××式）。例如：

哗哗　　嘭嘭

（2）双音节拟声词的重叠（AABB式）。例如：

叮当——叮叮当当　　劈啪——劈劈啪啪

语词的这种重叠称为构形重叠，即利用重叠这种词形变化表示一定的语法意义。构形重叠与构词重叠虽然在形式上很相似，但是在重叠的具体功能方面有明显不同。重叠构词如“爸爸、星星、刚刚”等，重叠的目的是形成一个重叠式合成词，重叠之后没有添加任何语法意义。构形重叠是将两个相同的语词进行重叠，重叠不是为了构词，重叠之后的语言单位也不一定是词，重叠是为了表达一种特殊的语法意义，因而构成重叠之后，往往有附加的语法意义。

（三）简称

为了用语经济，人们常常通过节缩、省略等方式将较长的语言单位缩略为较短的语言单位，缩略后得出的缩略形式就是简称，例如，“邮政编码”可缩略为“邮编”。

简缩的方式常常有以下几种情况：

（1）抽取短语中每个词的一个关键语素构成简称。例如：

公共关系——公关　　劳动模范——劳模

人民警察——民警　　物理化学——理化

高等院校——高校　　扫除文盲——扫盲

（2）保留短语最有代表性的词语构成简称。例如：

清华大学——清华　　中国人民解放军——解放军

（3）提取公共语素构成简称。例如：

青年、少年——青少年　　离休、退休——离退休

出境、入境——出入境　　上班、下班——上下班

（4）提取公共语素或者事物的共性，前标数字构成简称。例如：

思想好、学习好、身体好——三好

百花齐放、百家争鸣——双百

象形、指事、会意、形声、假借、转注——六书

苍蝇、蚊子、老鼠、臭虫——四害

缩略是提高语言交际效率的一种有益的方式，但缩略也要有一个限度，有一定的原则。

首先，缩略的简称应表义准确，切忌发生歧义。例如：

科学考察——科考

科举考试——科考

将“科学考察”与“科举考试”简缩为“科考”，容易产生歧义。

其次，缩略的简称尽量避免出现同音词。例如：

纪律检查委员会——纪委

计划委员会——计委

“纪委”“计委”是一对同音词，口语中会产生歧义，影响人们的言语交际。

简称一旦通行以后，就不要再盲目缩略为其他的形式。例如，“邮政编码”已经缩略为“邮编”，后来有人又缩略为“邮码”，这样容易滋生异形词，影响人们的交际。

第三节 词 类

学习要点

- 什么是词类
- 词类划分的标准
- 实词与虚词的区别
- 现代汉语各词类的主要语法功能
- 词的兼类与词的活用

一、词类的划分

(一) 词类

词类特指词的语法类别，是词的语法功能的分类。

语言中有些词语是可以互相组合的，可有些就不能。例如：

不吃（喝、听、会、做、赶……）

*不鱼（雨、天、风、上午……）

动词“吃、喝、听”等词可以用否定副词修饰限制，而名词“雨、天、风”等则不可以。这表明，不同的词类具有不同的与其他词语组合的能力，不同词类具有不同的语法功能。因此，明确词的类别，弄清词的语法功能，对于揭示不同语言成分的组合能力，把握语言单位的结构规则，非常有帮助。

（二）划分词类的标准

从普通语言学的角度出发，词类划分的标准通常有三种：

1. 形态标准

在一些形态变化比较丰富的语言里，一个词究竟属于什么词类，或者说一个词究竟具有什么语法意义，通过一定的形式标志或词形变化往往就可以分辨出来。例如：

数的变化	格的变化	时的变化
单　　复	主　　宾	现在　过去
cat→cats	I→me	look→looked
box→boxes	he→him	say→said

根据这些形式标志或词形变化来确定词语语法功能的类属，就是依据形态标准来划分词类。

2. 意义标准

词是音和义的结合体。根据词的意义，人们有时可以迅速地确定一个词的词性。因为，相同的词类往往具有相同的语义特征。就拿名词与动词来说，表示人或事物名称的词一般来说都是名词，表示动作、行为的词一般来说都是动词。例如：

雷锋　红旗　思想　人口

考虑　走　　跑　　聊天

上述例词根据词语的意义的确很容易就可以确定每个词的词类。

3. 语法功能

词的语法功能具体体现为词的组合能力，以及词充任句法成分的能力等。例如：

北京　春节　品质

吃　看望　　想念

名词前面一般不能加“不”，一般作主语、宾语等。而动词前面可以加“不”，一般作谓语。

从现代汉语的实际出发来划分汉语词类，情况则有所不同。首先看形态标准。汉语中形态变化不够丰富，因而无法以形态标准划分词类。再看意义标准。词类实际上是词的语法功能的分类，尽管词的意义有助于确定词的词类，但意义毕竟不是语法功能，根据意义确定词类也是有局限的。例如，“举动—行动”与“忽然—突然”等词，从意义的角度去分析，上述两组词语的意义都相差不大，但是，它们的语法功能却有着明显的区别。“举动”是名词，而“行动”则是一个兼类词，该词不仅可以作名词，如“这次行动”，也可以作“动词”，如“大家行动起来”。“忽然”是副词，不能受“很”修饰，而“突然”是形容词，能受“很”修饰。由此看来，根据意义来给词进行分类，也是有一定问题的。词类划分的标准只能是词的语法功能。

汉语词类的划分主要依据词的语法功能，但并不意味着在划分词类时要完全抛弃词的意义与形态。词的意义虽然不能作为词类划分的标准，但作为词类划分的重要参考，却是有必要的。多数词语，特别是一些属于实词的词语，借助词语的意义可以更为便利地判定它们的词类归属。汉语缺乏形态变化，但是也有一些类似于形态变化的词形变化，如重叠、词缀等，这些词形变化在词类划分时也可以起到一定的辅助作用。

（三）汉语的词类

1. 现代汉语的词类

根据词的语法功能划分词类，可以将词分为两大类 14 小类，具体情况如下：

实词：名词、动词、形容词、区别词、数词、量词、代词。

虚词：副词、介词、连词、助词、语气词、叹词、拟声词。

2. 实词与虚词

实词与虚词的区别主要有以下几点：

（1）实词的意义相对比较实在，词义比较容易把握；虚词的意义相对来说较虚，多数虚词只表示一定的语法意义。例如：

钟表　思考　忧愁　第一　他们

很　　从　　和　　的　　呢

（2）实词一般能够直接充当句法成分，如名词、动词、形容词等，一般都能充当主要的句法成分；虚词除副词可以作状语外，其他的诸如介词、连词、助词等一般不能单独充当句法成分。例如：

钟表不走了。

小明在家修钟表呢。

“钟表、走、小明、家、修”等实词分别充任主语、谓语、宾语，而“不、了、在”等虚词，除“不”单独作状语外，其他两个都不能单独充任句法成分。

（3）实词在组词造句时，依所充任句法成分的不同位置可前可后，相对来说是不固定的；虚词通常需要依附于特定的句法成分，位置因而相对固定。例如：

钟表不走了。

小明在家修钟表呢。

实词的位置是不固定的，如“钟表”在前一例句位于句首作主语，而在后一例句位于句末作宾语。虚词的位置相对来说是固定的，如否定副词“不”修饰限制“走”，只能放在“走”的前面作状语。介词“在”在构成“在家”的介宾结构时，也只能放在“家”的前面。语气词“呢”只能附着在句的末尾，表示一定的语气。

（4）实词是一个开放的类，人们无法穷尽列举出语言中全部的实词，实词因而具有一定的开放性；虚词相对来说是一个封闭的类，是可以一一穷尽地列举出来的，虚词因而具有一定的封闭性。

二、各词类的语法功能

（一）名词、动词、形容词

名词、动词、形容词在汉语中的数量最多，自相组合或与其他词类组合的能力也最强。名词、动词、形容词的意义都比较实在，通常都能充当句子的主要句法成分。

1. 名词

名词是表示人或事物的名称以及时间、处所的一类词。例如：

人　车　房子　衣服　上午　今天　阅览室　下面

名词最突出的语法功能是：

（1）作主语、宾语、定语等。例如：

太阳下山了。

他默默地注视着远去的那条乌篷船。

木头房子盖好了。

（2）能够用数量词修饰，不过，不同名词通常对量词具有一定的选择性。例如：

一头猪　一只老山羊　一条毛巾　两句话

现代汉语中数词不能与名词直接组合。例如：

＊一猪　＊一羊　＊一毛巾　＊两话

（3）有些名词可以后加“们”表示复数。例如：

同学们　人们　演员们

“们”前的名词一般是指人的名词，指物的名词后不能加“们”。童话类文艺作品中常将某些物拟人化，所以也有在物后加“们”表示复数的情况。可以后加“们”表示复数的名词，一旦有了数量词的修饰，后面就不能再加“们”表示复数了。

（4）名词通常不能直接作谓语。例如：

＊那个陌生人李明。

＊里面装的小动物兔子。

上述例句均是不完整的语句，分别在“李明”、“兔子”前加动词谓语“是”，句子就完整了。不过，也有一些句子是可以用名词作谓语的。例如：

今天星期一。

后天国庆节。

（5）名词一般不能直接同副词组合。例如：

＊不小说　　＊很人们

2. 动词

动词是表示动作行为、心理活动以及发展变化的一类词。例如：

吹　拉　弹　唱　跑　跳

批评　维护　调查　分析　描述

思念　喜欢　盼望　盘算　惦记

动词的主要语法功能是：

(1) 主要作谓语，有时也可以充当主语、定语、补语等句法成分。例如：

大家在讨论这件事。

讨论正在进行。

洗的衣服还在外面晾着呢。

他被吓跑了。

(2) 能够直接同副词组合。例如：

不吹　不拉　不弹　不喜欢

动词一般不能同程度副词“很”组合。例如：

＊很跑　＊很调查

表示心理活动的动词可以受程度副词“很”修饰。例如：

很喜欢　很想念　很担心

(3) 动词可以重叠，表尝试态或短时貌。例如：

看看　摸摸　想想

思考思考　拍打拍打　练习练习

(4) 动词后边可以加“着、了、过”等助词表示动作行为特定的时体意义。例如：

吃着　写了　看过

(5) 动词从是否带宾语的角度看，可以分为及物动词与不及物动词两类。例如：

不及物：走　休息

及　物：打　看望

(6) 几种特殊的动词。

判断动词“是”通常可以构成“是＋NP”一类的述宾结构。例如：

他是一名学生。

现在正是夏天。

能愿动词如“能、会、可以、愿、肯、要、应该”等，通常用在动词、形容词前，表示可能、意愿、必要等意义。能愿动词不能放在名词前，不能重叠，不能带“着、了、过”。

趋向动词如“上、下、进、出、上去、出来”等，表示动作移动的趋向，一般可以单独作谓语，也可以用在动词、形容词后表趋向，作趋向补语。例如：

他出来了。

他从屋里走了出来。

天亮起来了。

3. 形容词

形容词是表示人或事物的形状、性质，以及动作、行为状态的一类词。例如：

大　小　高　矮　漂亮

干净　快乐　烦闷　朴实　寒冷

形容词主要的语法功能是：

（1）形容词在句子中主要充当谓语，有时也可以充当定语、状语、补语等。例如：

橘子红了。

大红枣儿送给亲人解放军。

有个陌生人突然闯了进来。

鲜血染红了衣襟。

（2）可以同副词组合。例如：

不红　不亮　不大　不干净

很红　很亮　很大　很干净

（3）形容词可以重叠，重叠之后的生动形式，比形容词的原形意义程度有所增强。例如：

慢——慢慢儿（的）　　好——好好儿（的）

高兴——高高兴兴　　干净——干干净净

形容词重叠后的生动形式，如“慢慢儿”“好好儿”“高高兴兴”“干干净净”等，语法功能与形容词原形“慢”“好”“高兴”“干净”等有明显不同。后者可以受“不”“很”修饰的语法研究可以后带补语，但前者通常不可以。因此，有的语法研究也将“慢慢儿”“好好儿”“高高兴兴”“干干净净”之类的语言成分分析为“状态词”。

（4）形容词作谓语，通常不带宾语。例如：

水特别热。

老人的身体很健康。

4. 名词、动词、形容词的主要区别

（1）名词与动词、形容词的主要区别：

1）名词一般不能直接作谓语，而动词、形容词则可以直接作谓语。2）名词一般不受副词修饰，动词、形容词一般可以受副词修饰。3）名词一般可以作定语修饰名词，也可以接受名词的修饰，如“木头房子”“房子的建筑式样”。动词一般不可以直接修饰名词，也不可以接受名词的修饰。例如，“洗衣服”就变成了述宾结构，“房子倒了”就成了主谓结构，动词都不是名词的修饰成分。形容词虽然可以修饰名词，如“红太阳”“金苹果”等，但是不能接受名词修饰。

(2) 动词与形容词的主要区别：

动词与形容词在语法功能上有许多共同点，如能够作谓语、定语、补语，能够重叠、与副词“不”组合等。但是二者毕竟是两种不同的词类，在语法功能上也存在一定的差别：

1) 动词除表心理活动的动词以外，一般都不可以跟程度副词“很”组合。形容词却可以。例如：

*很+V：*很走　*很说

很+A：很漂亮　很聪明

2) 动词一般不能直接作定语，必须在定语与中心词之间加助词“的”。形容词却可以直接作定语。例如：

洗的衣服　买的水果　写的英文字母

红太阳　苦瓜　好人

3) 动词可以直接带宾语，形容词一般不可以带宾语。例如：

喝水　挖井　打扫房间（述宾结构）

红太阳　干净房间（非述宾结构）

“喝水”“挖井”“打扫房间”均为述实结构，“红太阳”“干净房间”都不是述宾结构，而是偏正结构。

5. 区别词

区别词是指一些往往成对、成组出现的，意义上有区别事物作用的，表示一定分类标准的词语。例如：

金　银　公　母　男　女

公　私　中式　西式　阴性　阳性

有语法分析曾经将区别词归入形容词，但是区别词既不能受副词“不、很”修饰，也不能作谓语、补语，与形容词语法功能差别明显。区别词可以直接修饰名词，可以跟结构助词“的”组合。

（二）数词和量词

1. 数词

数词是表示数目的一类词。如零、一、二、三、四、十、百、千等。数词有基数、序数、分数、倍数、概数等。

基数主要表示数量的多少，序数主要表示次序的先后。例如，“一、二、三”等词是基数，“第一、第二”等是序数。区分基数与序数，最主要的是看数词是表数量还是表次序。例如，“一月、二月”等数词就属于序数词。

分数通常用“几分之几”的形式表示，倍数只要在数目之后加“倍”就可以了。例如：

三分之一　　百分之八十

五倍　　　　二十倍

概数是表示概括的、不确定的数目。该类数词通常用以下几种形式来表达：

(1) 借用疑问代词。例如：

总共来了几个人？

一上午做了多少道题？

(2) 数目后加“来、多、左右、上下”等。例如：

二十来人　二十多人　两尺左右　一米上下

(3) 邻近数字连用。例如：

两三个人　十七八岁

2. 量词

量词是表示数量计算单位的一类词。例如：

一辆车　三袋米　一头牛

现代汉语数词不能直接跟名词组合，必须后加量词才能与名词组合。量词可以分为物量词和动量词两类。

所谓物量词，是指表示事物单位的量词。例如：

尺　寸　斤　两　斗　升

只　件　枝　张　颗　个

对　双　打　群　捆　堆

以上所举的量词都是专用量词，有些物量词是从名词和动词借来的。例如：

一车牛　　一缸水　　一碟儿花生米

一捆书　　一封信　　一捧花生米

所谓动量词，是指表示动作单位的量词。例如：

次　回　趟　遍　下　顿　遭

动量词有时也借用一些名词来表示动作的量。例如：

喝一口　　踢一脚　　打一拳　　看一眼

打一枪　　装一筐　　砍一刀　　吃一碗

盼了四年　走了一天　等了仨小时　跑了十秒

（三）代词

1. 代词的分类

能够起替代和复指作用的词叫代词。代词可分为人称代词、指示代词、疑问代词三类。

(1) 人称代词：

我　咱　你（您）　他

我们　咱们　你们　他们

大家　别人

大伙儿

(2) 指示代词：

这　这儿　这会儿　这么　这样　这么样

那　那儿　那会儿　那么　那样　那么样

(3) 疑问代词：

谁　什么

哪　哪儿　多会儿

怎么　怎么样

2. 人称代词

人称代词跟名词的语法功能相似，比如都能作主语、宾语、定语，不能作谓语、状语，不受副词修饰。所不同的是，名词前面可以有修饰语，人称代词前一般没有修饰语。近来，书面语言中也逐渐出现“年少的我”“小小的我”之类的句法组合结构。

人称代词既有第一、第二、第三人称之别，又有单、复数之分，复数是在单数人称代词之后加“们”。有关人称代词的用法，大家并不陌生，这里不再赘述。下面只着重讲述大家需要注意的几个问题。

(1) 第三人称“他（她/它）”。

人称代词顾名思义是用以指称人的一类代词，不过，第三人称代词“tā”也可以指称事物。第三人称口语只有“tā”一种语音形式，书面语则有他、她、它三种文字形式，指物时一般写作“它”。

由于口语无法区别他、她、它，因此，口语中指物的“它”一般不出现在句子的开头。例如：

*它快要死了，赶快宰了吧。

猪快死了，赶快宰了它吧。

如果是在书面语中，指物的“它”通常是可以放在句子开头的。

书面语体中区分他、她、它三种形式。指人的“他”和“她”在使用中有如下情况：在男女性别区分明显或在男女性别对举的情况下，“他”指第三人称男性，“她”指第三人称女性。如果在男女性别不明或泛指单数第三人称时，一般用“他”。复数“他们”的使用也是如此。“他/他们”一般泛指第三人称，只有与女性对举的情况下，才专指男性。

（2）“我们”与“咱们”的区别。

“我们”与“咱们”意义不完全相同。“我们”一般不包括听话人在内，故称为“排除式”。“咱们”通常会包括听话人在内，故称为“包括式”，例如：

你今年二十，我们俩也是二十，咱们同岁。

目前，语言交际中人称代词转指的现象较多，因此，“我们”、“咱们”在具体使用上的分别也并不是十分严格。

3. 指示代词

普通话指示代词分近指、远指两类。“这、那”除了单用或与名词组合外，还可以组合成复合指示代词。例如：

近指：这　这儿　这会儿　这么　这样　这么样

远指：那　那儿　那会儿　那么　那样　那么样

4. 疑问代词

疑问代词一般来说表疑问，但是有时并不表示疑问。疑问代词的任指和虚指就是较为典型的例子。

（1）任指。

疑问代词在句中有时并不表示疑问，而是表示所涉及的事物对象具有普遍性，无例外，称为“任指”。例如：

谁也不想去。

哪个也不会听你的。

谁去都行。

哪个给我都行。

（2）虚指。

疑问代词用来指称说话人不能或不愿说出的人、事物、时间或处所，代词的指称常常被虚化，故称为“虚指”。例如：

我好像记得谁来过。

他干的那个什么事儿，简直没法说。

（四）副词

副词是只能用于动词、形容词前，充当状语表示程度、范围、时间等意义的虚词。副词表示的意义多种多样，常见的有：

程度：很、太、更、挺、极、最、非常、十分、稍微。

范围：都、共、也、仅、只、就、总共、一共、仅仅。

时间：刚、正、就、才、常、马上、忽然、曾经、逐渐。

重复：再、又、还、重新。

肯定：必、必须、必定、的确。

否定：不、别、没、没有。

语气：可、就、也许、难道、简直。

有些副词只表示一种意义，例如：

这种现象在北方很常见。

你这人简直是欺人太甚。

老师说他马上就来。

有些副词可以表示几种不同的意义。例如：

我这就去。（表时间）

就他没来。（表范围）

我就不去。（表语气）

有些副词有时还会起连接作用，不过，这些词在句子中的语法功能仍是作状语。例如：

没人引路，我们也要赶过去。

打得过就打，打不过就跑。

老师越说越快，后来都有些听不清了。

副词只能充任状语，但是充任状语的句法成分未必是副词。例如：

刻苦学习

突然来访

例句中的“刻苦”“突然”都可以受“很”修饰，可以说成“很刻苦”“很突然”，因而属形容词，不是副词。作状语的副词通常只能作状语。作状语的形容词除了可以作状语，还可以作谓语、定语和补语。试比较：

	作状语	作谓语	作定语	作补语	词类
忽然	忽然停电了	——	——	——	（副词）
突然	突然停电了	事情很突然	突然状况	停得突然	（形容词）

（五）介词

介词是指“把、从、关于、对于”之类的虚词，该类词通常用于名词性成分之前构成介宾结构，整体修饰限制或补充谓词性词语，表示与动作、形状相关联的时间、处所、原因、目的等。例如：

他从两点钟一直忙活到现在。　　（表时间）

李强在图书馆看书呢。　　（表处所）

小燕因病没来上课。　　（表原因）

为人民服务。　　（表目的）

现代汉语中的有些介词是从古代汉语的动词演变而来的，它们至今仍保留着一些动词的性质。不过，介词作为一种与动词不同的词类，也存在着一些不同于动词的语法特点：

（1）不能单独充任句法成分，后面必须带宾语。

（2）不能重叠。

（3）不能带“着、了、过”或趋向动词。

（六）连词

连词是连接词、短语与分句，以表示并列、选择、递进、转折、条件、因果等关系的虚词，如“和、与、同、跟、及、以及、或、或者、而且、如果、即使”等。

连词根据其连接功能可以分为三类：（1）连接词语和短语，如“和、同、跟、与、及、或”等；（2）连接分句，如“虽然、但是、即使、要么、只要、宁可、如果”等；（3）既能连接词或短语，又能连接分句，如“或者、还是、并且、而”等。

连词从其所表示的逻辑意义看有并列、选择、递进、因果、条件、转折等。

（七）助词

助词是独立性最差、意义最虚，主要附着在词、短语或句子后面表示附加语法意义的一类虚词。助词有结构助词和动态助词两类。

1. 结构助词“的、地、得”

结构助词主要表示修饰限制成分与中心语之间的结构关系。普通话里的“de”，在书面语中有三种书写形式“的、地、得”。“的”是定语的标志，“地”是状语的标志，“得”是补语的标志，区分相对比较清楚。例如：

他拿着一本厚厚的书，轻轻地走进教室，脸红得像熟透了的苹果。

“的”除了作定语标志之外，还可以用来构成名词性“的”字结构。例如：

买的　喝的　绿的　卖鱼的　挑担子的

上述“的”字结构，所指各有不同。“卖鱼的”、“挑担子的”通常指“卖鱼的人”、“挑担子的人”，“绿的”通常指“绿色的事物”。而“买的”与“喝的”两个“的”字结构情况有所不同。在特定的语境中，“的”字结构的意义通常比较具体；离开了语境，“的”字结构的意义往往会产生歧义。“VP＋的”既可以指与“VP”有关的人，也可以指与“VP”有关的事物。例如，“买的”可以是“买的人”，也可以是“买的东西”。

2. 动态助词“着、了、过”

动态助词一般附着在动词、形容词之后，表示一定动态意义，即句子所表述的事件在时间轴线中的状态与状况。例如：

他吃了两碗米饭。（动作完成，事件实现）

他吃着饭呢。（动作进行，事件在持续）

灯还亮着。（事件在持续）

灯刚才亮过。（事件已成过去）

动态助词“着、了、过”在句中一般轻读。“了（·le）”主要附在动词之后，表示动作行为的完成或实现。例如，“吃了两碗米饭”中的“吃了”就表示“两碗饭已经吃完”。“着（·zhe）”表示动作正在进行或状态正在持续。例如，“吃着饭”表示动作正在进行，“灯还亮着”表示状态正在持续。“过（·guo）”则表示曾经发生或曾经经历某事。例如，“灯刚才亮过”中的“亮过”表示“灯亮”已是过去已然发生的事情。

（八）语气词

语气词通常用在句尾表示特定的语气，也可以用在句中表示语气停顿。根据语气词所表示的语气类型，语气词可以分为以下几种：（1）表陈述语气，如“了、吧、呢、啊、嘛、啦、罢了”等；（2）表疑问语气，如“吗、呢、吧、啊”等；（3）表祈使语气，如“吧、了、啊”等；（4）表感叹语气，如“啊”。

语气词的独立性较差，使用时一般附着在句尾或句中语音停顿处的其他词语之上。语气词常常同语调一起表达语气，有时会出现语气词连用的情况，如“吃了吗”“写完作文了吧”“说好了呀”“够他苦的了”“够用好几天的呢”等。

（九）叹词和拟声词

叹词是表示感叹或呼唤应答的词，如“哎、嗯、喂、哎呀”等。叹词一般单独使用，从不跟其他词语组合，叹词前后一般有语音停顿。例如：

喂，走着吗？

你咋这样，嗨！

拟声词是模拟声音的词，如“咕咚、叮当、哗哗”等。拟声词能够独立使用，例如：

“嗨哟，嗨哟……”那声音渐渐远去了。

“劈啪——劈啪——”远处传来过年的爆竹声。

（十）词的兼类

词类是词的语法功能的分类。同类词必定具备一些相同的语法功能，不同类词之间的语法功能或多或少会存在一些差别。现代汉语中有这样一些词语，一词具有两种或数种词类的语法功能。例如：

这是什么病。

他病倒了。

例句中的“病”兼具名词与动词两种词类的语法功能。这种一词具有两种或数种词类语法功能的现象叫词的兼类。兼类词具有如下特点：

第一，兼类词是一词兼具两种或数种词类的语法功能，因此，语法功能不同的语言成分，其语音形式首先应当是相同的，即必须同音。例如，“长钉”中的“钉”与“钉鞋”中的“钉”语音不同，因而是两个不同的词，却不是兼类词。而“这是什么病”中的“病”与“他病倒了”中的“病”就符合兼类词同音的这一条件。

第二，语法功能不同的语言成分不仅语音相同，意义也必须具有密切的联系。例如，“这是什么病”中的“病”与“他病倒了”中的“病”意义有密切关系，都与身体或心理不适、出现不正常状况有关，因而是兼类词。而“打人”中的“打”与“打的”中的“打”就没有什么意义上的联系，因而不是兼类词。

第三，词的兼类是指词经常具备两种或多种词类，与词类临时活用的临时性有明显区别。例如：

这个人比阿Q还阿Q。

他这人男人得很。

兼类词“病”兼具名词、动词两类语法功能，两类语法功能是“病”固有的功能。上述例句中的名词“阿Q、男人”分别用作动词或形容词，只是临时的活用，离开例句的语言环境，活用的用法就不存在了，因而它们不是兼类词。

第四节　短　语

学习要点

- 短语的性质
- 短语的基本结构类型
- 短语的特殊结构类型
- 短语的功能类型

一、短语的结构类型

两个或两个以上的词语按照一定的结构方式构成的句法结构单位叫短语。短语是比词高一级的语法单位，既可以充当一定的句法成分，也可以带上一定语调独立构成句子。

短语的结构类型有多种，这里分基本结构类型与特殊结构类型两类分别介绍。

（一）基本结构类型

1. 偏正结构

偏正结构的前一部分修饰、限制后一部分，前面是修饰限制语，后一部分是中心语。例如：

新书包　木头房子　我的铅笔　两双鞋　高高的白杨

都去　没有去　仔细阅读　刚刚离开　轻轻地吹

偏正结构内部按照修饰限制语与中心语的具体关系又可分为两类：一类是定中结构，如“新书包、木头房子”等，另一类是状中结构，如“仔细阅读、轻轻地吹”等。

定中结构的修饰语如果是由形容词、名词、代词、数量词等充任的，定中结构间不一定用“的”，如果修饰语是各类词组来充任的，定中结构之间通常要有“的”。例如：

红铅笔　　三头猪　　我父亲　　好的建议

物美价廉的商品　乌云密布的天空　新大衣的扣子　骑车的技术

修饰限制语与中心语之间的语义关系比较复杂，这里仅列举部分例子。例如：

新书包（性质）　木头房子（质料）　我的铅笔（领属）

两双鞋（数量）　高高的白杨（状态）　卖菜的篮子（用途）

状中结构的修饰语如果是由副词、时间名词、处所名词等充任的，状中结构之间通常不用“地”；如果是由形容词以及各类词组等充当的，状中结构之间通常要有“地”。例如：

很容易　全部结束　马上回来　在操场举行

高兴地说　纵情地歌唱　潇洒地离开　慢条斯理地回答

状中结构的修饰语与中心语的语义关系，大致有限制性和描写性两类：限制性的状中结构多为修饰语具体限制中心语的时间、处所、范围等；描写性的状中结构多为修饰语具体描述中心语的具体情状。

描写性状中结构：

激动地挥舞着　　慢条斯理地回答　　急急忙忙地走

限制性状中结构：

明天上午召开　　在操场举行　　全部结束

2. 述宾结构

述宾结构的述语一般由及物动词充当，表示一定的动作行为。述宾结构的宾语既可以由体词、体词性短语充当，也可以由谓词、谓词性短语充当，表示动作、行为支配、影响的对象。例如：

买书　　看通宵电影

展开讨论　　结束谈话

述宾结构中间一般可以插入“着、了”等动态助词。例如：

洗衣服　洗着衣服　洗了衣服

述宾之间存在着种种复杂的语义关系，这里举例列出几种较为常见的情况：

(1) 宾语是述语动作、行为支配的对象：

买书　洗衣服　看电影

（2）宾语是述语动作、行为产生的结果：

挖井　画地图　盖房子

（3）宾语是述语动作、行为发生的处所：

去北京　进城　去图书馆

（4）宾语是述语动作、行为所利用的工具：

抽烟斗　听收音机　洗凉水

（5）宾语是述语动作、行为的施行者：

晒太阳　来水了　住了三个客人

3. 述补结构

述补结构的前后两部分是补充关系。述语部分一般由动词或形容词来充任。补语部分既可以由形容词、副词、动词、数量结构来充任，也可以由一些词组来充任，起补充说明的作用。例如：

洗得干净　说不清楚

好得很　拿不动

气得说不出话来

根据述语的类型，述补有“动＋补”“形＋补”两种情况。例如：

跑得快　大得很

介绍得清楚　高兴极了

根据述语与补语的语义结构关系，述补结构较为常见的类型有以下几种：

（1）结果补语：

打碎了　洗干净了　听懂了

（2）趋向补语：

爬上去　跳下来　闯进去　跑出来

（3）程度补语：

好得很　糟透了

（4）可能补语：

拿得动　看得见　做得完

（5）数量补语（准宾语）：

来了三次　敲了两下　休息了半小时

4. 主谓结构

主谓结构由主语和谓语两部分构成，前后两部分呈现为陈述与被陈述的关系。例如：

白雪皑皑　阳光灿烂　小河潺潺

根据谓语的构成情况，主谓结构大致可分为以下三种类型：

名词性谓语：

今天星期一　鲁迅浙江绍兴人

动词性谓语：

大河奔流　工程师在绘制图纸

形容词性谓语：

高粱红了　教室里亮着灯

5. 联合结构

联合结构是由两个或两个以上的成分构成的，具有并列、承接或选择等关系的句法结构单位。例如：

工人和农民　讨论并通过

组成联合结构的语言成分可以是词，也可以是短语，联合结构各语言成分地位平等，不分主次。例如：

春夏秋冬　滔滔江河与潺潺小溪

6. 同位结构

同位结构前后成分所指内容相同，意义构成复指关系。同位结构内两个成分在句子中通常共同充当一个句法成分。例如：

首都北京　东岳泰山　鲁迅先生　夫妻两个

根据同位结构前、后成分的具体情况，同位结构有以下几种常见类型：

名词＋名词：

战士雷锋　宝岛台湾

名词/代词＋数量短语：

祖孙三代　你们俩

代词＋“的”字结构：

我们这些出苦力的　你们这些旅游观光的

代词＋代词/名词＋代词：

我们自己　李明他们

存在复指关系的两部分虽然表述形式不同，但所指称的对象通常是同一人或同一事物。

（二）特殊结构类型

短语就其基本结构类型而言与词具有一致性。短语还有一些特殊的结构类型，是词的内部结构规则中所没有的，如“的”字结构、介宾结构等。短语的特殊结构大都拥有特定的词语标志。

1. “的”字结构

“的”字结构是由结构助词“的”依附在其他词语或词组之后所构成的一类句法结构，“的”是该类句法结构的标志。“的”字前面的词语无论是名词、动词、形容词，还是一些名词性、动词性、形容词性的词组，加“的”之后，都构成名词性的“的”

字结构。例如：

大家的　吃的　大的　他的　卖鱼的

有些“的”字结构通常只能有一种意义理解，有些“的”字结构则可以有两种理解。例如：

吃的　　买的　　唱的

游泳的　卖鱼的　他的

“的”字结构究竟有一种意义理解，还是有两种意义理解，同“的”字前面语言成分的语义特征有密切关系。

首先看“吃、买、唱”三个词语，三个词语都是及物动词（V_t），与这类词语关系最密切的语义成分一般有两种：动词的施事和受事。及物动词与“的”构成“V_t的”类“的”字结构，此类“的”字结构在没有语境的情况下一般都可以有两种不同的理解：V_t的施事者和V_t的受事者。

再看“游泳、卖鱼、他”三个语言成分。“游泳”是不及物动词，与这类词语关系最密切的语义成分一般只有一种，即动词的施事。不及物动词与“的”构成“V_i的”类“的”字结构在没有语境的情况下一般也只有一种理解，即V的施事者。“卖鱼的”中的“卖”本来是及物动词，可关涉施事、受事两个语义成分。联系“吃、买、唱”等动词的特点，由“卖”构成的“的”字结构也应有两种理解。不过这里有一个特殊的地方，就是“卖鱼的”中的“鱼”已经补出了“卖”的受事，与“卖鱼”最密切的语义成分目前就只剩下了“卖鱼的施事”一项，“卖鱼”因而也就同“游泳”等词一样了，构成的“的”字结构，指称对象为动词的施事，因此，“的”字结构只有“卖鱼的施事者”一种理解。“他”是代词，代词和名词在“的”前除了构成“的”字结构外，还可以充任定语，构成定中结构。名词与代词带“的”充任定语时通常只有一种理解，即表领属。名词和代词与“的”构成的“的”字结构，同“名词/代词＋的＋中心语”结构有密切关系，通常也只表示“名词或代词所领属的某种东西或属性”一种意义。因此，“他的”也只有一种意义理解，表示“他”所领属的某种事物。

2. 介宾结构

介宾结构是介词与其他名词性语言成分组合而形成的一类句法结构，通常表示一定的时间、处所和方式等。介词是这类句法结构的标志。例如：

从昨天　从北京　在去年　在车上　为了祖国

介宾结构有介词连用的格式，例如：

从小到大　从早到晚

3. 量词结构

量词结构是由数词、指示代词或疑问代词与量词组合而形成的一类句法结构。量词是这类结构的标志。例如：

一只　三个　第一次

这个　那次　那么些

哪个　哪次　哪些

如果指示代词与量词中间出现了数词，便构成了偏正结构，例如：

这一个　那一些

4. 方位结构

方位结构是由方位词依附在其他词或短语之后所形成的一类句法结构。方位词是这类结构的标志。例如：

天空中　午饭后　口头上　院子里　家门外

方位词结构通常是由名词性成分与方位词组成的，有些谓词性语言成分也可以与方位词组合构成方位结构。例如：

讨论前　卖完后　快乐中

5. 比况结构

比况结构是由“……似的”“……（一）般”“……一样”等比况助词附着在名词、动词或短语后所组合成的一类句法结构。例如：

泪人似的　落汤鸡似的　飞也似的

暴风雨般的　雷鸣般的　死一般的

火一样的　触电一样

比况结构多见于书面语，可以充当谓语、定语、状语、补语等。

6. “所”字结构

“所”字结构是由“所”字添加在及物动词前面组成的，用来指称动作所支配或关涉的对象的一类句法结构。例如：

所说　所指　所见　所想

所字结构在句中使用的时候通常需要后带“的”字，例如：

我不知道你所说的、所指的是什么。你就将你所见到的、所记住的那些事情告诉我们就可以了。

所字结构后带“的”字，显然已经变化为“的”字结构。

二、复杂短语

（一）复杂短语的定义

复杂短语是由结构相对比较简单的短语通过一定的组合方式构成的结构相对比较复杂的句法结构。例如：

请朋友吃饭

下河抓鱼

听说有人要来

新大衣的扣子

复杂短语内部通常包含两个或两个以上的结构层次，复杂短语内部结构层次的数量不等，短语的复杂程度也就不同。例如：

请朋友吃午饭

请朋友到餐厅吃午饭

请朋友到学校餐厅吃午饭

务必请朋友到学校餐厅二楼的快餐部吃午饭

“请朋友吃午饭”本身是由述宾结构“请朋友”与主谓结构“朋友吃午饭”套叠而成的一个复杂短语。而“请朋友到餐厅吃午饭”、“请朋友到学校餐厅吃午饭”、“务必请朋友到学校餐厅二楼的快餐部吃午饭”等又是在“请朋友吃午饭”基础上，通过添加一些成分构成的更为复杂的短语。

（二）扩展

短语通过添加一些成分，由简单而复杂，这种语法手段称为扩展。

扩展是句法结构复杂化的一种重要手段。从添加成分的具体位置情况看，扩展有插入式扩展和延长式扩展两类。

（1）插入式扩展。插入式扩展是在词组内部插入一定语言成分来完成的扩展。例如：

吃饭→吃完了饭

写信→写一封信

（2）延长式扩展。延长式扩展是在词组的两端添加语言成分来完成的扩展。例如：

大衣的扣子→新大衣的扣子

组织让我休息→组织让我休息两天

从添加成分的具体添加方式方面看，扩展有替换式扩展和组合式扩展两类。例如：

（1）替换式扩展。替换式扩展是将要扩展词组内部的某个语言成分，替换成一个包含此项语言成分的更为复杂的语言成分，所完成的一种扩展。例如：

大衣的扣子→新大衣的扣子（“大衣”替换为“新大衣”）

买房子→买一所新房子（“房子”替换为“一所新房子”）

（2）组合式扩展。组合式扩展是将要扩展词组作为一个整体，再同其他语言成分组合，所完成的一种扩展。例如：

仔细调查→仔细调查这件事情

写完了→他写完了

无论哪种类型的扩展，都必须遵循以下原则：扩展后的句法结构与扩展前的句法结构，无论在结构方面，还是在意义方面，都要保持基本一致。结构的一致具体表现为，扩展后的句法结构与扩展前的句法结构具有替换关系；意义方面的一致具体表现为，扩展前的短语在扩展后的短语中居于核心地位。

（三）句法结构的层次性

任何一个结构体都不是无规则的堆砌，而是有规则的组合。句法结构从表面形式上看仿佛像排队一样，仿佛是一个符号接一个符号排成的一个简单的线性序列。例如：

五十件新大衣的扣子全部缝好了

但是，从短语内部词语间的组合关系看，词语并不是简单地像排队那样一次就直接构成复杂的句法结构，而是词语与词语先构成一些小的结构，然后再由较小的结构进一步组合成一些较大的结构，从而形成复杂的句法结构。也就是说，句法结构是由词语层层组合而构成的复杂结构体，句法结构具有一定的层次性，例如：

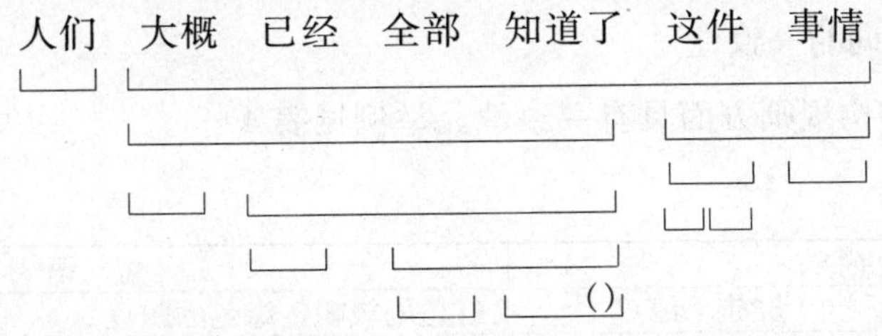

三、短语的功能类型

短语的语法功能主要表现为两个方面：一是独立成句；二是充任一定的句子成分。短语在充任句子成分时的语法功能与词的语法功能有点类似。短语根据它充任句子成分时所呈现出的语法功能，大致有以下三种类型：

（一）名词性短语

名词性短语是指语法功能基本相当于名词的一类短语。例如：

联合结构（名＋名）：老师和学生都来到了现场。

偏正结构（定中）：沸腾的人群不停地舞动着手里的红丝带。

同位结构：他们都希望到首都北京去看一看。

方位结构：房顶上趴着一只猫。

量词结构：一斤等于十两。

"的"字结构：卖鱼的走了。

"所"字结构：你的所想、所思都可以写进自己的文章中。

（二）动词性短语

动词性短语是指语法功能基本相当于动词的一类短语。例如：

联合结构（动＋动）：我们会认真讨论研究这件事情的。

偏正结构（状＋动）：他马上回来。

述补结构（动＋补）：所有的人都吃饱了。

述宾结构：奶奶特别喜欢听京剧。

（三）形容词性短语

形容词性短语是指语法功能基本相当于形容词的一类短语。例如：

联合结构（形＋形）：这里的西瓜又大又甜。

偏正结构（状＋形）：老师对他非常满意。

述补结构（形＋补）：你这样做好极了。

比况结构：她哭得泪人似的。

四、短语与词的一致性与差异性

（一）短语与词的一致性

短语和词在结构规则方面具有一致性。举例见表4—3。

表4—3

词		短　语	
偏正式	红旗　绿豆	红色的旗帜　绿色的豌豆	偏正结构
支配式	吃亏　上当	吃了大亏　上了鬼子的大当	述宾结构
陈述式	眼红　性急	眼睛发红了　性格急躁	主谓结构
补充式	说明　改正	解释得清楚　修改得很正确	述补结构
并列式	父母　朋友	父亲和母亲　亲朋好友	联合结构
重叠式	爸爸　姐姐	家家　人人	词的重叠

短语与词在语法功能方面也存在着一致性。词与短语都可以独立充任一定的句法成分，短语在充任一些句子成分时，语法功能与词类似，与相同语法功能的词存在着替换关系。例如：

①他的哥哥李明在中文系学习。

②李明在中文系学习。

①句中的“他的哥哥李明”是一个名词性的同位结构短语作主语，与②句中作主语的名词“李明”语法功能一致。

（二）短语与词的差异性

短语与词虽然存在着诸多的一致性，但毕竟不是同一层级的语法单位，相互间也存在着一些差异。短语与词的差异可从结构与功能两个方面去考察。

1. 结构上的差异

短语是由词按照一定结构方式构成的语法单位，内部结构相对词来说较为松散，中间可以插入一些成分，可以扩展；词是由语素构成的最小句法单位，内部结构相对短语来说更为紧密一些，中间一般不能插入其他成分，不能扩展。试比较：

白马　　　　　　　　白菜

白色的马　　　　　　＊白色的菜

两者相比较，“白马”是短语，可以扩展；“白菜”是词，不能扩展。

构成短语所利用的语法手段有词序和虚词；而构成词所利用的语法手段只是语素与语素组配方式。试比较：

（词）　　　　　　　（短语）

农民　　　　　　　　阳光灿烂

民主　　　　　　　　灿烂的阳光

短语诸如偏正、述宾、主谓等基本结构类型与词基本一致。短语还有一些特殊的结构类型，如“的”字结构、介宾结构等，词是没有的。

2. 功能上的差异

词有实词、虚词的区别，实词与虚词在语法功能上也存在明显差异。实词一般可以单独充任句法成分，虚词大多不能单独充任句法成分。短语在充任句法成分时，语法功能多与一些实词类似。短语只有大致相当于实词的语法功能，如名词性短语、动词性短语、形容词性短语等。短语没有相当于虚词的语法功能。

短语独立成句的能力比词略强一些。短语特别是主谓短语、述宾短语等谓词性的短语，如果带上一定的语调，一般都能独立成句。词独立成句的能力相对于短语来说要弱得多。

第五节　单　句

学习要点

- 句子的性质
- 句子的分类
- 句型与句类
- 句子成分分析
- 层次分析法
- 句法结构的语义分析
- 句法结构的歧义
- 几种特殊的句式

一、句子的性质和分类

句子是由词、短语等语言单位构成的，能够独立表达一定完整意义的基本语言单位。句子都有一定的语调，表达一定的语气，句子末尾有明显的语音停顿。例如：

浪花里飞出欢乐的歌。

你想不想去？

多美的晚霞啊！

加油！

句子从结构类型方面看与短语具有较多的一致性，但它毕竟是与短语处在不同层级的语言单位，与短语也存在着明显的区别。句子是能够独立表达一定完整意义的基本语言单位，是话语交际的基本单位。短语和词则不同，它们只有带上一定的语调，才能构成句子表达一定的意义，才能成为语言的基本单位。单纯的短语和词只是造句单位，是语言的备用单位。

句子从结构特点方面分出的类型叫句型；从语气特征方面分出的类别叫句类。

（一）句型

1. 主谓句

语句结构可以分析出主语、谓语两部分的句子称为主谓句。例如：

秋天是收获的季节。

孩子的母亲激动得说不出话来。

他上街买菜去了。

主语、谓语都出现的句子是完全主谓句。完全主谓句可以不依赖语言环境表达一个完整的意思。

有些句子的主语常常不出现，这类句子叫不完全主谓句。例如：

甲：他不是缺人手吗？您要是不忙的话，（您）能不能来帮帮他？

乙：好吧，不过（我）得给家里人商量商量。

主语省略的原因多是由于语言交际中的语境因素。在某些情境语境中，主语如果比较明确，常可以省略；而在某些上下文语境中，上下文语境如果已经出现了主语，主语也常可以承前或者蒙后省略。不完全主谓句的主语只是没有出现，并不是没有，主语通常是可以分析出来的。不完全主谓句的主语可以省略，也可以根据语境补出来。不完全主谓句只有在一定语言环境中才能表达相对完整的意思，离开了语言环境，意思就不完整了。

2. 非主谓句

语句是由主谓结构以外的词或短语构成的句子，叫非主谓句。例如：

车！

加油！

禁止吸烟。

非主谓句没有主语，仿佛与不完全主谓句相同，其实二者存在着明显的区别。非主谓句可以不依赖上下文表达一个完整的意思，这一点与不完全主谓句明显不同。非主谓句没有主语，非主谓句的主语是补不出也是不需要补出来的。这一点也与不完全主谓句不同。

非主谓句像“车!”“加油!”等由单个词语构成的句子叫独词句。而像“禁止吸烟”之类的非主谓句叫无主句。

（二）句类

句子根据其语气特征划分出来的类别叫句类。句类主要有陈述句、疑问句、祈使句、感叹句等。

1. 陈述句

陈述句是叙述或说明某件事情或某个事件的句子。陈述句语调平匀，末尾略降，书面上用句号表示停顿。例如：

会议明天下午在礼堂举行。

天气越来越冷了。

他不会骗你的。

陈述句常用的句末语气词有“了、呢、嘛”等。例如：

网织好了。

这次捉的鱼还不少呢。

人家刚刚学嘛。

陈述句有肯定形式、否定形式两类。例如：

（肯定句）	（否定句）
他会去的。	他不会去。
他去过北京。	他没有去过北京。

有时候肯定的意思可以用双重否定来表达。例如：

他不会不去。

他不可能没有去过北京。

双重否定常见的一些格式除“不……不……”之外，还有“非……不……”“没有……不……”等。例如：

她非一米八不嫁。

他没有什么不会干的。

双重否定表示肯定比一般陈述句表示肯定语义上更为肯定，语气也更强一些。

2. 疑问句

疑问句是基于语言交际需要提出一定问题的一类句子。疑问句的表现形式有多种，如语调、疑问词、语气助词、语气副词、一些表示疑问的句法格式等。疑问句根据提问与要求回答的具体方式，可分为是非问、特指问和选择问三类。

（1）是非问。

提出问题要求做出肯定或否定回答的疑问句，叫是非问。是非问句主体部分的句法结构与陈述句相近。所不同的是，是非问句带疑问语调，有时兼用语气助词。例如：

李明要走？

你去北京了吗？

你口渴吧？

提问是就句子表示的整个命题提问，回答一般是“是、对、不、没有”之类的肯定或否定。例如：

甲：他真的没有答应？

乙：是的，没有答应。

甲：你下半年要出国讲学吗？

乙：不，明年才去呢。

有些是非问句没有语气助词，这类句子多表示对事情的揣测，语调一般要读上升语调。有些是非问句有语气助词，疑问的语气大多负载于语气助词之上，这类是非问句有时也可以读降调。是非问句中常见的语气助词有“吗、吧”等。该类问句一般不使用疑问代词。

（2）特指问。

问句用疑问代词或由疑问代词组成的短语提问，要求听话者对所提问题的焦点作答，该类疑问句叫特指问。例如：

哪一个是不合格的？

你什么时候来？

为什么不解释解释呢？

因为什么事不能来啊？

特指问要求听话者对所提问题的焦点作答，因而不能像是非问句那样用简单的肯定或否定来回答。例如：

甲：谁是主谋？

乙：林森。

甲：发生了什么事？

乙：杨鸣摔伤了。

特指问常用的语气助词是“呢、啊”，一般不能用“吗、吧”。

（3）选择问。

问句并列提出几个问题或正反提出两方面的问题，要求听话人选择其中一个问题作答，该类疑问句叫选择问。例如：

我们这次是去北京呢，还是去上海？

你喜欢打篮球、排球，还是乒乓球？

你是出去走走，还是待在家里呢？

选择问有一种特殊的类型，就是将谓语部分的肯定形式与否定形式并列在一起作为选择的问题，这类选择问多是正反提出两个问题，要求听话人选择作答，因而这类选择问也称为正反问。例如：

这桃子大不大？

你是不是忘了？

他能不能不走呢？

今天下午还开不开会？

兜里还有没有钱？

有时说话人无疑而问，提出问题，通常不要求也不需要听话人作答，如反问、设问等。

反问在形式上是问句，但并不要求听话人作答。反问只是说话人利用问句的形式表示肯定或否定的内容而已。反问句的意义通常与句子的字面内容信息相反。例如：

这么简单的题你都不会？

你难道看不出来？

你怎么这样做呢？

真不知道你是来帮忙的呢，还是来拆台的呢？

你看可气不可气？

反问句的语句表达形式可以利用是非问、特指问、选择问的句法格式。相比较，利用是非问、特指问的格式较多，选择问的句法格式较少。

设问是说话人自己提出问题自己作答的一类问句。例如：

战场上冲锋陷阵的是谁？是我们的战士。抗洪救灾冲在最前头的是谁？是我们的战士。

成功是等来的吗？不是，是用自己的双手干出来的，是用汗水换来的。

说话人在设问之前，心里已经有了明确的答案，提问的人是不需要听话人再作回答的。说话人设问的目的在于引起听话人的注意或思考，从而增强语言表达效果。

3. 祈使句

表示命令、禁止、请求、劝阻一类的句子叫祈使句。例如：

出去！

不要交头接耳！

快去收拾衣服！

你可要小心点啊！

祈使句的主语通常是第二人称“你、您、你们”，也可以是“咱们”，但通常不是第一人称“我”或第三人称“他、他们”。

根据祈使意义的差别，祈使句可分为命令禁止类祈使句与请求劝阻类祈使句两类。表示命令、禁止一类的祈使句，言辞一般比较强硬，语句一般带有强制性。这类祈使句一般比较简短，语气急降而且较为短促，多不用主语与语气词，否定句多用“不准、不许、不能、别”等词。例如：

快点干活！

不准撒谎！

不许胡说八道！

不能在公共场所抽烟！

别走开！

表示请求、劝阻一类的祈使句，多是一些表达请求、商量、建议、劝阻等意义的语句，言辞相对来说比较委婉，虽然也多用降调，但语气舒缓了许多。句子使用主语的情况较多，而且多用一些比较尊敬、比较礼貌的称谓。句尾常带有语气词。如果是否定句，多用“不用、不要、甭”等语气相对比较缓和的否定词。例如：

您请坐。

还是请您试试吧。

您还是吃点吧。

您甭担心啦。

不要轻易地放弃嘛。

4. 感叹句

抒发某种强烈感情的句子叫感叹句。感叹句的语调一般是先上升后下降。句中多用一些“好、太、真、好多、多么”等修饰成分，句末多用“啊、呀”等表示感叹的语气词。例如：

好大的雨呀！

简直是太幼稚了！

天哪！

多么漂亮的云朵儿啊！

真美啊！

感叹句表达的语义涉及感叹、喜悦、痛苦、讥笑等多方面的感情，语气相比其他句类更为强烈。

二、句子成分

句子成分顾名思义是指组构句法结构的语言成分。现代汉语构成句子的基本成分有主语、谓语、宾语、定语、状语、补语六种。

（一）主语和谓语

主谓关系具体表现为主语、谓语之间陈述、被陈述的关系。主语是被陈述的对象，回答“谁、什么”之类的问题；谓语是对被陈述对象的陈述说明，回答主语“是什么、怎么样”之类的问题。主语是整个句子的话题部分，谓语是句子的述题部分。

1. 主语与谓语的构成

（1）主语是句子的话题部分，由于人们常常以某人或某物作话题，所以，充任主语的语言成分多为名词、人称代词或名词性短语。例如：

枣树发芽了。

他们想去黄山。

年轻的朋友们来相会。

时间、处所也可以进入人们的话题，因而时间名词、处所名词也可以作主语。例如：

明天国庆节。

屋里没有人。

数量词、动词、形容词以及动词性、形容词性的短语一般不作主语，但是，如果这些语言成分所涉及的语义成了人们言语交际时的被陈述说明的对象，它们也可以作主语。例如：

三趟拉不完。

打不是办法，骂也不解决问题。

高比矮好。

骄傲使人落后。

缝衣服可不是一件容易的事情。

（2）谓语是句子的述题部分，具体陈述主语“是什么”或“怎么样”。充任谓语的语言成分多是能够描述主语动作行为的动词、描述主语性质状态的形容词，以及动词性、形容词性短语。例如：

敌人逃跑了。

刘伟喜欢音乐。

枣儿红了。

满山遍野的花儿漂亮极了。

名词、名词性短语也有充任谓语的情况。例如：

鲁迅绍兴人。

一斤黄瓜五毛钱。

根据构成谓语语言成分的性质，谓语可分为名词性谓语、动词性谓语、形容词性谓语等。名词性谓语是由名词或名词性短语构成的谓语。例如：

今天星期一。

李平大大的眼睛。

动词性谓语是由动词或动词性短语构成的谓语。动词、动词性短语主要的语法功能就是作谓语，因而这类谓语比较常见。例如：

老师走了。

我们刚刚吃过早饭。

形容性谓语是由形容词或形容词性短语构成的谓语。形容词或形容词性短语作谓语的情况也比较多。例如：

他的个子很高。

李明的成绩最好。

这朵花特别红。

有些句子的谓语是由主谓短语充当的，这类句子叫主谓谓语句。例如：

这本书大家都喜欢看。

他什么苦都能吃。

咱们谁也不能撒谎。

白菜一毛钱一斤。

2. 主语与谓语的关系

主语与谓语存在着陈述、被陈述的关系。从主语、谓语的句法结构方面看，主谓结构的内部构成一般是，主语在前，谓语在后。例如：

橘子红了。

您怎么了？

主语是句子的话题部分，谓语是陈述话题的部分，话题与述题之间可以有语音停顿，有时话题后还可带一些语气助词。例如：

这个问题么，还真是有点棘手。

你啊，快点来吧。

有时为了强调谓语，将谓语放在主语的前面，这就是所谓的主谓倒装。例如：

红了，橘子！

怎么了，您？

从主谓之间语义结构方面看，主语和谓语在具体句子里往往存在着丰富复杂的语义关系。

主语是谓语动作的发出者，称为主语施事。例如：

妈妈缝好了衣服。

李明做完了作业。

主语为施事的句子叫施事主语句，也叫主动句。

主语是谓语动作的支配、影响的对象，称为主语受事。例如：

钥匙让王刚拿走了。

作业做完了。

衣服给淋湿了。

受事作主语的句子叫受事主语句，也叫被动句。

主语既非施事，又非受事，而是与谓语有密切关系。例如：

这件事你不能怪李明。

桃子又大又甜。

有些句子的谓语不是由动词充当的，或者是由动词充当，动词却没有明显的动作性，例如：

他们有经验。

这座山特别高。

今天星期一。

有些句子的主语表示谓语动作发生的处所、所使用的工具等。例如：

菜里没放盐。

竹篮子打水。

（二）述语与宾语

述宾关系具体表现为述语、宾语之间的支配关系。述宾结构中的述语通常由动词或动词性短语来充任，表示某种动作行为、或心理活动。宾语通常由名词、代词或名词性短语来充任，是受述语动词支配、制约、影响的对象。例如：

他最近买了一本新书。

谁不爱自己的祖国。

1. 述语与宾语的构成

（1）述语的构成。

述宾结构的述语通常是由那些能带宾语的动词或动词性短语来充任的。例如：

我喜欢春天。

我特别喜欢春天。

专题小组研究过这个问题。

专题小组认真研究过这个问题。

形容词通常是不带宾语的，但有些形容词却可以带宾语。例如：

本次活动满足了大家的要求。

“菜篮子工程”不仅繁荣了市场，而且方便了群众。

有些单音节形容词如果带上了“死、坏”等词，也可以充当述语带宾语。例如：

天简直要热死人了。

这可急坏了他的老父亲。

（2）宾语的构成。

能够充任宾语的语言成分较多，既有体词性的词语，也有谓词性词语，还有一些短语。例如：

孩子喜欢看动画片。

下雨了。

他很想买那条钻石项链。

女孩子冬天怕冷。

村头的哨兵发现敌人来了。

主谓结构也可以作宾语，例如：

我知道他明天回来。

玛丽发现项链不见了。

2. 述语与宾语的关系

述宾结构中的述语与宾语存在着支配被支配、制约被制约的关系。从述宾结构的句法结构方面看，述宾结构的内部构成一般是述语在前，宾语在后。例如：

李平在洗衣服。

爷爷在村口等你们呢。

从述宾结构的语义结构方面看，述宾结构在具体句子中呈现出丰富复杂的语义关系。较为常见的情况有：

宾语表示动作、行为的发出者，称为宾语施事。例如：

西屋住着教书先生。

来客人了。

宾语表示动作、行为支配、影响的对象，称为宾语受事。例如：

小明正在削铅笔。

张三吃了两碗饭。

有些宾语既非动作、行为的施事，也非受事，仅仅表示动作、行为发生的处所、利用的工具等。例如：

大家离开了大桥。（宾语是述语动作、行为发生的处所）

爷爷不再抽烟斗。（宾语是述语动作、行为利用的工具）

（三）述语与补语

述补关系具体表现为述语与补语之间一种补充说明的关系。述补结构中的述语一般由单个动词、形容词来充任；补语是放在动词、形容词之后起补充说明作用的成分。例如：

大伙儿都吃饱了。

衣服洗干净了。

补语通常由谓词性词语、数量短语、介宾短语等构成。例如：

他走累了。

球踢破了。

身体好一些了。

项链掉在水里了。

述语位于动词或形容词之后起补充说明的作用，有时是补充说明述语的，有的是补充说明主语的，有时是补充说明宾语的。例如：

快考试了，你要抓紧时间。（补充说明述语）

他吃饱了。（补充说明施事主语）

表摔坏了。（补充说明受事主语）

他打破了杯子。（补充说明宾语）

述补结构根据述语与补语的具体语义关系，大致可分为以下几种类型：

1. 结果补语

结果补语表示述语动作、行为产生的结果。例如：

小刚吃完了。

猫咪打碎了桌子上的花瓶。

孩子们挖好了树坑。

结果补语与述语之间结构相对比较紧密，特别是那些由单音节动词、形容词构成的述补结构，紧密得像一个动词一样。述补结构中间一般不带“得”，后面可以带“了、过”等动态助词，有时还可以带宾语。

2. 程度补语

程度补语表示述语所达到的程度。述语以形容词居多，也可以是那些能用程度副词修饰的表示心理状态的动词。程度补语多用“很、极、死、坏”等词，表示述语达到很高的程度，也可以用量词短语“一点、一些”等，表示述语达到轻微的程度。例如：

馒头硬得很。

天气热死了。

可把他乐坏了。

你的手轻一点。

您的步子再慢一些。

状态补语表示述语呈现出来的状态，补语多由短语构成。例如：

天气热得人喘不过气来。

把他乐得发疯了一般。

馒头硬得像石头一样。

状态补语与程度补语有时是很难严格区分开的。状态补语描述述语呈现出的状态，实际上也可以理解为述语达到的程度，如上述三例状态补语都能表达出述语所达到的程度已经到了极高的程度，因而这里将状态补语归入程度补语一起介绍。

补语为程度补语的述补结构，述补间有时有“得”，有时没有“得”，具体有如下几种情况。

（1）带“得”的述补结构：

述补结构带“得”，构成“述语＋得＋程度补语”结构，此类述补结构的程度补语可以是一个词，也可以是一个短语。例如：

衣服干净得很。

衣服洗得很干净。

（2）不带“得”的述补结构：

有些述补结构，述补间不带“得”。此类述补结构多是纯粹表示程度的程度补语，充任补语的语词多为“极、坏、透”等词。例如：

你的办法妙极了。

孩子渴坏了。

事情糟糕透了。

（3）带“个”的补语：

有些述补结构，述补间没有“得”，却有“个”。例如：

我们玩个痛快。

你猜个差不多。

“述语＋个＋补语”格式的述补结构，述语一般是动词，动词后有时还可带助词“了、得”等。此类述补结构的程度补语可以有肯定、否定等不同形式。例如：

他熬了个通宵。

让坏人闹得个鸡犬不宁。

3. 可能补语

补语位于动词、形容词之后构成“述语＋得/不＋补语”的格式，表示“能怎么样”或“不能怎么样”。该类补语称为可能补语，例如：

拿得动　听得懂　看得见

拿不动　听不懂　看不见

可能补语与程度补语都有“述语＋得＋补语”格式，两种补语形式虽然一样，但意义却不相同。试比较：

洗得干净（可能补语：能洗干净）

洗得干净（程度补语：洗得干净，不脏了）

两种补语肯定格式相同，否定格式却不同。试比较：

洗得干净→洗不干净（可能补语）

洗得干净→洗得不干净（程度补语）

可能补语还有两种特殊的格式：一是“述语＋得/不得”；二是“述语＋得了/不了”。例如：

吃得　做得　走得了　干得了

吃不得　做不得　走不了　干不了

4. 其他类型的补语

（1）趋向补语：

趋向补语通常表示述语动作运动的方向。趋向补语是由趋向动词来充任的，趋向补语类述补结构通常没有“得”。例如：

风轻轻地吹来。

他双手递上一杯热茶。

孩子们走出了家门。

有些趋向补语是由“上、下、进、出、来、去、回、过、起”等单个趋向动词构成的；有些趋向补语是由“来、去”与“上、下、进、出、回、过、起”等组合而成的复合趋向动词构成的。例如：

把地图挂上去。

她把扣子从衣服上拆了下来。

他慢慢地坐了起来。

也有一些趋向补语虽然是由趋向动词充任的补语，但并不表示动作行为的趋向。例如：

这件事他答应下来了。

老先生记起了那件往事。

（2）时间、处所补语：

时间、处所补语多用介宾短语来充任，表示述语动作发生的时间与处所。例如：

那件事发生在 1888 年。

课代表把作业放在老师办公桌上了。

（3）数量补语：

时量短语和动量短语放在述语后边充任补语称为数量补语。例如：

小明在家等了三天。

他去过北京三次。

有的语法研究者也将述语后的动量短语、时量短语处理为宾语，称为“准宾语”。

（四）定语与状语

定语和状语在句中只起修饰限制中心语的作用。两类句法成分与中心语组合，分别构成定中、状中两种不同类型的偏正式短语。

区分定中、状中两类结构，可以有以下三个角度：(1) 中心语的性质；(2) 修饰语的性质；(3) 句法结构在句中的语法位置。从中心语的性质角度看，中心语为名词的偏正结构一般是定中结构；中心语为动词、形容词的偏正结构一般是状中结构。从修饰语的性质角度看，由名词、代词充任修饰语的偏正结构一般是定中结构；由副词充任修饰语偏正结构一般是状中结构。例如：

金色阳光（定中结构）　　　刚刚走过（定中结构）

有些定中或状中关系的短语结构，依据它在句中的语法位置也可大致判断出它的结构类型。试比较：

谢谢您的盛情款待。（定中结构）

他盛情款待了我们。（状中结构）

1. 定语

定语是指体词前起修饰限制作用的语言成分。充任定语的语言成分可以是形容词、代词、名词、动词等，充任定中结构中心语的一般是名词或名词性短语。例如：

小水珠　我哥哥　汽车的红色外壳　洗的那件衣服

定中结构中间如果有结构助词 de，书面形式通常写为“的”。定中结构间有时有“的”，有时无“的”。究竟什么情况下用“的”，什么情况下不用，情况比较复杂。

一般来说，指示代词、数量短语作定语，定中结构一般不用“的”。例如：

这人　这件事　一辆车　四头牛

各类短语作定语时，定中结构间一般要用“的”。例如：

如诗如画的景色　写大字的毛笔

乌云密布的天空　令人伤感的故事

人称代词作定语时，一般有“的”，如果中心语是亲属称谓或者是集体单位、机构等，人称代词后可以没有“的”。例如：

他的想法　　我们的意见

我父亲　　　我们学校

名词和性质形容词作定语有带“的”和不带“的”两种格式。例如：

干净衣服　　干净的衣服

木头房子　　木头的房子

新裙子　　　新的裙子

不带“的”的定中结构，定语与中心语之间结构紧密，为粘附式定中结构；带“的”的定中结构，定语与中心语各自有较明显的独立性，为组合式定中结构。

有些名词或名词性短语作定语，中间有“的”无“的”，基本不影响句法结构的意义；有些名词或名词性短语作定语，定中结构带“的”不带“的”，意义有明显不同。试比较：

意义基本相同	意义不同
大衣扣子→大衣的扣子	孩子脾气→孩子的脾气
木头房子→木头的房子	高个子朋友→高个子的朋友

有些名词作定语的定中结构，必须带“的”。例如：

山的高度　话的内容　花的颜色

动词特别是单音节动词作定语一般要带“的”。例如：

洗的衣服　走的路　唱的歌

部分双音节动词可以直接作定语，定中结构间通常没有“的”。例如：

学习文件　出租汽车　参考资料

2. 状语

状语是谓词性词语前起修饰限制作用的语言成分。能够充任状中结构中心语的成分可以是动词、形容词，也可以是数词、数量词以及代替动词、形容词的代词等。例如：

轻轻地诉说　天刚亮　怎么才五个　确实不怎么样

能够充任状语的语言成分有副词、形容词、拟声词、介宾结构等。例如：

非常快活　　突然进来了

风呼呼地吹着　把衣服穿好

状中结构中间如果有结构助词 de，书面形式通常写为“地”。状中结构中是否带“地”，情况也比较复杂。

双音节副词通常不带“地”，只是一些特殊的双音节副词带“地”不带“地”两可。例如：

忽然进来了　　曾经去过

非常苦　　　　非常地苦

单音节形容词作状语不能带“地”，双音节形容词则是带“地”不带“地”两可。试比较：

苦干　　　　　快说

小心（地）擦拭着　　仔细（地）安装着

介宾短语作状语，状语后不能带“地”。例如：

在会议室开会　从北京来　向学校走去

（五）独立成分

独立成分也称独立语，是指句中不与任何句子成分发生结构关系的一种结构上相对独立的语言成分。独立成分的位置比较灵活，可以置于句首、句中，也可以放在句尾。例如：

说实在话，我真的不想去。

这个忙，依我看，没法帮。

这道题怎么做，老师？

独立成分根据其性质和作用可分为插入语、呼应语、拟声语、感叹语等。

1. 插入语

插入语是插入句中辅助句子表达一定附加意义的语言成分。根据插入语表达的附加意义及作用，插入语可分为以下几种类型。

（1）提醒人注意。例如：

你听，这是什么声音？

说真的，你干的活儿还真不错。

（2）表明说话者的态度。例如：

不错，他上午是没有来。

毫无疑问，明天是国庆节。

（3）表示推测。例如：

据说，他得了大奖。

天气看样子要下雨了。

（4）表示总括。例如：

总之，任何时候都要服从指挥。

总的来讲，他的方法还是不错的。

2. 呼应语

呼应语是句中用来呼唤别人或用来响应别人呼唤的语言成分。例如：

喂，您去哪儿？（用来招呼对方）

哥哥，我听见了。（用来响应对方）

3. 拟声语

拟声语是模拟自然界声音的独立成分。例如：

哗——哗——，滔滔江水彻夜不停地流着。

砰——砰——，远处传来两声枪响。

4. 感叹语

感叹语是表达惊讶、感叹等特定感情或语气的独立成分。例如：

唉，这日子是没法过了。

嗨，你曾经答应过的，怎么又不承认了呢？

独立成分虽然在句子结构上不与其他句法成分发生关系，具有独立性，但在意义上却不是可有可无的成分。句子如果去掉了独立语，多数情况下会影响句子的表达效果。

三、句法结构分析

（一）句子成分分析

1. 什么是句子成分分析法

句子成分有主语、谓语、宾语、定语、状语和补语六大成分。其中，主语和谓语是主要句法成分，宾语和补语是次要成分，定语和状语是附加成分。句法结构分析以离析句中各类句子成分为中心任务的一种析句方法，称为句子成分分析法。

句子成分分析法的具体步骤是：首先确定句子的主要成分，划分出句子的主语和谓语；其次确定句子的次要成分，分析出宾语和补语；最后确定附加成分，梳理出各中心词的定语或状语。句子成分分析法所使用的符号作用如下："＿＿＿"标示主语，"＿＿"标示谓语动词，主谓之间用"‖"分隔，"～～"标示宾语，"（　）"标示定语，"［　］"标示状语，"＜　＞"标示补语。例如：

（经费）问题 ‖［一定］［要］［抓紧］落实。

（白发苍苍的）老妈妈 ‖［终于］盼＜来＞了（漂泊海外多年的）儿子。

句子成分分析法首先确定句子结构的主干，明确整个句法结构的间架结构；然后再分析句法结构的次要成分，最后再梳理那些修饰限制主干成分的附加成分。这种分析法无疑有助于人们快速把握句子的主干，并有助于人们进一步领会主干成分、次要成分与附加成分之间的句法结构关系。

2. 句子成分分析法的优点和局限

句子成分分析法具有以下优点：（1）句子成分分析法操作起来相对比较简便。尤其是那些长度较长、结构层次较为复杂的句法结构，使用句子成分分析法分析，相对来说更为便捷。（2）句子成分分析法有助于人们快速确定句法结构的主干成分，理清句法结构的间架结构，把握主干成分与修饰限制成分之间的关系，并进而归纳句子的句型。（3）句子成分分析法有助于人们迅速把握句法结构的主干，因此，它也常常成为人们分析病句、排查病因的一种重要方法。

句子成分分析法也存在着一定的局限：（1）句法结构尤其是结构比较复杂的句法结构，结构内部各句法成分之间往往存在着复杂的层次组合关系。句子成分分析法通常只关注两点：其一，确定句法成分；其二，梳理句法成分之间的结构功能关系，即先划分句法成分，然后再为成分贴上主语、谓语、宾语之类的标签。该方法并不关注句法结构内部不同句法成分之间的结构层次关系，因而不利于复杂短语结构层次的考察和分析。(2) 句子成分分析法过于强调句法结构主干的分析，碰到句法结构主干与句法结构意义有差别的句子，可能会存在不利于把握句法结构意义或曲解句法结构意义的情况。例如，“他把我气死了”如果只提取句法结构的主干，就成了“他气”。而“他一点也不想家”如果只提取句法结构的主干就成了“他想家”。

（二）层次分析

1. 什么是层次分析法

层次分析法简单来讲就是分析复杂短语结构层次关系的方法，它按照短语内部的结构层次，逐层进行分析，一直分析到词为止。层次分析法在分析每个结构层次时划分出的句法成分叫直接成分（Immediate-constituent Analysis，简称 IC），因而这种句法结构的分析方法也叫直接成分分析法。

句法结构具有层次性。层次分析法的目的就是要揭示句法结构内部各句法成分的结构层次关系，因此，层次分析法通常有两个方面的操作：(1) 层次分析法通过切分，确定每个结构层次的直接成分；(2) 说明直接成分之间的结构关系。例如：

```
听说  他  马上  来
|述|  |______宾______|
      |主|  |__谓__|
            |状| |中|
```

层次分析法通常采用由大到小的顺序逐层进行分析。句法结构在进行层次分析时一定要注意以下两点：(1) 层次分析法一定要逐层进行分析，不能随意跳过某个层次，进行跨层分析；(2) 层次分析法分析到词为止，分析不够穷尽或过度分析都是不符合要求的。例如：

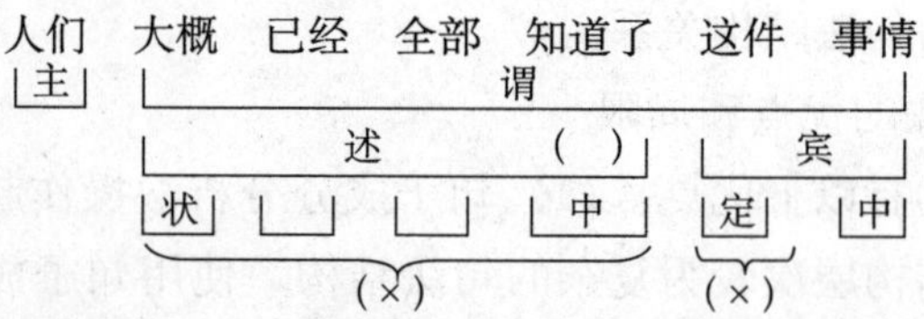

上述分析划“×”处的层次分析都是有问题的。第一处“大概已经全部知道”是个多层次套叠的复杂结构，应进行逐层分析。该层次分析将多个不同的套叠层次在一个层面同时进行划分，显然是不对的。第二处“这件”仍是一个短语，不是词，应进一步划分。正确的分析如下：

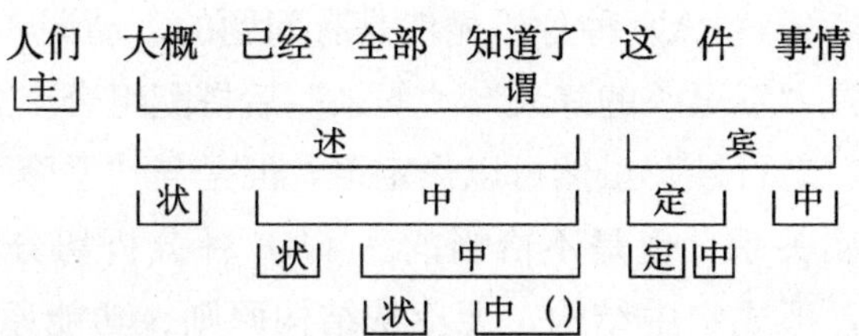

2. 层次分析应遵循的原则

层次分析法是逐层顺次分析句法结构内部不同层级直接成分的一种方法。层次分析法在层次分析过程中通常要遵循以下三种原则：

（1）结构原则。

结构原则要求，层次分析法切分出的句法成分应是符合语法结构规则的组合。例如：

红色 的 汽车
(A) （×）
(B) （✓）

（A）种分析划分出的“的汽车”是一个不符合汉语语法规则的组合，是一个不合规则的结构成分，因此，（A）类划分是不合适的。（B）种分析划分出的成分，无论是“红色的”，还是“汽车”，都是符合汉语语法规则的句法结构成分，都是可以成立的组合，因此，（B）种分析是正确的分析。

（2）功能原则。

功能原则要求，层次分析法在进行切分时应正确反映句法成分之间的功能组合关系。例如：

刚 洗 的 衣服
(A) （×）
(B) （✓）

两种分析从切分出的结构组合来看都没有问题，因为，无论是“刚”和“洗的衣服”，还是“刚洗的”和“衣服”，都是可以成立的结构成分。如果从组合功能的角度分析，（A）种分析明显存在一定的问题。副词一般修饰谓词性成分，不能与体词性成分组合。然而，（A）种切分，切分的结果是副词“刚”与体词性成分“洗的衣服”组合，显然是不妥当的。而（B）种切分，切分结果是“刚洗的”与“衣服”，二者可以形成定中结构，语法功能组合方面显然是没有问题的。

（3）意义原则。

意义原则要求，层次分析法分析的结果应正确反映短语的意义。例如：

屠杀 老百姓 的 恶魔
(A) （×）
(B) （✓）

两种切分结果，无论是从结构原则方面，还是从功能组合方面似乎都没什么问题。但从意义的角度考虑，（A）种分析显然是有问题的。动词“屠杀”后带宾语，对宾语的语义选择通常是“不可杀的好人”，“屠杀”后搭配组合“恶魔”，语义组合是有问题的。另外，名词“老百姓”虽然可以作定语，但是与“恶魔”组合，“老百姓的恶魔”这类语义上的领属关系，也是不恰当的。（B）种分析切分结果是“屠杀老百姓的”与“恶魔”组合，形成定中结构，无论从结构原则、功能原则方面讨论，还是从意义原则方面分析，都是没有问题的。

3. 层次分析法的优点和局限

层次分析法具有以下优点：（1）句法结构往往具有一定的层次性。层次分析法不仅能够清楚地离析句法结构的结构层次，而且能够准确地显示直接成分之间的结构关系。（2）有些因层次结构存在多种层次切分所导致的句法歧义，用层次分析法就比较容易分化这类句法结构的歧义。例如：

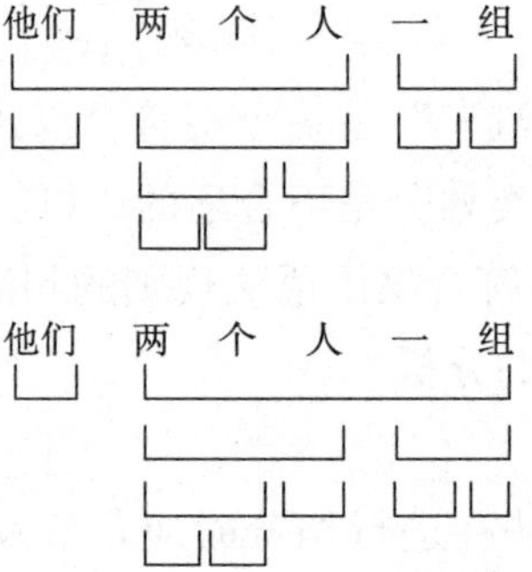

层次分析法也存在一定的局限：（1）层次分析法相对句子成分分析法来说有些复杂和繁琐。（2）层次分析法不易分化因语义结构关系所形成的歧义。例如，“他谁也不认识”，既可以理解为“他不认识任何人”，也可以理解为“任何人都不认识他”。也就是说，动词“认识”的对象既可以是“谁”，也可以是“他”。这类语义多指向引发的歧义，用层次分析法是不易解释清楚的。

（三）句法结构的语义分析

句法结构是结构形式与语义内容的统一体。句法结构分析不仅要对句法结构的结构层次、句法关系以及句子的句型、句类进行分析，而且应对句法结构的语义结构进行分析。句法结构的语义分析主要涉及语义关系、语义指向和语义特征三个方面。

1. 语义关系

语义关系指的是隐藏在句法结构背后的由词语的语义范畴所构成的隐性关系。例如：

①客人来啦。

②来客人啦。

③二愣子刚洗完。

例①是主谓结构，语义上“客人”与“来”是“施事—动作”关系。例②是述宾结构，语义上动词“来”与“客人”是“动作—施事”关系。例③的句法结构是主谓结构，语义结构层面却是一个歧义结构：“二愣子”与“洗”既可以构成“施事—动作”关系，具体意义是“二愣子刚洗完某物”；也可以构成“动作—受事”关系，具体意义是“二愣子刚把自己洗完”。以上例句中“施事”“受事”与“动作”所呈现的种种关系就是语义关系。例句显示，主语不等于施事，宾语也不等于受事。同一种语义关系，可能构成不同的句法关系，如例①、②；同一种句法结构关系，也可能构成多种不同的语义关系，如例③。

现代汉语句法结构中的语义关系多种多样。语义分析较常关注的语义关系是动词与名词之间的语义关系以及名词与名词之间的语义关系。

在动词与名词的语义结构关系中，名词所承担的诸如施事、受事等语义内容，称为语义角色，名词常见的语义角色有施事、受事、与事、系事、工具、结果、处所、时间等。例如：

老总撕毁了合同。（施事：动作行为的发出者）

花瓶摔碎了。（受事：动作行为的承受者）

老师奖给我一个漂亮的笔记本。（与事：动作行为的间接承受者）

涛涛还是个孩子。（系事：连系动词连接的对象）

刚子在用铅笔答题。（工具：动作行为凭借的器物）

他一晚上写了一万字。（结果：动作行为产生的结果）

姑姑嫁到了二十里外的小山村。（处所：动作行为发生的处所）

会议定在明天吧。（时间：动作行为发生的时间）

名词与名词组成的句法结构，语义结构层面也存在丰富复杂的语义关系。这里仅举领属、质料、类属、来源等几种常见的类型。例如：

我们的教室（领属关系）

木头房子（质料关系）

黑白电视机（类属关系）

来自天堂的消息（来源关系）

2. 语义指向

语义指向是指句法结构中某一句法成分跟其他成分之间所存在的语义上的关联。例如：

①火车迅速开了过来。

②老师和蔼地劝说了英子半天。

③同学们整齐地排成一队。

三个例句加点的成分都是状语，修饰后面的谓语动词。例①的“迅速”在语义层面重在描述动词“开”的速度，语义指向谓语动词。句法结构的修饰关系与语义层面的语义指向一致。例②的“和蔼”重在描写“老师”的态度，语义指向句首的主语；例③的“整齐”重在描述“一队”队列的队形，语义指向句尾的宾语。句法结构的修饰关系与语义层面的语义指向则是不一致的。

句法成分在不同的句子中可以有指向主语、宾语、谓语动词等多个不同的语义指向。不仅状语如此，补语、定语也有类似的情况。这里不妨以补语为例，考察补语分别指向主语、宾语、谓语动词的三类不同的语义指向。例如：

①张三踢完了球。

②张三踢累了球。

③张三踢破了球。

三个例句加点的成分都是补语，补充说明前面的谓语动词。例①“完”语义层面重在补充说明“踢”这一动作行为的结束，语义指向动词谓语。例②的“累”语义层面重在说明主语“张三”疲劳的状态，语义指向主语。例③的“破”语义层面重在描述“球”破损的状况，语义指向宾语。

3. 语义特征

句法结构中词与词的搭配组合既有一定的句法限制，也有一定的语义限制。语义特征是指某词语相对于其他词语，符合某种语义组合选择的有区别性特征的最小语义成分。例如，和“死”搭配的名词通常必须具有［＋生命］这一语义特征。试比较：

①胖娃踩死了三只蚂蚁。

②河边的柳树枯死了大半。

③＊水里的鹅卵石全死了。

“蚂蚁”、“柳树”都是有生命的物种，具有［＋生命］这一语义特征，因此，例句①、②中的语义组合都是合格的。“鹅卵石”是无生命的事物，不具有［＋生命］这一语义特征，因此“鹅卵石死”的语义组合是不合格的。

语义特征分析不仅有助于说明词语搭配，而且有助于人们通过词语组合的语义特征限制，解释某些涉及语义特征限制的句式。例如：

①台上坐着教书先生。

②台上唱着黄梅戏。

两个句法结构的结构层次和层次关系都相同，具体如下：

NP_1	+	V 着	+	NP_2
主		谓		
		述		宾

但是，两个句法结构的句式变换情况却不尽相同。试比较：

①台上坐着教书先生→教书先生坐在台上　　＊台上正在坐着教书先生

②台上唱着黄梅戏→＊黄梅戏唱在台上　　台上正在唱着黄梅戏

比较发现，“坐”“铺”“盖”类动词，都是具有［＋附着］语义特征的动词。由此类动词构成的句法结构，通常具有例①的句式特征。“唱”“下”“演”类动词，都不是具有［+附着］语义特征的动词。由此类动词构成的句法结构，通常具有例②的句式特点。试比较：

台上铺着红地毯。

屋外下着鹅毛大雪。

四、句法结构歧义分析

所谓“歧义”，是指同一语言片段可以有多种不同的意义理解或解释。语言里的歧义现象大致有语音歧义、词语歧义和句法歧义等不同情况。语音歧义主要发生在口语交际中，歧义多是由于同音词造成的。例如，“期中”和“期终”语音完全相同，意义不同，口语中很容易产生歧义。词语引发的歧义，多是由于一词存在多种意义造成的。例如，“他走了好长时间了”。“走”既可以理解为“行走”，也可以理解为“离开”。“走”的意义不同，对“他走了好长时间了”的理解也会有明显差别。

句法结构歧义是指因句法、语义因素所引发的，同一句法结构存在多种不同的意义理解或解释。句法结构分析应关注的内容有二：其一，导致句法结构歧义的因素；其二，分化句法结构歧义的方法。下面分别讨论。

（一）导致句法结构歧义的因素

1. 层次构造

句法结构往往具有一定的层次性。相同语言成分所构成的线性序列，有时可以存在多种不同的层次结构分析。层次结构不同，意义也有一定差别。例如：

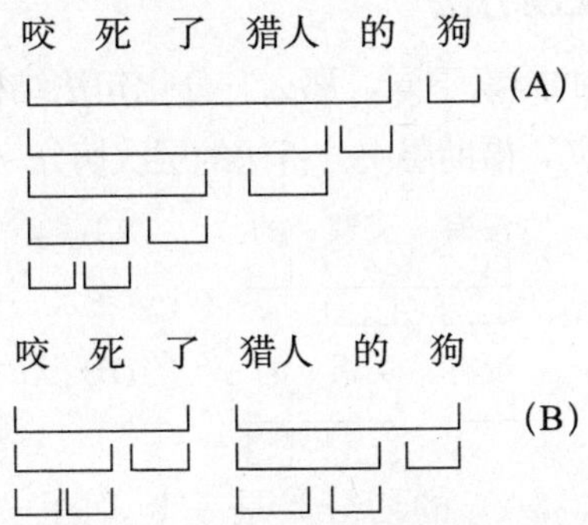

从层次构造角度分析，“咬死了猎人的狗”既可以采取（A）的切分，也可以采取（B）的切分。（A）种切分，整个短语是个定中关系的偏正结构，表达的意思是“狗咬死了猎人”。（B）种切分，整个短语是个述宾结构，表达的意义是“猎人的狗被咬死了”。

2. 句法结构关系

句法结构关系是指句法结构所呈现的主谓、述宾、述宾、述补、偏正等语法结构关系。有些句法结构只有一种层次结构切分，但直接成分之间却可以分析理解为不同的句法结构关系。例如：

进口设备　出租汽车

学习文件　研究方法

上述例子都既可以理解为偏正关系，也可以理解为述宾关系。就拿“进口设备”来说，既可以理解为偏正结构关系，表达的意思是“进口的设备”；也可以理解为述宾结构关系，表达的意义是“从国外购买进一些设备”。

3. 语义结构关系

所谓语义结构关系，是指潜藏在句法结构关系背后的，诸如施事和动作、受事和动作、动作和处所、动作和工具之类的种种语义关系。同一个句法结构有时可以分析为不同的语义结构关系，有着不同的意义理解。例如：

反对的是他

他谁也不认识

在火车上写字

爸爸的草鞋

“反对的是他”中的“他”既可以是动作施事“反对者”，也可以是动作受事“被反对的对象”。“他谁也不认识”既可以理解为“他不认识任何人”，也可以理解为“所有人都不认识他”。“在火车上写字”既可以理解为“火车上”这一处所位置是动作行为“写”的处所，也可以理解为它是书写结果“字”所在的位置。“爸爸的草鞋”既可以理解为爸爸编制的草鞋，也可以理解为爸爸穿的归属于他的草鞋。上述例子显然都属于语义结构关系引发的歧义。

（二）分化句法结构歧义的方法

既然，导致句法结构歧义的因素不同，那么，分化句法结构歧义的方法也有所不同。句法结构由于层次构造引发的歧义，借助层次分析法的层次切分一般可以分化其歧义。例如：

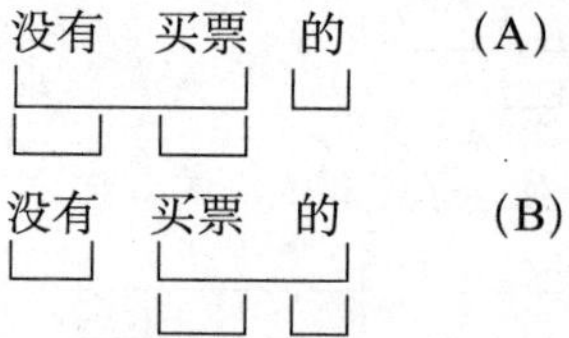

“没有买票的”如果采取（A）的切分，是一个“的”字结构，表达的意思是“有些人没有买上票”。如果采取（B）的切分，是一个述宾结构，表达的意义是“买票的人一个人也没有”。

句法结构由于句法结构关系引发的歧义，只要能够清楚揭示直接成分之间的语法结构关系，就可以分化歧义。例如：

长三尺　厚三寸

深六米　重六斤

上述四例都既可以理解为主谓结构关系，也可以理解为述补结构关系。就拿“长三尺”来说，既可以是主谓结构，表达的意思是“长度有三尺”；也可以理解为述补结构关系，表达的意义是“长了三尺”。

句法结构由语义结构关系引发的歧义，既然表现为动作行为与施事、受事、工具、处所的语义结构关系方面存在多种理解，表现为名词与名词领属、类属、质料之类的语义结构关系方面有多种分析，那么，有效揭示并区分句法结构隐含的多种语义结构关系，将是分化这类歧义的关键。例如，“反对的是他”和“他谁也不认识”的歧义，大致可以借助句法结构的变换分析来揭示句法结构因语义结构关系所引发的歧义。例如：

反对的是他→他反对

反对的是他→他是被反对的

他谁也不认识 → 谁也不认识他

他谁也不认识 → 谁他也不认识

显然，层次分析法的切分与直接成分关系的定性分析，可为有效分析层次构造、句法结构关系两类因素引发的歧义提供便利。而变换分析可为分化语义结构关系引发的歧义提供有益的启发和思考。事实上，语义结构关系引发的歧义结构，如果置于合适的语境，歧义也可以分化出来。就以“爸爸的草鞋”为例，试比较：

爸爸的草鞋一直卖得很好

爸爸的草鞋都穿了十年了

五、几种特殊的句式

（一）“把”字句

“把”字句是用介词“把”引出受事者并对受事者加以处置的句子，基本格式是“甲＋把＋乙＋怎么样”。例如：

李明把瓶子打碎了。

快把你的书整理好。

“把”字句的谓语通常是由及物动词来充任的，例如：

孩子不小心把衣服划破了。

老板又把伙计打了一顿。

“把”字句的谓语有时也可以是形容词。例如：

你看把老李着急坏了。

这次可把我累死了。

“把”字句中“把”的宾语一般都是有定的对象，谓语部分在意念上能够支配、影响到“把”字后的宾语，能够对宾语所指的对象有所处置。例如：

老汉把门槛砍了。

你快把文章看完。

“把”字句的动词谓语不能是一个光杆动词。例如：

我把作业写完了。

快把自己的书整理好。

如果把动词后的成分去掉，句子就不成立了。

“把”字介宾结构状语应紧靠动词谓语。助动词和否定副词不能置于动词之前，将介宾结构与动词谓语隔开，通常放在介宾结构的前面。例如：

看他能把你怎么样。

他没有把这件事放在心上。

（二）被动句

主语为受事的句子叫被动句。被动句的类型很多，有的在动词谓语前，用“被、给、叫”等词引出施事者，有的单用“被、给”等，不出现施事者。例如：

瓶子被猫打碎了。

瓶子被打碎了。

他给人骗了。

他给骗了。

有的被动句甚至连“被、给、叫”等介词也不出现。例如：

瓶子打碎了。

衣服洗完了。

被动句的主语是受事，通常是有定的主语，也就是说，主语所指的对象通常是有定的。例如：

那个衣着华贵的人被逮捕了。

村口的老槐树被大风吹倒了。

被动句的谓语动词不能是光杆动词。例如：

大伯让儿子给气疯了。

衣服淋湿了。

如果将动词后的成分去掉，句子就不成立了。

“被”字句中的能愿动词与否定词必须放在“被”字的前面。例如：

他可能会被老板炒鱿鱼。

他没有被老板炒鱿鱼。

（三）连谓句

连谓句是由连谓结构充任谓语或由连谓结构单独构成的句子。例如：

赶快下地干活去吧！

咱们骑着驴子看唱本，走着瞧。

连谓结构的特点：(1) 两个谓词性成分都与句子的主语有密切的语义关系。(2) 两个谓词性成分在意义上有一定的联系，次序固定，不能倒换。例如：

您推门进去吧。(两个谓词性成分表示前后连续发生的两个动作)

林平有病不能来上班。(前一成分表示后一成分的原因或假设)

我去图书馆看书。(前一成分表示方式，后一成分表示目的)

连谓结构的谓词性成分可以是两项，也可以是三项、四项，甚至更多。例如：

你坐这儿看看报吧。

你坐这儿看看报等我一会儿。

你进来坐这儿看看报等我一会儿。

连谓结构表面很像联合结构。试比较：

联合结构	连谓结构
上天入地	下河摸鱼
唱歌跳舞	跳着唱歌
进去还是出来	进屋暖和暖和

连谓结构与联合结构的区别：

(1) 从结构上看，联合结构前后两个部分次序可以颠倒，连谓结构一般不可以。试比较：

联合结构	连谓结构
上天入地→入地上天	下河摸鱼→*摸鱼下河
唱歌跳舞→跳舞唱歌	跳着唱歌→*唱歌跳着
进去还是出来→出来还是进去	进屋暖和暖和→*暖和暖和进屋

(2) 从意义上看，联合结构前后两部分意义比较简单，通常是并列、选择等关系，但连谓结构的情况就复杂得多。试比较：

联合结构：

上天入地（并列关系）

唱歌跳舞（并列关系）

进去还是出来（选择关系）

连谓结构：

下河摸鱼（两个谓词性成分表示前后连续发生的两个动作）

跳着唱歌（前一动作表示后一动作的方式）

进屋暖和暖和（前一成分表示方式，后一成分表示目的）

（四）兼语句

兼语句是由兼语结构充任谓语或由兼语结构单独构成的句子。例如：

你快请客人进来。

长官命令手下开车。

他在陪客人聊天。

兼语结构是由一个述宾结构与一个主谓结构套叠而成的一种复杂句法结构，述宾结构的宾语兼任主谓结构的主语。例如：

请客人进来。

命令手下开车。

兼语句的格式是“NP_1＋ V_1＋NP_2＋V_2”，之所以称为兼语句，是因为此类句子包含一个兼语成分 NP_2。NP_2 既是第一个动词谓语 V_1 的宾语，又是第二个动词谓语 V_2 的主语。

兼语句的第一个动词通常包含使令性意义。例如：

机长命令机械师打开舱门。

老师派我去拿作业。

请医生来看看吧。

我想求你帮个忙。

也有一些不包含使令性意义的动词用于兼语结构中。例如：

你快打发他回老家吧。

老师通知李明到办公室去一趟。

有位朋友要来。

这房间没有人来过。

兼语句与主谓结构作宾语句比较容易混淆，要注意分辨。例如：

我命令他马上回来。(兼语句)

我听说他马上回来。(主谓结构作宾语)

如果我们用 V 表示动词，VP 表示动词性短语，NP 表示“我、他”之类的词语，那么两个句子都可以表示为“NP_1＋V_1＋NP_2＋V_2”的形式。

(1) 从 V_1 的意义来看，兼语句的 V_1 通常具有使令性意义，如“命令”。而主谓结构作宾语句的 V_1 一般不具有使令性意义，如“听说”。

(2) 兼语结构前后动作 V_1V_2 之间存在因果联系，“回来”是接受“命令”的结果。主谓结构作宾语的 V_1V_2 间不存在因果联系，后一动作“回来”只是“听说”所关涉的内容，但不是前因后果的关系。

(3) 从语句的停顿方面看，主谓结构作宾语的 V_1“听说”后，可以有停顿，即“我听说/他马上回来”，而兼语结构 V_1“命令”后一般不可以有较长的停顿，如“我命令/他马上回来”这样的停顿，是不太符合普通话常规语调要求的。

(4) 主谓结构作宾语的 V_1＋NP_2 中间可以插入一些语言成分，如“我听说他马上回来”可以插入扩展为“我听说没人希望他马上回来”。而兼语结构中的 V_1+NP_2 中间不可以插入其他语言成分，如“我命令他马上回来”就不可以插入扩展为“我命令没人希望他马上回来”。

（五）存现句

存现句是指以处所词语作主语，表示某处存在、出现或消失某人、某物的一类句子。例如：

操场上站着两个人。

树上有个鸟窝。

屋里少了两件东西。

存现句可以分为存在句和隐现句两类。存在句表示某处存在某人或某物，存在句的谓语动词通常带动态助词“着”或“了”。例如：

大厅里坐着一位老汉。

天空中飘着朵朵白云。

筐里放了二斤鸡蛋。

隐现句表示某处出现或消失某人、某物。隐现句的谓语动词后通常加动态助词“了”或趋向补语。例如：

远处传来阵阵歌声。

河边跳下去一个人。

房间里丢失了两张桌子。

（六）双宾句

谓语动词之后出现近宾、远宾两层宾语的句子叫双宾语句。例如：

李明送给我一本书。

我借他十元钱。

大家叫他狗剩。

双宾语句有如下一些特点：

（1）动词通常是“给、送、赠、借、拿、问、叫”等表示给予、接受、询问、称说的动词。例如：

朋友送我好多礼物。

我借了哥哥两元钱。

老师问了李明三个问题。

（2）距离动词近的宾语为近宾语，近宾一般是能够给予或接受事物的人或物；距离动词较远的宾语为远宾语，远宾通常指物。例如：

我给朋友写了一封信。

林平扔给猫儿一条小鱼。

（七）倒装句

倒装句是指句子成分次序颠倒了的句子。例如：

怎么啦，你？

快滚出来，你这个坏蛋。

下课了，已经。

通常情况下，主谓结构的次序是主语在前，谓语在后。偏正结构的次序是修饰语在中心语前。上述例句句法成分的次序，明显都是颠倒了的。

倒装句具有如下一些特点：

（1）倒装句的语句重音一般在前置的语言成分上，意义重心也在前置的成分上。例如：

下课了，已经。

快滚出来，你这个坏蛋。

（2）有些句子句尾有语气词，倒装后语气词跟着前置成分一起前置，不能放在句尾。例如：

你怎么啦？→怎么啦，你？

你快走啊！→快走啊，你！

（3）倒装句属于变式句，句法成分可以复位，复位后的句子意义基本不变。例如：

怎么啦，你？→你怎么啦？

快走啊，你！→你快走啊！

句子倒装的原因主要是说话者为了突出想表达的重点，将所强调的内容放在前面。有时也是由于说话急促或是一些其他原因，先说出了下文，之后忽然想起漏掉的上文内容，再做补充，从而产生了倒装。

第六节 复 句

学习要点

- 复句及其特点
- 联合复句的具体类型

- 偏正复句的具体类型
- 多重复句及其分析
- 紧缩句

一、复句及其分类

复句是由两个或两个以上意义有密切关联的分句组成的一类语言单位。复句具有如下一些特点：（1）复句的几个分句意义上相互关联，结构上互不包含。（2）一个复句通常只有一个语调，句末有较长的停顿。书面标点方面表现为句末有句号、问号或感叹号。分句间停顿相对较小，书面标点上表现为有逗号或分号。（3）复句内部分句间的关系通常用关联词语来表达，也有不用关联词利用意合法构成的复句。（4）复句各分句的主语可以相同，也可以不同；可以省略，也可以不省略，视具体情况而定。例如：

只有努力学习，才能取得好成绩。

他站得太久了，腿都酸了。

无论你什么时候来，我肯定都会得到消息的。

我想走，他也想离开。

根据复句内部分句间的逻辑语义关系，复句可以分为联合复句、偏正复句两类。联合复句的各个分句地位平等，不分主次，如并列复句、选择复句、顺承复句、解说复句、递进复句等；偏正复句的各个分句地位不平等，有主要、次要之别，如转折复句、条件复句、假设复句、因果复句、目的复句等。

二、复句的类型

（一）联合复句

1. 并列关系

并列关系表示几种情况或一种情况几个方面的并列。并列关系内部可分为并举、对举两类，常用的关联词如表 4—4 所示（表中内容只是举例，并不是穷尽列举所有关联词，以后列表不再说明）：

表 4—4

并举	单用	也；又；还；同时；同样；另外
	合用	既……也（又）　……又……又……　一边……一边……　有时……有时……
对举	单用	而；而是
	合用	不是……而是……　是……不是……

并举关系是指几个分句表示的几种情况或一种情况的几个方面并存。例如：

雨停了，月儿爬上了树梢。

他既是篮球队员，又是排球队员。

未来是你们的，也是我们的。

对举关系是指前后分句的意义相反或相对。例如：

不是你的，而是他的。

要讲团结，不要搞分裂。

2. 选择关系

选择关系是指提出几种情况，从中作出选择的一种关系，具体表现为“或此或彼”“非此即彼”或“与其此，不如彼”等。选择关系常见的关联词如表 4—5 所示。

表 4—5

<table>
<tr><td rowspan="3">未定选择</td><td rowspan="2">多项选一</td><td>单用</td><td>或（者）；或是；还是</td></tr>
<tr><td>合用</td><td>或（者）……或（者）……或（者）　……是……还是……还是……</td></tr>
<tr><td>两项选一</td><td>合用</td><td>要么……要么……　不是……就是……</td></tr>
<tr><td rowspan="3">已定选择</td><td rowspan="2">先舍后取</td><td>单用</td><td>与其……不如……</td></tr>
<tr><td>合用</td><td>还不如；倒不如</td></tr>
<tr><td>先取后舍</td><td>合用</td><td>宁可（宁肯、宁愿）……也不……</td></tr>
</table>

选择关系内部还可以分为未定选择与已定选择两类。所谓未定选择是指说出两种或多种情况，由听话人去选择。例如：

或是你去，或是我去，或是他去。

不是鱼死，就是网破。

所谓已定选择是指选定其中一种，舍弃另一种的选择关系。例如：

与其这样，还不如不来呢。

我宁可撕了，也不给你。

3. 顺承关系

顺承关系表示连续发生的几个事件。常用的关联词语如表 4—6 所示。

表 4—6

<table>
<tr><td rowspan="2">顺承</td><td>单用</td><td>再；便；然后；接着；</td></tr>
<tr><td>合用</td><td>首先……然后……　刚……就……</td></tr>
</table>

顺承关系的分句之间存在先后相承的语义关系。例如：

他穿好衣服，就出门去了。

一道闪电过后，接着就是一阵震耳欲聋的雷声。

你先喝口水，然后再干活。

4. 解说关系

分句间具有解释说明关系的一类句子称为解说关系复句。解说关系一般不使用关联词语。例如：

李明有两套《毛泽东选集》：一套是中文版本，一套是英文版本。

一种是教条主义，一种是经验主义，两种都是主观主义。

5. 递进关系

递进表示意思更进一层。递进关系复句的各个分句，意义上往往由轻到重、由小到大、由浅入深、由易到难，或者是由重到轻、由大到小、由深到浅等。分句意思逐层递进，语势上也有所加重。递进关系复句必须用关联词，常见的关联词如表 4—7 所示。

表 4—7

递进	单用	且；更；还；而且；并且；甚至；尤其；尚且
	合用	不但……而且……　不仅……还……　尚且……何况……

有些递进关系复句的多个分句，只使用一个表示递进关系的关联词语。例如：

风越来越大了，而且还飘起了雪花。

北京的气温都降到了零下，何况哈尔滨呢。

有些递进关系复句的多个分句，合用两个表示递进关系的关联词语。例如：

雨不但下得大，而且下得急。

林森两米的个子尚且摸不到，何况你这个一米六的“离天高”呢。

（二）偏正复句

偏正复句，也叫主从关系复句，各分句有主要、次要之别。表示主要意义的叫主句，表示次要意义的叫从句。主句与从句之间的关系主要有以下几种：

1. 转折关系

转折关系复句的主句与从句，意义相对或相反。该类复句常用的关联词语如表 4—8 所示。

表 4—8

转折	单用	可；却；可是；只是；不过；然而
	合用	虽然……但是……　尽管……却……　虽说……然而……

有些转折关系复句只利用“可、但是”等关联词语表示两个相反或相对的意义。例如：

你想去，可我不想去。

我请求他帮我一把，但是他拒绝了。

有些转折关系复句则是先利用“尽管、虽然”等词表示让步，再在主句中说出相反的意义。例如：

天气尽管很冷，大家却跑出了一身的汗。

麻雀虽小，五脏俱全。

他虽然个子不高，但是跳得非常高。

2. 因果关系

因果关系复句的从句说出原因，主句说出结果。该类复句常见的关联词见表4—9。

表 4—9

说明	单用	由于；所以；因此
	合用	因为……所以……
推论	单用	就；既然；可见
	合用	既然……就……　　既然……那么……

因果关系复句有说明性因果复句与推论性因果复句两类。所谓说明性因果复句是以既定的事实为根据，来说明事物的原因或结果的一类复句。例如：

因为天气太热，所以要注意防暑。

计算机最近常出问题，是由于感染了计算机病毒。

推论性因果复句是以某种事实为根据，来推断可能产生的结果的一类复句。例如：

既然你不讲理，就别怪人家给你翻脸了。

这么简单的题你都不会做，可见平时没好好学。

3. 条件关系

条件关系复句的从句提出条件，主句表示满足条件情况下所产生的结果。该类复句常见的关联词见表 4—10。

表 4—10

有条件	充足条件	单用	便；就
		合用	只要……就……　　一旦……就……
	必要条件	单用	只有……才……　　除非……才……
		合用	
无条件		合用	无论……都……　　不论……都……　　不管……都……

条件关系有无条件、有条件两类。例如：

只要他认错，我就原谅他。（有条件复句）

无论谁，都不能无故旷课。（无条件复句）

有条件复句内部还可分为充足条件、必要条件两类。充足条件表示从句表示的条件是主句的充足条件，有了条件，就能产生相应的结果。例如：

一旦暴露，就会前功尽弃。

只要得罪他，就别想过安静的日子。

必要条件表示从句的条件是主句的必备条件，缺少了这个条件，就不能产生主句的结果。例如：

只有你，才能说服他。

除非再打几眼井，否则不能解决全镇人的吃水问题。

无条件复句通常利用“不论、不管、无论”等关联词，表示无论在何种情况下都会产生某种结果。无条件复句主句中的变化结果排除一切条件，即不以从句提出的条件为变化依据。例如：

不论是谁，一律不见。

不管刮风、下雨，他都照常上班。

无论是谁，都不能搞特殊。

4. 假设关系

假设关系复句的从句提出假设，主句表示假设条件实现后所产生的结果。该类复句常见的关联词语如表 4—11 所示。

表 4—11

一致	单用	那；那么；就；则
	合用	如果（假如、假使、假若、倘若、要是）……就（那么、那、则、也）……
相背	单用	也；还
	合用	即使（就是、纵使、纵然）……也（还）……

假设关系可分为一致关系和相背关系两类。

一致关系是指假设的条件如果成立，结果就会实现，假设和结果是一致的。例如：

如果你准时到的话，就不会错过这次会面了。

要是你不答应的话，他肯定会跟你翻脸的。

相背关系是指假设和结果不一致，从句与主句的意义是相背的。例如：

即使你跪下求他，他也不会答应的。

纵然天塌下来，她也不会嫁给你的。

相背关系一般是从句先承认假设的事实，主句再表达不因假设事实的实现而改变。意义上有点近似于转折复句。假设的相背关系与转折复句不同，最主要的区别在于，假设关系复句表达的一般是未实现的事情，转折关系表达的一般是已然实现了的事实。例如：

纵然屋子塌了，我也不会迈出屋门半步。（假设关系）

虽然屋子塌了，但是他仍没有迈出屋门半步。（转折关系）

5. 目的关系

目的关系复句的从句表示采取某种动作和行为，主句表示动作、行为所达到的目的。该类复句常见的关联词语如表 4—12 所示。

表 4—12

达到目的	单用	以；以便；用以；借以；好；好让；为的是
避免出现	单用	以免；免得；以防

有些目的关系复句表示希望达到某种目的。例如：

多存些钱，用以将来买房子。

现在省吃俭用，为的是将来能过上好日子。

有些目的关系复句则表示避免出现某种事情。例如：

小点声，以免吵醒了孩子。

带上伞吧，以防下雨。

三、复句的紧缩与扩展

（一）紧缩句

紧缩句是分句与分句紧缩在一起形成的句子。例如：

人见人爱。

他一看就会。

孩子非去不可。

紧缩句作为一种特殊的语言单位，既同单句、复句有相近之处，又同单、复句存在一定差别。

紧缩句是由一般复句紧缩而成的一类句子，它和一般复句一样内部都具有两层或两层以上的逻辑语义关系。紧缩句与一般复句的不同之处在于，紧缩句的句子形式是紧缩的，它通常只有一个主语、一个谓语，句中没有语音停顿。紧缩句出现在复句中的时候，只算一个分句。紧缩句就句子的形式而言有点近似于单句。

紧缩句虽然简短如单句，但与单句相比，又有明显不同。紧缩句包含着复句的一些逻辑语义关系。紧缩句无论多简单，最少也包含两层意思，它稍加扩展，就能恢复成一般复句。而单句再复杂通常也只包含主谓结构关系所呈现的一层意思。再者，多数紧缩句有关联词“一……就……”“非……不可”等，单句却没有。例如：

一学就会。（顺承关系，紧缩句）

他非去不可。（条件关系，紧缩句）

我们不见不散。（假设关系，紧缩句）

他不学也会。（假设关系，紧缩句）

我学会了。（单句）

李明不能不去。（单句）

我们在电影院门口见面吧。(单句)

天天不学习，所以成绩下降了不少。(因果关系，复句)

他刚刚学完，就会做了。(顺承关系，复句)

假如我做错了什么，你要提醒我。(假设关系，复句)

紧缩句精练明快，常在口语中使用。紧缩句根据其有无关联词可以分为无标志紧缩句、有标志紧缩句两类。有标志的紧缩句又存在两种情况：有的紧缩句中关联词成对出现，有些紧缩句中只使用单个关联词。

(1) 无标志的紧缩句，例如：

山呼海啸。

人逢喜事精神爽。

(2) 只使用单个关联词的紧缩句，例如：

也：不吃饭也要把作业做完。

就：你请我就来。

都：任何人都要吃饭。

又：想哭又不敢哭。

(3) 关联词成对出现的紧缩句，例如：

不……不……：理不辩不明。

非……不……：他非去不可。

一……就……：我一有空就来看你。

不……也……：你不干也行。

再……也……：再苦也不怕。

越……越……：这人越来越怪了。

(二) 多重复句

1. 什么是多重复句

只包含一个关系层次的复句叫单重复句，包含多个层次关系的复句叫多重复句，多重复句是单重复句的扩展。

多重复句的类属一般根据多重复句的第一层关系来确定。例如：

一个人如果没有远大的理想，‖没有崇高的生活目标，|就不可能把个人的

(并列) (假设)

才能充分发挥出来，‖也不能成就一番事业。

(并列)

2. 多重复句的分析

多重复句的句子往往比较长，层次也比较复杂，因此，在分析多重复句层次关系时一定要注意以下三方面的问题：

（1）多重复句的层次。

多重复句是有层次的。分析多重复句时一定要注意按照复句的层次，由整体到局部逐层分析，一直分析到分句为止，不可跨层分析。例如：

①人不犯我，‖②我不犯人；｜③人若犯我，‖④我必犯人。
（假设）　（并列）　（假设）

例句是一个两重复句。首先，①、②和③、④分别构成了假设关系复句。之后，两个假设关系复句作为分句再次并列组合，构成并列关系的并列复句。复句层次关系分析的第一层应划在②、③句之间，不可跨层分析。如果跨层分析，可能会影响到对多重复句结构层次关系的正确理解和把握。

（2）分句间的逻辑语义关系。

多重复句是由多个小分句按照一定的逻辑语义关系层层组合而成的一种结构层次较为复杂的复句。因此，分析多重复句时一定要注意考察分句间相对比较复杂的逻辑语义关系，并进而准确把握分句与分句间的层次关系。例如：

①我赞美白杨树，‖②因为它不但象征了北方农民的性格，‖③尤其象征了今天我们民族那种质朴、坚强、力求上进的精神，｜④所以我总是用我的笔来颂扬它。
（因果）　（递进）　（因果）

例句是一个三重复句。②、③两句是“①我赞美白杨树”的原因，由于“①我赞美白杨树”，所以“④我总是用我的笔来颂扬它”。多重复句的第一层应在③、④之间，为因果关系；第二层在①、②之间，也为因果关系；第三层在②、③为递进关系。如果不仔细分析各分句间的逻辑关系，单纯根据句子表面的几个关联词，有可能将复句的“因为、所以”对应起来，将①、②之间划为第一层，将③、④之间划为第二层，这样就曲解了复句内部各分句间的逻辑语义关系。

（3）多重复句中的关联词。

有些多重复句，分句与分句之间常常有关联词语来标志它们之间的逻辑语义关系。有时虽然没有关联词，但也能按照分句间的逻辑语义关系补出关联词。关联词是分句间逻辑语义关系的形式标志。划分复句层次关系时，一定要注意把握关联词语所体现出的分句间的组合关系。例如：

①因为我们是为人民服务的，｜②所以我们如果有缺点，‖③就不怕别人批评指正。
（因果）　（假设）

例句为两重复句。通过复句中的关联词，人们可以较为迅速地把握复句的层次关系。①、②两句有“因为”、“所以”对应，为因果关系；②、③两句有“如果”、“就”

对应，为假设关系。整个复句外层的关联词是“因为……所以……”，因而第一层应划在①、②之间；“如果……就……”嵌套在“因为……所以……”的内部，因而②、③应划为第二层。

第七节　常见的语病

学习要点

- 什么是病句
- 病句常见的类型
- 修改病句的基本原则
- 辅助检查语病的两种方法

一、什么是病句

病句是指不合乎规范、在表述功能方面有毛病的句子。所谓规范，具体表现为句子内部某些成分不合乎语法组合规则或语义搭配的要求。所谓表述功能，是指句子在人们交际中的交际效果。病句指的是那些既不合规范、又在表述功能方面有缺憾的句子。

现代汉语中有些结构成分可能与人们熟悉的语法规则、语义规则不符合，如“养病”“打扫卫生”“恢复疲劳”“速效感冒颗粒”等；也有一些句子，在语法规则、语义搭配、逻辑方面存在值得推敲之处，如“我在箱子里放衣服”“你俩是学什么乐器的？他是钢琴，我是二胡”等。这些语言成分或句子从语法规则、语义搭配、逻辑方面仔细分析，虽然不太合乎现代汉语的规范，但是，在表述功能方面却是没有什么问题的。古人讲：“辞，达而已矣。”这些只是不太合乎现代汉语的语法规则和语义搭配，但在表述功能方面没有什么问题的结构成分或句子，我们通常并不认为它们有语病。

二、病句常见的类型

（一）用词不当

1. 实词误用

人们在选词造句的时候，不仅要注意实词的概念意义，还要注意词语的具体语法功能，以防词语误用。例如：

①李明已经很熟练这项复杂、精细的技术了。

②他拿着二本书从图书馆走了出来。

③你中途退出，独自走了，留下咱们怎么办呢？

①句的“熟练”是一个形容词，不能带宾语，“熟练”应改为“熟悉”。②句量词前的数词，通常不用“二”，应改为“两”。③句“咱们”是包括听话人在内的包括式，用在此处不合适，应改为“我们”。

2. 虚词误用

汉语中的不少虚词，用法十分复杂，某些用法相似或相近的虚词更是让人难以分辨，某些虚词与同形的实词在语义方面也常容易发生混淆。人们在使用这类虚词时一定要小心注意。例如：

①这届毕业生有两百多人取得了硕士和博士学位。

②大家都觉得这件事情发生得特别忽然。

③他在屋子不知做什么。

④你应当对于自己负责。

①句“和”是表并列关系的连词，一人不能同时取得两个学位，因而“和”应改为表选择关系的“或”。②句“忽然”是副词，不能做谓语，“忽然”应改为形容词“突然”。③句由介词“在”构成的介宾结构表方位，应是“在……里（方位词）”的格式，方位词不可漏掉。④句“对于”应改为“对”，“对”有“对待”、“向”的意思，该句语境只能用“对”，不能用“对于”。

（二）成分残缺

成分残缺是指句子中缺少必不可少的成分。成分残缺具体表现为主语、谓语、宾语、定语等句法成分的残缺。例如：

①通过这学期的刻苦学习，使我的学习成绩有了明显提高。

②李明在聚精会神看书的时候，突然一个陌生的声音。

③省委、省政府认真总结了造成这种落后状况的经验和教训，明确树立起了依靠科学技术，加快解决这一突出矛盾。

④在旧社会，我家原有七口人，后来母亲被迫卖掉了两个哥哥和一个妹妹。

①句缺主语，去掉“通过”或者是去掉“使”就可以了。②句中有主语“李明”，却不见了陈述说明“李明”的谓语部分，在“突然”的后面补出“听到”就可以了。③句的谓语“树立”是个及物动词，后面没有支配的对象，缺少宾语，句子不完整。在“矛盾”之后加上“的思想”就可以了。④句的“哥哥”“妹妹”究竟是“母亲的”，还是“我的”表述有歧义，原因在于“两个哥哥”前缺少修饰限制的定语。“两个哥哥”前加上“我的”，句子表意就准确完整了。

（三）成分冗余

成分冗余是指句子中出现了不应该出现的赘余成分。冗余成分容易导致句子的重复、累赘、不合逻辑等。例如：

①这种破坏环境危害人们身体健康的做法我们坚决加以反对。

②这项工程短期内不可能很快完工。

③最近学校经常发生出一些奇奇怪怪的事情。

①句“加以”多余，去掉就可以了。②句既然有了“短期内不可能”来限制“完工”，就不需要再用“很快”来限制谓语动词了，应删去“很快”。③句的“发生”本身就有“出现”的意义，不需要再加“出”，应删去。

（四）句式结构杂糅

表达同一个意思往往有多种表述形式。每种表述形式常常有它自己的独特之处。说话、写文章时常常会出现这样的状况：既想用甲种句式，又舍不得乙种句式；而想用乙种句式，又舍不得甲种句式。犹豫不决的结果常常会导致将两种说法混在一起，造成句式杂糅。例如：

①我们需要技术人员具有相当熟练的技术才能把工作干好。

②水的化学成分是两个氢原子和一个氧原子化合而成的。

①句属于句式杂糅，本句可以拆分出两个句子，“我们需要技术人员具有相当熟练的技术”，“技术人员具有相当熟练的技术才能把工作干好”。②句是由“水的化学成分是两个氢原子和一个氧原子”和“水是两个氢原子和一个氧原子化合而成的”两个句式杂糅在一起构成的。修改的方法是在杂糅的句式结构中选择其中的一种句式来表述。

（五）搭配不当

句法成分的语义搭配表现在多个方面，如主语谓语、述语宾语、修饰语与中心语、述语和补语等。遣词造句时一定要仔细斟酌，避免错误的搭配。

①狂风暴雨哗哗地下起来。

②风一阵阵吹来，树枝摇曳着，月光、树影一齐摇动起来，发出沙沙的响声。

③他们冒着倾盆大雨和泥泞的道路，向山里走去。

④茂盛的树叶遮蔽了天空。

⑤那位商人沉思了一下，才离开。

①句的“狂风”与“下”不搭配，应改为“暴雨伴随着狂风哗哗地下起来”。②句“月光、月影”可以摇动，但是不可以发出响声。应将“发出沙沙的响声”提到“月光、树影”的前面。③句“冒着”和“泥泞的道路”不搭配，应改为，“冒着倾盆大雨，沿着泥泞的道路”。④句“树叶”不能用“茂盛”修饰，应改为“茂密”。⑤句的“沉思”与“一下”不搭配，将“一下”改为“许久”就可以了。

（六）语序有误

语序有误是指某些句子由于部分词语次序不当，导致语义模糊或不合逻辑。例如：

①这个问题在群众中广泛引起了讨论。

②午夜打更人的梆子声打破了宁静的小镇。

③旧社会，外祖父穷得揭不开锅，七岁的母亲被迫卖给了人家。

①句“广泛引起了讨论”语序有误，应改为“引起了广泛的讨论”。②句“宁静的小镇”应改为“小镇的宁静”。③句的“七岁的母亲”应改为“母亲七岁时”。

三、修改病句的原则

修改病句，目的是纠正句子有毛病的地方，使句子能够正确地表达。修改病句并不是改写句子，因而修改病句不仅要忠于句子的原意，而且要尽量保持原句的句子结构。修改病句要求针对病因修改病句，有些病句的病因可以从多个角度去分析，此类病句选择其中的哪一种改法都可以。有些病句只能有一种改法，那就必须对症下药，进行修改。修改病句如同给病人做手术一样，能够解决问题的手术越小越好，修改病句也要求在尽可能的情况下做最少的改动。

四、检查句子语病的两种方法

汉语是我们的母语。人们在检查句子是否有语病时要充分利用母语这个优势，首先从语感的角度判断句子是否有病，然后再根据所学的现代汉语知识理性地去分析病因，检查句子是否有语病。检查语病最常用的方法有以下两种：

（一）简缩法

简缩法是将比较长、比较复杂的句子先进行简化，然后再检查句子病因的一种方法。句子结构越长、越复杂，病因就越隐蔽、越不容易发现。如果将句子的枝叶剔除，检查主干，就比较容易发现主干的一些问题；如果主干没问题，我们就可以把主要的注意力集中到枝叶部分，这样化整为零各个击破式的检查，比较便于检查出句子的病因。例如：

李明已经很熟练这项复杂、精细的技术了。

句子简缩之后的主干是“李明熟练技术”，三个词语中“熟练”和“技术”显然不搭配。简缩法使得隐蔽的病因变得相对比较突显。

（二）模拟法

模拟法是指仿照要分析的句型造出相同格式的一批句子，通过比较检查原句是否有语病。例如：

他刚才在屋子不知做什么来着。

有时某个句子是否有毛病，一时不太容易判断，但是如果我们仿照它再造出一些句子，情况就不同了。试比较：

*在黑板写字。

*在椅子坐着。

*在墙画圈。

通过模拟比较，语病就比较容易发现了。以上四句中的"在＋名词"组合，名词后都缺方位词。运用模拟法仿造句子时一定要注意：仿造句式一定要与原句格式一致。另外，仿造句子要尽量选择生活中较为常用的句子。

本章小结

本章主要讲述现代汉语语法方面的基本知识，全章共七节。

第一节"语法概述"重点讲述语法的定义、特点以及现代汉语语法的基本特点。目的是使学生在深入学习现代汉语语法之前，先对语法的含义、现代汉语的语法特点有一个初步的了解。

第二节"语素和词"主要讲述语素和词这两级语法单位，并重点介绍现代汉语词的内部构成。同学们在学习时不仅要注意基本概念的掌握，如实语素、虚语素、单纯词、合成词、词根、词缀、合成词的结构类型等，而且要学会分析现代汉语语词的内部构造。

第三节"词类"重点从词的语法功能方面对现代汉语的词的分类进行讨论和分析。同学们在学习时不仅要熟悉各词类的语法功能，而且要懂得词类划分的基本标准。词有兼类、活用等不同语言现象，同学们学习时要注意区分。

第四节"短语"主要从短语的结构和功能两方面对现代汉语的短语进行考察和分析，其中，短语的结构类型是本节学习的重点。

第五节"单句"内容主要包括：第一，现代汉语的句型和句类；第二，构成句子的句法成分；第三，句法结构分析；第四，句法结构歧义分析；第五，现代汉语几种特殊的句式。同学们在学习时一定要注意结合语言实际来掌握这部分内容，要学以致用，将书本上的语法知识与语言实践相结合。

第六节"复句"主要包括复句的类型、多重复句的划分和紧缩句等内容。分句间的逻辑语义关系和关联词是人们理解复句、把握复句的关键。同学们在学习本节内容时应首先熟悉掌握复句的基本类型，在此基础上进行多重复句的分析。紧缩句既不同于单句，又不同于复句，要注意紧缩句独特的句式特点。

第七节"常见的语病"包括什么是语病、病句常见的类型、修改病句的原则、辅助检查语病的两种方法等内容。本节的重点不在于学生记住了多少知识，而在于学生是否能把本节所学的知识运用到自己的语言实践当中去。

本章的目的是使同学们通过语法基本概念、基础理论的学习，理解掌握现代汉语语法的一些语法规律和特点，要求学生能够根据所学的理论知识对现代汉语语法系统中的一些重要语法现象进行简要分析，并能够对一些有语病的句子进行修改。

关键概念

语法	单纯词	合成词	实语素
虚语素	替换	词根	词缀
联绵词	成词语素	自由语素	黏着语素
词类	虚指	任指	词的兼类
词的活用	短语	扩展	层次分析法
句子	句型	句类	非主谓句
独词句	选择问	施事	受事
主语	谓语	主谓谓语句	准宾语
可能补语	兼语句	被动句	存现句
复句	多重复句	紧缩句	病句

思考题

1. “语法”这一术语在人们的日常口语中有哪些含义？
2. 你的方言或你所学过的某种外语有没有同普通话语法规则不一样的地方？
3. 举例说明语法的抽象性和递归性。
4. 举例说明现代汉语的语法特点。
5. “老人”和“老虎”中的“老”有什么区别？
6. “雪白、冰凉、火热”是陈述式合成词吗？
7. 现代汉语划分词类的标准是什么？
8. 副词“很”不能修饰限制动词吗？
9. “我们”和“咱们”有什么区别？
10. 词的兼类和词的活用有什么区别？
11. 词的兼类和同音词有什么区别？
12. 现代汉语中的词可以划分出多少词类？
13. 实词和虚词有哪些区别？
14. 举例说明短语有哪些基本结构类型。

15. 举例说明短语的一些特殊结构类型。
16. 导致句法结构产生歧义的因素有哪些？
17. 举例说明可以分化句法结构歧义的方法。
18. 举例说明词、短语和句子的关系。
19. 不完全主谓句与非主谓句有什么不同？
20. 举例说明疑问句的类型。
21. 句子的主语一定是动作行为的施事吗？
22. 能够充任主语、谓语的材料有哪些？
23. 举例说明述宾结构常见的一些语义关系类型。
24. 举例说明述补结构的类型。
25. “洗得干净”可以有“洗不干净”和“洗得不干净”两种否定式吗？为什么？
26. “定中结构”与“状中结构”的不同主要表现在哪几个方面？
27. 如何区分兼语句与主谓词组作宾语的句子？
28. 举例说明“把”字句的特点。
29. 举例说明被动句的特点。
30. 复句与单句有哪些不同？
31. 举例说明紧缩句的特点。
32. 简要说明修改病句的基本原则。
33. 常见的病句类型有哪些？

第五章　语　用

第一节　语用概述

学习要点

- 什么是语用
- 言语交际的基本过程
- 言语交际的基本原则
- 言语行为
- 构成言语行为的要素
- 话语结构

一、什么是语用

语用指的是语言在特定语境中的实际运用。语用研究的对象是特定言语交际环境中话语的表达和理解。例如：

今天天气真热。

没有语境，句子本身表达的意义是“今天气温很高，人们感到热”。但是，如果有了语境，相同的一句话就未必传递出与句子字面意义完全相同的信息。比如，有人如果在门窗紧闭的房间里说“今天天气真热”，话语传递的信息可能是“天气真热，可不可以打开门窗”。如果房间里有电扇、空调之类的降温设备，话语传递的信息也可能是“今天天气真热，可不可以打开房间内的电扇、空调”。结合语境来把握发话人“今天天气真热”的说话意图，实际就是在理解分析“今天天气真热”的语用义。

话语的语用义与话语的字面意义不同。话语的字面意义是话语本身语言符号所指的意义，它通常揭示的是话语字面本身的意思。相反，话语的语用义通常不注重话语本身说了些什么，而是侧重于发话人话语之外的具体意图是什么。例如：

甲：你怎么迟到了？

乙：你看我的自行车。

单纯从话语的字面意义来理解，“你看我的自行车”的回答与“上班迟到”没什么关系。但是，如果结合“自行车爆胎”的情景来理解“你看我的自行车”，就不难知道乙迟到的原因了。

话语在特定语境中的语用义通常具有如下特点：

第一，话语意义的具体化。例如：

我是一名学生。

句子“我是一名学生”，单纯从字面上理解，意思是第一人称“我”是一名学生。句子如果处于一定的语境中，则会使第一人称“我”同某一具体的人结合在一起，表述一定的具体意义。比如，这句话如果是张三说的，那么这句话传递的具体信息是“张三是一名学生”。这句话如果是李四说的，那么这句话传递的具体信息就是“李四是一名学生”。

第二，话语具有一定的言外之意。例如：

下雨了。

句子“下雨了”在没有语境的情况下，只是表示“天空落下雨滴”。如果用于特定的场合，便会具有一定的言外之意。假如有个成年人正拉住要出门的孩子说“下雨了”，言外之意就是“不要出去了”；如果某人在挽留客人时说“下雨了”，言外之意是“留客”；如果某人一边忙着向另一人手里塞雨伞，一边说“下雨了”，言外之意则是“带上伞，别让雨淋着”。

语言在特定的语境中使用，往往具有特定的语用意义。人们在平时的言语交际中，无论是言语表达，还是话语理解，只注意语言的字面意义是不够的，应在理解语言意义的基础上，把握语言的语用意义。

二、言语交际及其基本原则

（一）言语交际概述

言语交际是发话人与听话人交互传递话语信息的动态过程，具体表现为发话人结合具体情景，将自己的话语信息传递给受话人；受话人结合具体语境理解发话人的话语意图，并根据言语交际规则作出适当的反馈。发话人与听话人一次最基本的言语交际过程大致包括话语表达、话语传递、话语理解等三个步骤：（1）话语表达。话语表达主要是发话人表达话语信息的过程，具体表现为语言的编码和输出。语言的编码是发话者将自己的语用意图转为内部语言的过程，它是一种心理活动。发话者如果产生了交际的愿望，有了要表达的语用意图，便会将自己内心的意图编码，转变为内部言语。语言的输出是发话者将内部语言输出的过程，它是一种生理、物理并存的活动。语言输出有两种：一种是负载于语音上的输出——“说”；一种是负载于文字上的输出——“写”。语言的两种输出方式都是发话者指令自己相应的生理器官来完成的。(2) 话语的传递主要是发话人通过语音或文字载体将信息传送给受话人的过程。(3) 话语理解主要是听话人接收话语信息、理解话语信息并作出适当反馈的过程，具体表现为语言的接收、解码和反馈。语言的接收主要是听话人利用自己的感觉系统、听觉系统获取发话人传递来的话语信号。语言的解码主要是听话人利用自己的大脑对话语信息进行编译，理解发话人的表达意图。语言的反馈主要是受话人理解话语并作出反应的过程。

（二）言语交际的原则

人们正常的言语交际并不是将一系列毫无联系的话语进行随意组合，交际的双方在语言交流中通常要遵循一定的会话原则，以保证言语交际顺利进行。

1. 合作的原则

合作原则要求语言参与者在参与交谈时，要尽量使自己所说的话语符合所参与交谈的会话目的或方向。具体表现为以下几个方面：

(1) 相关原则。相关原则要求语言参与者所说的话要切合交谈的话题，问而不答或答非所问都不符合相关原则。

(2) 真实原则。真实原则要求语言参与者说的话应是真实的，或是具有足够证据的话语信息，不要说自知虚假或证据不足的话。

(3) 信息量原则。信息量原则要求语言参与者所说的话应当包含当前交谈所需要的信息量，多于或少于交谈需要的信息量，都不符合信息量原则。

(4) 说话方式。语言参与者所说的话应清楚、明白、简练、有条理，避免晦涩、歧义。

言语交际中，语言参与者如果相互遵循合作原则，就会大大提高信息传递的效率，使得言语交际顺利进行，如果言语交际的一方不遵循合作原则，通常情况下，可能会导致言语交际的终止，或者是将交际的话题引向歧途。例如：

甲：你的老家在哪儿?

乙：在地球上。

甲：(走开了……)

乙的回答超出了交谈需要的信息量，违背了合作原则中的信息量原则。乙故意违背合作原则的原因可能是，他不愿意告诉甲自己的老家在哪儿。甲听了乙的话后，感觉到乙的态度不够友好，极有可能会终止两人的交谈。

日常生活中，语言参与者故意违反合作原则的情况并不罕见。说话人违背合作原则的情况有多种。较为常见的是：有些语言参与者直接宣布不遵守合作原则。如说话人直接说出“无可奉告”之类的话语。有些语言参与者悄悄违反某一原则，而听话人还不知道，误以为发话人还在遵循合作原则。比如撒谎，发话人已经违背真实的原则，而听话人还不知道。悄悄违背某一原则常常会把听话人引入歧途，使听话人上当受骗。

在某些特殊情况下，语言参与者为了遵守某一准则，不得不违反另一原则。例如：

甲：张三多大了？

乙：二三十岁。

乙只知道张三的大概年龄，却不知道张三的确切年龄。乙在回答甲的问话时为了遵循真实原则（他所知道的信息就是“二三十岁”），不得不违反信息量的原则。

有时语言参与者故意违反合作原则让听话人觉察，以达到某种特殊的目的。听话人也会从发话人违背合作原则的做法中觉察出发话人的意图。例如：

孩子：妈妈，我想看电视，行吗？

妈妈：你的作业怎么办？

孩子：好吧，我做完作业再看。

妈妈故意违背合作原则，答非所问。孩子会很容易从妈妈违背合作原则的话语中体会出妈妈的话语意图。

2. 得体原则

合作原则对于言语交际来说无疑是重要的，但是它仍不能解释言语交际中的一些复杂现象，比如人为什么有时遵守合作原则，直截了当地说话，有时又违反合作原则，委婉曲折地交谈呢？解释这些现象，还会涉及得体原则问题。

得体原则要求语言参与者在言语交际中为适合特定语境，采取委婉曲折的方式说话，使话语具有最佳的表达效果。得体原则具体表现在礼貌、幽默、克制等方面。

（1）礼貌。

礼貌要求语言参与者在言语交际中必须遵守一定的社会礼貌规范。日常生活中有非语言手段的礼貌，如给人让座；也有语言手段的礼貌，如语言中合理使用礼貌用语。语用得体原则中的礼貌，更侧重于言语交际中话语的礼貌。比如，说话时要多注意听话人的感受，多使听话人受益，少发表一些损人利己的话语。说话的态度尽量保持与听话人一致，避免交谈中感情的分歧等。

礼貌是协调交际双方人际关系的重要手段，注重礼貌是全人类的共性。不过，礼貌也是有民族性的，一个民族所认同的礼貌方式，另一民族未必认为是有礼貌的。说话时要尽量注意不同民族在礼貌表达方式上的差异。

（2）幽默。

说话风趣而又意味深长，是幽默。语言幽默风趣，可以增添言语交际中的情趣，相对缓解交际双方的矛盾，消除隔阂，因而在某些特殊场合中常常能获得比较得体的语用效果。

“幽默”，语言表面形式上固然风趣，表达的内容却常常是庄重的话题，常常是外谐内庄，富有哲理，与“诙谐”、“滑稽”等不完全相同。人们在言语交际中运用幽默原则时一定要注意幽默的格调与情趣，不要太庸俗，要注意在适当的场合使用幽默。

（3）克制。

克制要求语言参与者在言语交际中尽量克制自己的情绪，以保证言语交际的顺利进行。生活中常有这样的情况，交际的双方由于不注意克制自己，说话的火气越来越大，最后导致言语交际终止，武力相见。相反，有些人首先克制住自己的情绪，没有直截了当地去斥责他人，而是采取相对委婉的方式来表达自己对别人的不满或责备，就有可能收到较为理想的效果。克制也是会话得体的一个重要原则。

三、言语行为

（一）言语行为的定义

言语行为，简单理解就是语言运用的行为。言语交际是交际双方相互传递话语信息的语言运用过程，这一动态过程实际上是由一个个的言语行为构成的。言语行为是人们利用言语来实现各种语用意图的行为，是言语交际的基本单位。

（二）构成言语行为的要素

构成言语行为的要素有三个：言语行为的主体、话语信息和语境。

1. 言语行为的主体

言语行为的主体具体表现为言语交际中的发话者和受话者，因为言语交际是靠发话者和受话者的相互交流来完成的。

发话者在言语交际中是话语的发出者，发话者的言语行为具体表现为言语的表达，即语言的编码和输出。发话者的言语表达有两个关键要素：一是发话者的语用意图；二是发话者的语用策略。任何一个发话者，发话的目的都是试图通过具体的话语实现自己内心的话语意图，并且希望通过合适的语用策略获得最理想的语用效果。比如，如果发话者向听话人直接说：“请坐！”显然，发话者的语用意图是请听话人坐下，采用的语用策略是利用直接请求的方式表达自己的意图。而如果发话者搬过一条凳子，向听话人说：“累了吧！”发话者的语用意图同样是请听话人坐下，采用的语用策略则是利用言外之意来表达发话者的语用意图。

受话者在言语交际中是话语的接收者，受话者的言语行为具体表现为言语信息的接收，即话语信息的接收和解码。受话者通过听觉系统、视觉系统获取发话者传递来的话语信息，将接收的信息送到大脑进行解码，理解所接收的话语信息。

受话者在言语交际中并不是一个被动的听话人，为了能准确理解发话者的话语意图，受话者在接收信息时要注意把握话语中的关键信息，并联系语境中的具体线索，通过合理推测，来理解领会发话者的会话意图。例如：

甲：你今天上班吗？

乙：今天星期天。

“星期天”是公休的日子，一般情况是不上班的。乙的回答显然是针对甲的问话，迂回曲折地给出了“我不去上班”的答案。

2. 话语信息

话语信息是言语交际过程中言语行为所传递的具体内容。话语信息的传递是维系言语交际使会话得以顺利进行的关键环节，言语交际中的口头话语信息或书面话语信息是言语行为得以存在的要素。

日常生活中的言语交际类型多种多样，有的是相互传递某种信息，有的是相互交流彼此的感情，有的是彼此宣泄内心的感慨等。无论哪种言语交际类型，话语信息的传递都是交际的主要目的。例如：

请您站高一点。

把窗户关上吧。

做完作业再看电视吧。

上述句子都是发话人要求听话人做某事的话语信息。发话人将上述内部传递给听话人之后，听话人如果接受发话人的话语信息，就会针对上述话语信息作出相应的反应，以保证言语交际的正常进行；相反，听话人如果不接收发话人的话语信息，就不会按照发话人的话语意图作出适当反应。话语信息的传递受到阻碍，言语交际也就不能继续进行了。

生活中有些问候语，情况比较特殊。例如：

您好！

最近过得挺好吧！

吃了吗？

问候语多为生活中的客套、寒暄，表面似乎并不传递任何信息，但是，言语交际中的问候语实际上也在传递着某些信息。如“您好！”“最近过得挺好吧！”“吃了吗？”等。发话人在向听话人发出问候时，虽然并不注重表达发话人对听话人好坏的评价，对听话人生活质量的关注，以及对听话人吃饭与否的关心，却向听话人传递着“问候”“联系彼此感情”的语用信息。听话人如果能够从问候中体会出发话人的情感信息，作出适当反应，言语交际就可以继续进行。如果听话人没有领会发话人言语外的情感信息，没有作出适当的反应，话语信息的传递终止，言语交际的进程也可能会就此终止了。

3. 语境

语境是人们运用自然语言进行交际的言语环境，即言语行为发生的环境。言语行为发生所依赖的语境是多方面的，通常有以下几种情况：（1）情景语境。所谓情景语境，指的是言语行为发生所依赖的情景因素，比如言语发生的时间、地点、场合等。言语交际总是在一定的时间、地点以及某种特定话题场合下进行的，要想准确把握言语交际中具体言语的意义，时间、地点、具体场合等情景因素不可忽略。（2）上下文语境。不少言语本身并不是孤立存在的一句话，而是处于上下文之中的话语语句，把握此类言语的意义，自然不可忽略上下文语境的重要作用。（3）言语主体的历史文化背景。所谓言语主体的历史文化背景，是指言语行为的主体或者说言语行为的施行者在历史文化、风俗习惯等方面所具有的特征。不同言语行为主体的历史文化背景不同，其话语表达和理解也会存在一定差异。如果想实现效果最优的话语表达，想准确理解别人的话语信息，言语主体的历史文化背景也是不可忽略的重要信息。

语言是人类最重要的交际工具，语言的交际功能通常有特定语境的支持才能圆满地实现。语境对于言语交际来说，无疑有着重要的作用。

（三）言语行为的类型

言语交际是由言语行为来实现的。人们借助言语交际中传递话语信息，通常会实施以下三种不同类型的行为：言内行为、言外行为、言后行为。

1. 言内行为

所谓言内行为，指的是语言系统内部的言语行为，即发话人以语言系统（语音、语汇、语法等）为基础，将所要表达的言语意图表示为合适的话语。所有的言语行为都是围绕着话语本身的意义来发生的。“言内行为”的所有言语行为都是用话语的字面意义来表示交际意图的，即“以言指事”。

2. 言外行为

所谓言外行为，指的是发话人结合语境，采用特定语用策略，将话语传递给听话人的言语行为。“言外行为”所涉及的言语行为，通常表现为发话人结合语境，并借助一定的言语来实现特定会话意图的行为，即“以言行事”。

3. 言后行为

所谓言后行为，指的是受话人接收了发话人的话语信息之后所产生的反应。受话人接收到发话人的话语信息之后，通常能结合语境把握到发话人的语用意图，并作出适当反应，即“以言成事”。

四、话语结构

话语结构是指由一定数量语句构成的、具有一定完整性的书面语篇或口语会话所呈现的结构。它通常分为语篇结构和会话结构两类。

(一)语篇结构

1. 语篇的构成

语篇,也称篇章,是由一定数量语句构成的、具有一定交际完整性的书面话语。例如:

> 说起绍兴的黄酒,那实在比绍兴的著名师爷还著名,无论是雅人墨客,无论是贩夫走卒,他们都有这常识:从老酒上知道的绍兴。
>
> 在绍兴的乡下,十村有九村少不了酿酒的人家。随便跑进哪一个村庄,照例是绿水萦回,竹篱茅舍之间,点缀着疏疏的修竹;这些清丽的风景以外,最引人注目的,就是那广场上成堆的酒坛了。坛子是空的,一个个张着圆形的口,横起来叠着,打底的一层大概有四五十只,高一层少几只,愈高愈少,叠成一座一座立体的等边三角形:恰像是埃及古国的金字塔。酒坛外面垩着白粉,衬托在碧琅琅的晴空下,颜色常是非常的鲜明愉快。要是凑得巧,正赶上修坛的时节,金字塔便撤去了,随地零乱地摆着,可是修坛的声音显得十分热闹,——那是铁器打着瓷器,一种清脆悠扬的音乐般的声音:叮当,叮当,……合着疾徐轻重的节奏,掠过水面,穿过竹林,镇日在寂静的村落中响着。
>
> (柯灵《酒》)

从语篇组构的角度看,语篇由小句、句组、段落等大小不等的语篇结构单位,按照一定的组构模式构建而成。其中,小句是最小的语篇单位,整部或整篇的话语作品是相对具有一定交际完整性的最大语篇单位。从语篇内容展开的角度看,语篇是由话题推进逐步展开的。话题推进构成话题链和义群,并进而构成段落情节和篇章。

2. 话题的推进

话题是个语篇概念,是小句陈述说明的对象,也是话语表述的起点。例如:

> 那部话剧,我已经看过好多遍了。
>
> 这个话题,我想从两个方面去谈。

话题推进构成的更高一级单位,叫话题链。话题链具体表现为篇章中的一个片段,它通常由一个话题引导,由多个小句组构而成。例如:

> 你在钟的表面轻轻敲击一下,它就会发出悦耳的声音。
>
> 那只船并没有靠岸,而是顺江继续漂流,此后就再也没有了音信。

在语篇组构过程中,话题的层层推进,话题链的构建,是组句谋篇的基础。话题推进的方式多种多样,有的是话题延伸式推进,有的是述题延伸式推进。例如:

> 这本书已经出版多年了,我却一直没有能够买到它。
>
> 你想去北京,我也想去。
>
> 从前有座山,山上有座庙,庙里有个老和尚。
>
> 道路有曲有直,有起有伏,人生之路又何尝不是如此呢?

狂风吹不倒它，洪水淹不没它，严寒冻不死它，干旱旱不坏它。

上述例句前后小句的组合关系显示，有的是话题相同，有的是述题相同；有的是后续小句的话题源自前句的述题，有的是后续小句的话题由前句的述题派生出来。话题推进方式的丰富多样，无疑为人们组句谋篇开辟了广阔的空间。

3. 语篇的衔接和连贯

在语篇组构过程中，话题的推进固然重要，语篇的衔接和连贯，也是组接大小不同语篇单位构建语篇不可或缺的重要手段。语篇的衔接和连贯，最为常见的是回指和独立小句两类。

回指是指话题链中的后续小句与前句相关成分存在同指关系。它是语篇结构中最常见的一种衔接手段。例如：

①儿子来信说，他在外地身体很好，[ ] 生活得也不错。

②我买了本英文小说，书印得很好，[ ] 价钱也不贵。

③春天来了，可我人生的春天何时才会到来呢？

回指有代词回指，如例①中的“他”。有名词回指，如例②、③中的“书”和“春天”。也有零形回指，如例①、②最末小句用“[ ]”标示的承前省略的“他”和“书”。

独立小句是指语篇结构中单独出现，并不与其他小句组合构成话题链的小句。它在引领或总结段落话题内容、衔接语篇结构不同段落内容方面起着重要的作用。例如：

①故事还得从十年前那个冬夜说起。

依稀记得那个夜晚，雪下得很大，小镇的街上一个人影都没有，……

②天还没亮，我就得和小伙伴儿们一起往学校赶，跑过五里多地的山路，来到学校，快步进教室，把星星关到窗外。一天的学习就这样开始了。

第一节课是晨读。朗朗的读书声立刻驱散了山村黎明前的寂静。……

③……世界上唯一活着的狼孩儿被命名为“巴斯卡尔”。现在已经锻炼得能够用双腿走路。人们期望这个已经十岁的狼孩能够恢复说话与记忆，来讲述他的狼孩儿生活。但是这个期望是渺茫的。

例①中的独立小句位于段首，在语篇结构中起到引领下文的作用。例②中的独立小句处于前一段落末尾，作用是引领后文内容，在语篇结构中起到承上启下的衔接作用。例③的独立小句用于段落末尾，有收束全段内容的作用。

（二）会话结构

会话是话语最基本也是最重要的形式，考察会话结构的一些基本情况，有助于人们分析话语的语用表现。

有些会话是有计划进行的交谈，不过，也有一些会话是无计划发生的对话。无论是有计划进行的交谈，还是无计划发生的会话，都是有结构的话语，都有一定的结构。

会话结构问题比较复杂，有些问题尚在研究之中，这里只简要介绍会话结构中较为常见的几个基本问题。

1. 轮流说话

所谓轮流说话，指的是会话参与者交替发言。在绝大多数的言语交际中，交际双方的轮流说话是会话结构最为突出的表现。轮流说话要求，会话在某一段时间内只能有一人讲话，发话人的话语由开始到结束，完成一个话轮。该话轮结束后，发话者可以选择指定下一轮的说话人。如果发话者没有选择下一轮的说话人，会话的参与者可以自行选择，进一步展开会话。

会话中有时会发生多个人同时说话的情况，这种话语交叠的混乱状况通常会采用如下的方式来解决：一是发言人停止说话，出让发言权；二是发言人通过增大音量、减缓语速等手段来竞争发言权。轮流说话有时也可能会出现会话参与者均沉默的情况。沉默有可能是轮流说话的自然间隙，也可能是轮流说话中有原因的沉默。既然是轮流说话，无论哪种沉默，持续的时间通常都不会太长。为维持会话正常进行，就会有人适时选择发言权，打破沉默的僵局。

轮流说话式的言语会话，话轮是受轮流规则支配的最小单位。有的会话有多个话轮，如几个人相互交谈。有的言语交际可能只有一个话轮，比如领导作报告，电台、电视台的节目主持人播音等。一个说话人最初只能分配一个话轮，话轮单位的终止点往往也是变换说话人话语权的位置（转换关联位置）。话轮出现变换，支配轮流说话的规则也开始起作用。

2. 相邻对

相邻对是由相连的话轮前后相接所构成的会话单位，它是言语交际最基本的单位，也是日常会话中一种重要的结构形式。最典型的相邻对是相互问候、问话中的一问一答、请求中的求助与同意或拒绝等。例如：

问候：

甲：您好！

乙：您好！

一问一答：

甲：您去哪儿了？

乙：图书馆。

请求：

甲：把窗户关上，可以吗？

乙：可以。

相邻对必须满足的条件是，应答语与始发语有直接联系，或者是，应答语是始发语期待的应答内容等。

3. 修正机制

日常会话中常常是随想随说，有时因思考不周或一些其他原因，可能会发生一些口误，说错一些话，这时候就需要及时地对前面讲错的话语进行补充和修正。例如：

天上飞的那是什么鸟？

是鹰。

唔，不是鹰，是风筝。

4. 预示序列

预示序列是指说话人在对听话人实施某一动作行为之前所使用的用以探听虚实的一些话语。实施这类话语的主要动机是，考察有无向听话人实施某一言语行为的可能性。例如：

甲：有橡皮吗？

乙：有。

甲：能借我用一用吗？

乙：可以。

该例是一个请求预示序列。虽然句中没有“请”字，但话语表达的是“请求”的言语行为。

第二节 话语理解

学习要点

- 什么是语面意义
- 语面意义的理解
- 指示信息
- 什么是言外之意
- 言外之意的理解和把握

话语理解是受话人在言语交际过程中结合语境把握发话人说话意图的活动。发话人的话语意图有的比较明显，直接表现为话语的表面信息，有的不太明显，具体表现为话语信息之外的意义。话语本身直接反映出的意义，称为语面意义。话语在一定语境中所蕴涵的话语之外的发话人的话语意图，称为言外之意。

一、语面意义的理解

语面意义的理解主要是理解、把握话语的信息结构。话语的信息结构具体表现为话语本身各个语言成分在语言运用中所呈现出的具有不同交际价值的信息单元，如话语表达中的已知信息、未知信息、指称信息等。

（一）已知信息与未知信息

已知信息，也叫旧信息，指的是话语中发话人与受话人共知的信息。未知信息，也叫新信息，指的是话语中听话人不知道，发话人想要告诉受话人的信息。例如：

A：客人来了。

B：（家里）来客人了。

A句是一个主谓句，主语“客人”是已知信息，“来了”是未知信息，“客人来了”中的“来了”是发话人向听话人说明的焦点信息。B句的已知信息是“家里”，未知信息是“来客人了”。由于已知信息“家里”，交际的双方都已经知道，所以，发话人省略掉了它；未知信息“来客人了”是发话人向听话人陈述的重点内容。

已知信息是言语交际的双方都知道的信息，因而不是言语交际中信息传递的重点，而未知信息是听话人不知道的信息，因而是语句信息的重点。一般来讲，已知信息在前，呈现为信息结构的背景信息，未知的新信息在后，呈现为语句的焦点信息。语句信息常见的结构模式是“已知信息＋未知信息”。

特殊情况下，可能有新信息在前、旧信息在后的情况，不过，前置的未知信息通常要重读，也就是说，发话人要用语句重音对未知信息加以强调。例如：

怎么啦，你？

买不买这书，你们？

（二）指示信息

指示信息具体表现为指示词语所反映的语用信息。指示词语的指称通常以说话人为中心，以言语交际的时间、地点为参照点。例如：

本人初来乍到，人生地不熟的，请多关照！

本世纪初发生了三件大事。

例句中的“本人”和“本世纪初”就是两个指示词语。指示词语在不同的语境中，具体指示信息也有所不同。如“本人”，不同的人说“本人”，所指示的具体人肯定不同。再比如“本世纪”，如果上世纪说“本世纪”，“本世纪”指20世纪；如果现在说“本世纪”，它则指称21世纪。言语交际中，话语通常借助指示词语与语境直接联系在一起。人们在言语交际中如善于把握指示词语的指示信息，将有助于准确把握话语的语面意义。

指示信息有人称指示、时间指示、地点指示、社交关系指示、语篇指示等类型。

1. 人称指示

人称指示指的是用“你、我”等人称指示语来指称言语会话中以说话人为中心的其他言语参与者。例如：

老师：你们作一下自我介绍吧。

李冬：我叫李冬。

韩明：我叫韩明。

需要注意的是，语用层面的人称指示语“你、我”等词，虽然基于语法层面的人称范畴，它们却与语法学上的人称代词不同。人称代词是用来指称人的代词，人称代词的语义特征和语法功能都是代词自身决定的；人称指示语则不同，它的语义特征是词语本身与语境共同决定的，人称指示语是以说话人为中心组织起来的指示语，人称指示语在言语交际中的具体指称对象随说话人角色的变换而变换。例如：

甲：你吃了吗？

乙：吃了，你呢？

单纯从语法的角度分析，甲乙两人的所用的人称代词都是第二人称代词“你”。如果从语用的角度分析，结合语境就可看出两个“你”的发话人不同，甲话语中的人称指示语“你”以发话人甲为中心，指示的信息是“乙”，而乙话语中的指示语“你”以发话人乙为中心，指示的信息则是甲。

人称指示语与人称代词的差别还可以从下面的例子中去体会。例如：

我是一名学生。

如果句式变换为疑问句，则是：

我是一名学生吗？

上述的句式变换在语法上可能不会构成句法上的错误，但从语用的角度分析就有问题了。“我是一名学生”中的“我”，指的是发话人自己，如果将指示语“我”用于问句，就出现了发话人询问发话人自己的情况。日常生活中除了自言自语外，很少有发话人自己询问自己的情况，因而问句“我是一名学生吗”通常是不符合语用要求的。如果句式变换为“你是一名学生吗”，问题就解决了。显然，人称指示语在言语交际中要以说话人为基准，在言语交际中遵循“你、我”角色互换的原则。

2. 时间指示

时间指示指的是言语交际中借助时间指示语来指称相对于说话时间的各种时间信息。言语交际陈述各类事件，总要明确事件发生的时间，那些相对于说话时间的时间信息都是时间指示。例如：

今天　星期一　刚才　不久

时间指示语通常是以说话人说话时的时间作为参照点来计算的。例如：

今天我们去划船吧。

他刚才来过。

“今天我们去划船吧”中的时间指示语“今天”指的是说话人商量“去划船”的那一天；“他刚才来过”中的时间指示语“刚才”也是以发话人说话时间为基准的“刚才”。

言语交际中如果说话人的信息编码时间（说话时间）与听话人的接收时间是一致的，情况比较简单，时间指示信息比较容易把握。如果是预先录制节目、写信等，发出信息的时间与接收信息的时间出现了不一致，时间指示语的使用相对复杂一些。把握话语信息时一定要将时间指示语与节目制作的时间、写信的时间等结合起来分析。

时间指示语有的表示时点，有的表示时段，把握时间指示语的意义时一定要注意区分。例如：

明天来吧，八点学校门口见。（时点）

明天休息，办公室全天都没有人。（时段）

要求明天见面的“明天”语用意义指的是明天的某一个时间，是一个时点；通知明天休息多长时间的“明天”，语用意义指的是明天全天这一时段。

时间指示语中有历法时间单位和非历法时间单位的不同，也应注意区别。历法时间单位通常指某一固定的时间段，非历法时间单位通常指某一具体的时间。例如：

这是一月份的财务支出情况。

他是一月份来的。

“一月份的财务支出”中的“一月份”是历法时间单位，指的是从1号到31号的一月份，语用意义是一个时段。“一月份来的”中的“一月份”是非历法时间单位，指的是一月份中的某一个时间，是一月份里具体的某一个时间。

3. 地点指示

地点指示指的是利用“这里、那边”等地点指示语所指称的相对于说话人所处地点方位的某个空间位置。例如：

你到我这边来一点。

那边有一只山羊。

他拿来了两个面包，带走了一个鸡蛋。

话语中所有的地点指示信息都是相对于说话人所处的空间位置来表达的空间信息。

4. 社交关系指示

社交关系指示指的是利用“兄台、令爱”等关系指示语来指称相对于说话人的各类社交关系信息。例如：

兄台贵庚？

令尊贵体近来可好？

令郎真是才貌双全呢。

言语交际中，恐怕每个人都希望自己言语得体，具有绅士风度，那么，在特定的社交场合中使用符合自己身份的一些词语，选择恰当的能够准确体现言语交际双方社交关系的词语，就显得比较重要。父母儿女、亲戚朋友，不同的社交关系，所用的称呼语也各自有别。希望大家多留心，多体会，恰当地运用社交关系指示语。

5. 语篇指示

语篇指示也叫话语指示，或上下文指示，语篇指示语所指示的对象是语篇内前言后语之间的各种上下文关系。例如：

上面我们已经作过详细说明，这里就不细说了。

下面我们再讲两个问题。

由于人们的言语交际往往是在一定的时空条件下进行的，因此，言语交际中的语篇指示常常要用到时间指示词语和地点指示词语。例如：

前一章我们讲了语法。

关于这个问题，我想在这里详细说明一下。

语篇指示与文章的照应是两回事。照应是前后内容相互呼应，而语篇指示是利用指示语指前、指后的关系，如“前面、后面、这里、那里”等，它们的语篇指示信息就是利用这些指示语来表示与说话人所处语篇位置相对的语篇中的其他位置。

语篇指示虽然有些词语用的就是时间指示词语、地点指示词语，但是它与时间指示、地点指示也是有一定区别的。时间指示、地点指示的参照点都在语言之外的语境中，语篇指示的参照点则都在语篇结构的上、下文之中。例如：

前面有人吗？（地点指示）

前面我们已经讲过这个问题。（语篇指示）

地点指示语“前面”的参照点是说话人所处的位置，具体位置在语言之外的语境中。语篇指示语“前面”的参照点是说话人所处的语篇位置，在语篇的上、下文语境中。

二、言外意义的理解

说话人的意图有时不是靠语面意义传递的，而是靠言外之意来暗示的。例如：

职员：对面的学校已经放学了。

老板：唔，五点了，我们也下班吧。

单纯从字面意义看，职员所说的话与老板的话并没有必然的联系。联系“对面的学校一般下午五点放学”的语境就会知道，职员的话语意图并不表现为话语的语面意义，而是蕴涵在话语的言外之意中，“对面的学校已经放学了”的言外之意是“已经五点了，我们也该下班了”。

言外之意是以语面意义为基础的，听话人结合语境就可以推断出来。说话人在利用言外之意表达自己的言语意图时也应当注意，尽量让话语的语面意义与表达意图之间存在比较容易捕捉到的联系。

言外之意是语面意义之外的信息，是发话人没有明白说出的隐含信息。因而人们在结合语境分析话语的言外之意时，往往可以分析出多个言外之意。有的是说话人想要表达的一些话语意图，有的是话语附带的另外一些信息。例如：

甲：叫张三到办公室来一趟。

乙：老师，张三去邮局了。

乙的回答语面意义是“张三去了邮局”，话语的主要意图是“张三现在不能来”，属于话语表达的言外之意。除此之外，“张三去邮局了”还有一些附带的信息。如“有个叫张三的人”“附近有家邮局”等。

（一）要细心捕捉含有言外之意的语言信号

听话人在言语交际中如果从语面意义中把握了说话人的真正意图，理解自然就完成了。如果没有把握说话人话语的真正意图，就必须依靠一定推理去把握说话人的话语意图。有些言外之意与话语的语面意义关系比较明显，理解起来相对比较容易。有些言外之意与话语的语面意义关系不明显，这时就需要细心探寻话语中联系言外之意的重要的线索。

言语交际中，说话人故意违反合作原则是使话语具有言外之意的一个重要信号。如果言语交际中说话人按照合作原则来进行交谈，听话人完全可以根据语境来理解说话人的话语意图；如果说话人故意违反合作原则，话语传递的语面意义可能会出现不同程度的混乱。听话人此时如果意识到发话人已经违反了合作原则，就必须结合语境知识，借助推理把握说话人的意图。

1. 违反量的原则引发言外之意

甲：你跟李明、张三的关系怎么样?

乙：跟李明关系还不错。

甲问的是跟李明、张三两人的关系怎么样，乙的回答却是“跟李明关系还不错”，回答违反了合作原则中的信息量原则。乙违反合作原则的原因是，乙不愿意直接说出与张三关系不好，因而故意违反了合作原则，与张三的关系通过话语的言外之意可以反映出来。甲如果结合语面意义和语境，大致可以推测出“说话人跟张三的关系不怎么样”的言外之意。

2. 违反真实原则引发言外之意

小姑：嫂子，你说出这样的话，不怕丢人吗?

嫂子：我怕丢人，我怕丢人就不会一个大姑娘家让别人整天说三道四的。

“嫂子”都是已经结过婚的女人，不能算是大姑娘家，嫂子这里称自己“大姑娘家”，显然是违反了真实的原则。稍微有点头脑的人都会觉察到嫂子话语的言外之意是

“小姑子整天让别人说三道四的，真不怕丢人”。

3. 违反相关原则引发言外之意

甲：我写的毛笔字好不好？

乙：这字挺黑的。

甲：你看这个女孩子漂不漂亮？

乙：嗯，衣服挺漂亮。

上述回答，都答非所问，违反了相关性的原则，结合语境可以推断出“毛笔字写得不怎么样”、“女孩子长得不怎么样”的言外之意。

（二）言外之意的把握

受话人如果意识到发话人的话语中含有言外之意，就要结合语境合理推断发话人的话语意图。把握发话人的言外之意要注意以下几个方面：

1. 语面意义的合理推断

语面意义是发话人传递出的话语信息，虽然不是发话人的话语意图，却是发话人抛给听话人理解话语意图的重要线索，是听话人推断言外之意的出发点。因此，人们在推断话语的言外之意时，一定要注意语面意义的理解，根据语面意义进行合理推断。例如：

甲：你能给病人扎针吗？

乙：我以前当过五年护士。

当过护士的人，一般都学过注射，自然有能力给病人扎针，根据答语的语面意义可以合理推断出话语的言外之意。

有些话语的语面意义与言外之意的关联相对比较明显，言外之意的推断比较简单，人们比较容易把握说话人的话语意图。如果语面意义与言外之意的关联程度比较低，推理比较复杂，就不太容易把握说话人的意图了。听话人要仔细寻找语面意义与言外之意的关联信息，以把握发话人的话语意图。

2. 语境的联想

言语交际通常都是在一定语境中进行的，把握话语的言外之意离不开语境。例如：

甲：你去参加李明的婚礼吗？

乙：我听说张三也去。

乙究竟去不去参加李明的婚礼，单纯根据乙的回答不易推断，因为话语的语面意义与乙的话语意图关联程度太低。如果了解了乙与张三的关系不太融洽，结合语面意义与语境信息就可以大致推断出“乙因为张三去而不太想去”的言外之意。

3. 准语言的暗示

所谓准语言是指那些辅助传递信息的体态语、信息标志等。例如：

甲：你去不去看电影？

乙：……（摇摇头）

人们在言语交际中常常将准语言与话语配合使用，通常情况是准语言与说话人的表达意图基本一致。例如：

甲：你有孩子吗？

乙：（脸通红）人家还没结婚呢！

人们在理解发话人的话语意图时如果有效结合语面意义与准语言信息，通常会比较容易、比较顺利地把握发话人话语中的言外之意。

有些人说话常常存在准语言与语面意义不一致的情况。例如：

甲：我都告诉他们吧。

乙：好！你全都告诉他们吧，好好地说。（白了甲一眼）

乙的回答虽然同意甲把情况全部说出，但从乙的"递眼色"的准语言信息中可以看出，乙并不希望甲把事情全部说出来。

第三节　修　辞

学习要点

- 什么是修辞
- 修辞的基本原则
- 词语锤炼应注意的问题
- 语音节律调配应注意的问题
- 句式选用应注意的问题
- 修辞格的形式特点和作用
- 修辞格的综合运用

一、修辞与修辞的基本原则

修辞，顾名思义就是修饰词句的意思。话要说得明白，文章要写得漂亮，修辞的作用是不可忽视的。人们为了增强话语的表达效果，常利用各种方法和手段对话语进行修饰和锤炼，修辞实际是语言运用中不可或缺的重要内容。

修辞是对话语表现形式的选择、加工和调整。修辞的目的在于修饰话语的表现形式，增强话语的表达效果。从修辞与话语表达的关系上看，修辞仅仅是增强话语表达效果的一种重要手段，话语讲究修辞，是为了话语表达而修辞，而不是为了修辞而修辞，修辞应该根据话语表达的实际需要而修辞，而不应该单纯为了词句的漂亮而修辞。如果修辞形式是为话语内容服务的，做到了修辞与内容相统一，修辞形式会有助于话语的传情达意，有助于增强话语的表达效果。相反，如果修辞并不是为了话语内容服务，只是为了言辞的漂亮而修辞，结果只能是以辞害意，影响话语的表达。比如，“燕山雪花大如席”这一采用夸张修辞格的句子。中国的北部，冬天天气寒冷，雪花常常大如鹅毛。说燕山雪花像席子一样大，虽不完全符合事实，但是此类的夸张仍有一定事实基础。将“燕山雪花”夸张成“大如席”并不是毫无实际地追求词句的华丽，而是为了突出燕山天气寒冷，暴风雪的猛烈。夸张的形式与话语的内容达到了统一，所以，人们读了此句，并没感觉说话人在撒谎，相反却真切地体会到了“燕山鹅毛大雪飘飞”的情景。相反，如果说“广州雪花大如席”，则有可能会让人笑掉大牙。广州处于中国南部，一年四季很少下雪。修辞没有事实作基础，语句再美，话语也不会收到相应的表达效果。

修辞的实质是选择理想的表现形式进行话语表达，而话语表达又都是在一定语境中所进行的言语行为。修辞在修饰词句时绝对不能忽略了语境对修辞的限制与影响。语境是语言运用的环境，场合不同，条件不同，语境要求话语所使用的语词、表达方式也常常不同。话语表达如果能根据语境，选择最恰当的语词，选用最合适的表达方式，往往会收到比较好的修辞效果。例如：

他站住了，脸上现出欢喜和凄凉的神情；动着嘴唇，却没有做声。

这是鲁迅先生在《故乡》中对闰土的一段描写。作者在描写闰土的神情时选用了“欢喜”和“凄凉”两个词语。如果从字面意义上看，两个词语的意义是矛盾的。如果结合具体的语境，人们就不难体会到作者用词的准确。闰土与鲁迅小时候是好朋友，两人久别重逢，自然是有些“欢喜”。可闰土一考虑到自己的生活境况，再加上与鲁迅地位的差距，心头不免会产生一丝“凄凉”。

话语修辞具体涉及词语的选择、句式的选用、修辞格的运用等多方面的内容。

二、词语的锤炼

无论是说话，还是写文章，词语的运用都是最基础的一步。没有好的布料，难以做出高档的服装，没有好的砖瓦材料，难以建成优质的高楼大厦。没有恰当的词语，难以写出富有表现力的句子。因此，词语的锤炼在话语表达中起着重要的作用。

人们在锤炼词语时应同时注意词的概念意义和色彩意义两个方面，不仅要注意词语使用得是否准确，而且要注意选用的词语其色彩是否鲜明。

（一）用词要准确、贴切

词语运用首先要准确、贴切。只有准确、贴切的词语才能准确地表达说话人的思想感情，才能有效地表达说话人的意图。这里所说的准确、贴切，包含两方面的意思：一是词语要准确表达说话人的意图；二是词语要切合说话的语境，使言语有效地传递语言信息。

比如鲁迅先生在《孔乙己》中对孔乙己两次掏钱的动作的描写：

①他不回答，对柜里说，“温两碗酒，要一碟茴香豆。”便排出九文大钱。

②他从破衣袋里摸出四文大钱，放在我手里，见他满手是泥，原来他便用这手走来的。

孔乙己前后两次的处境不同，付钱的动作也迥然有别。“排、摸”两个普通动词，准确反映出主人公孔乙己前后不同的处境，不同的心态。

再比如《红楼梦》的不同版本对林黛玉动态的不同描写：

①话犹未了，林黛玉已走了进来。

②话犹未了，林黛玉已摇摇摆摆的走了进来。

③话犹未了，林黛玉已摇摇的走了进来。

三种描写的不同之处在于对林黛玉“走”的描绘。①句的“走”前除时间副词“已”外，没有其他修饰限制成分，只是平淡的叙述，没有具体动态的描写；②句“走”前用的是“摇摇摆摆”，用“摇摇摆摆”来描绘林黛玉轻盈的有病身躯，动作似乎有些太过，用词有些不准确。一是，林黛玉的病躯是经不起太重的“摇摆”的。二是，“摇摇摆摆”的动作不仅不能表现林黛玉的婀娜多姿，倒显得本人有些故意摆弄风骚。③句“走”前用的是“摇摇”，“摇摇”动作幅度较小，相对来说，比较准确地描绘出了林黛玉娇弱婀娜、步态轻盈的体态和神韵。

（二）用词要色彩鲜明

词语锤炼，要求用词色彩鲜明，具体说来就是要求人们在选词用字时，要在准确、贴切的基础上，选择最具表现力的词语。何谓最具表现力的词语呢？所谓最具表现力的词语，就是那些极具思想内涵、极具文化品位、且有丰富意蕴的词语。

所谓最具表现力的词语，并不一定是华丽的词藻，即使是一些极平常的词语，用得精妙，与特定语境结合，也会散发出它特有的魅力。例如：

闰土说着，又叫水生上来打拱，那孩子却害羞，紧紧的贴在他的背后。

句中用“贴”字来描写“跟在闰土身后的害羞孩子”，就十分传神。单纯看“贴”字也没什么稀奇，但是“贴”字一同“孩子害羞”等具体语境结合起来，就把那个“害羞不敢见生人的水生”给活脱脱描画出来了。

有些词语的概念意义本身就带有一定的感情色彩，如“喜欢、讨厌”等词。有些词语的色彩义是长期用于某些特定的场合，与某些特定的语境相联系，逐渐形成的。这些具有一定色彩意义的词语在话语表达中往往色彩鲜明地体现了说话人对待客观事物的态度。例如，“成就、善良、保卫”等词，都是褒义词，使用时多用在美好的事物上面。而“恶毒、后果、屠杀”等词，都是贬义词，使用时多用在那些不好的人或事物身上。话语表达中巧妙利用词语的色彩意义，会使得词语色彩鲜明，使得话语表达更生动，更形象。例如：

记忆中的饥饿像一只血盆大口，它在过去的岁月里逼近我，把我啮咬和吞没。

童年的记忆，饥饿是可怕的，它像怪兽一样每时每刻威逼着我，句中巧妙运用了“血盆大口”、“逼近”、“啮咬”等几个多用在禽兽身上的词语，采用了拟物的修辞格，生动表现了被饥饿威逼、折磨的窘境。

巧妙利用词语的色彩意义，有时会收到一些意想不到的表达效果。例如：

遗忘是可爱的小偷，把幼小心灵的记忆都偷走了。那最好的伴侣——甜蜜的奶嘴儿，那捏得喵喵叫的小猫，还有那光屁股的情景，都偷得一干二净。……那木盒子一样的小房子，那窗外骑着云彩会飞的山，那像蛇一样游动的小路，也朦朦胧胧被偷了一半。可是为什么，妈妈那安详的面容，像水印的木刻，那般真切地和自己的笑容糅到一起了。遗忘的小偷，怎么也偷不走妈妈，哪怕是她脸上一朵微笑！

“小偷”是个贬义词，原本并不可爱。可“遗忘”这位“小偷”只偷走那些本该忘却的东西，只拿去那些他该拿去的东西，但从不拿走人的最爱，所以这个小偷很可爱。“可爱”、“小偷”褒义与贬义在特定的语境中巧妙结合在一起，特有情趣，特具表现力。在富有童真情趣的言语表达中揭示出“爱能战胜遗忘”的深刻主题，给人留下了深刻印象。

词语的准确贴切和色彩鲜明，并不是割裂开来的两个方面，而是相互依存的统一体。词语用得准确、贴切，不仅能够准确表达说话者的意图，而且常常使得话语具有丰富的表现力，有时甚至能够表达出字面意义之外的丰富意蕴。而那些极具表现力的词语往往又是那些表意十分准确、贴切的词语。例如，“鸟宿池边树，僧敲月下门”中的“敲”字，不但准确，而且生动，富有表现力。试想，月光皎洁，池水潋滟。在这万籁俱寂的荒园里，鸟儿栖宿树上，一个僧人正在轻叩着门。在这万籁俱寂的夜晚荒园，一个“敲”字境界全出。唐代诗人贾岛“推敲”选字的故事，至今仍是人们时常提及的一段佳话。

三、句式的选用

俗话说：“一样话，百样说”。相同的意思可以采用不同的句式来表达。不过，语义相同的多种句式，虽然在意义方面大体一致，但在风格色彩、表达效果方面却常常存在着诸多的不同。话语表达中，人们常常利用语句的这一特点，根据语境，选择合适的句式，选择最符合表达需要的句式，以增强话语的表达效果。

（一）长句与短句

长句与短句是相对而言的。所谓长句是指包含词语较多、结构层次也较为复杂的句子。相反，包含词语较少、结构层次也较简单的句子是短句。例如：

长句：

那位满脸皱纹、鼻梁上架一副老花镜、右手拄着一根枣木拐棍的白发老翁，正跌跌撞撞地向岸边走来。

短句：

那位老翁满头白发，满脸皱纹，鼻梁上架着一副眼镜，右手拄着一根拐棍，跌跌撞撞地向岸边走来。

长句的层次结构比较复杂，逻辑性强，表意周密、严谨、全面、细致。短句的层次结构一般比较简单；表意简洁、明快，句式变化灵活。

长句、短句形式不同，表意特点也不同，人们要根据语境的需要选择长短句。短句简洁明快、句式灵活，多用于口语；长句表意周密、严谨，用于书面语的情况多一些。不过，为了使文章的行文富于变化，书面语通常是长短句配合使用的。因为，短句句式灵活，显得生动活泼；长句表意周密，逻辑性强。书面语中如果长短句配合使用，有张有弛，会使得文章的行文跌宕起伏，更具表现力。

（二）整句和散句

结构相同或相近，形式比较整齐的一组句子，叫整句。结构不同，句式长短不一，参差错综的一组句子，叫散句。例如：

整句：

书画是雅事，一贪痴便成商贾；山林是胜地，一营恋便成市朝。

真的猛士，敢于直面惨淡的人生，敢于正视淋漓的鲜血。

散句：

知更雀的红胸，在雪地上，草地上站着，都极其鲜明。小蜂雀更小到无可苗条，从花梢飞过的时候，竟要比花还小。我在山亭中有时抬头瞥见，只屏息静立，连眼珠都不敢动，我似乎恐怕将这弱不禁风的小仙子惊走了。

整句通常句式整齐，声音和谐，语势贯通，表意鲜明、深刻。散句通常句式参差错综，灵活不单调，语句感情随句式变化，跌宕起伏，表意丰富，生动感人。

（三）主动句和被动句

主语为施事的句子叫主动句。主语为受事的句子叫被动句。多数情况下，相同的意思，既可以用主动句式表达，也可以用被动句式来表达。主动句式与被动句式可以相互变换。例如：

他打碎了瓶子。（主动句式）

瓶子被他打碎了。（被动句式）

主动句式与被动句式表达的话语内容可以相同或基本相同，但不同句式在语用方面仍存在着一些差异。例如：

李明打伤了张三。

张三被李明打伤了。

主动句式的主语是动作的施事者，施事充任句子的话题，话语陈述内容的重点在于施事者实施动作行为的结果；被动句式的主语是动作的受事者，受事充任句子的话题，话语陈述内容的重点是受事被动作行为影响的程度。

在特定的上下文环境里，说话人为了保持上下文主语的一致，通常要选择最适合上下文语境的句式。例如：

滚滚巨浪不断涌来，把雪白的水花儿甩得老高，把黝黑的珊瑚礁扑入怀中。

滚滚巨浪不断涌来，把雪白的水花儿甩得老高，黝黑的珊瑚礁被浪花儿扑入怀中。

相比之下，前句上下文主语一致，语意连贯，重点突出，语气通畅，更富表现力。

（四）否定句与肯定句

肯定的语句表达的是一个肯定判断，否定的语句表达的是一个否定判断。既然相同的意思可以用一对反义表述来表达，那么相同的话语内容，就可以利用肯定句、否定句两种不同的句式来表达。例如：

这位先生个子高。　　这位先生个子不矮。

你的做法好。　　你的做法不赖。

否定句与肯定句虽然可以表达意义基本相同的话语内容，但是采用不同句式表达的话语内容在语用意义方面常常存在一定的差别。具体有以下几种情况：

相同的话语内容，可以用肯定句来表达，也可以用否定句来表达。例如：

我喜欢小张的性格。　　我不讨厌小张的性格。

他赞成我的意见。　　他不反对我的意见。

两种句式相比较，否定句的语气通常不如肯定句表达“喜欢”、“赞成”的语气强烈。

相同的话语内容，可以用肯定句来表达，也可以用双重否定句来表达。例如：

大家都喜欢小张的性格。　　大家不可能不喜欢小张的性格。

他赞成我的意见。　　他没有理由不赞成我的意见。

双重否定句与肯定句相比，通常比肯定句语气更强烈。

肯定句、否定句、双重否定句可以表述意义相同的话语内容。例如：

他同意我这么做。

他不反对我这么做。

他不可能不同意我这么做。

三句话的意义基本相同，但语气强弱程度明显不同。人们在言语交际中一定要根据不同的语境，选择不同的句式，准确表达自己的言语意图。

四、语音的调配

语音是语言的物质外壳。话语表达如果能有效利用各类语音要素，巧妙构思并组织语句，往往不仅可以收到较好的话语表达效果，而且有助于增强话语语句表达的音乐美。

（一）平仄、押韵及谐音

字音的平仄、押韵及谐音，是人们借助语音要素、巧妙组织话语语句较常用到的三种重要表达手段。

1. 平仄

汉语声调有规律地平仄交替，往往可以形成话语语句有规律节奏的抑扬起伏，从而可以展现汉语特有的音乐美感。在声调平仄方面，古人赋诗、填词的平仄处理，为我们积累了丰富的经验。例如：

日暮苍山远，
仄仄平平仄
天寒白屋贫。
平平仄仄平

汉语古有平、上、去、入四声，普通话今有阴平、阳平、上声、去声四个声调。今人无论是说话，还是撰写现代白话文文章，虽然已不再像古人写格律诗、填长短句那样严格遵守格律，但是，如果在现代白话文的语句行文中合理调配语词的声调，同样会使话语语句的音调节奏富有音乐的律动，从而呈现出特定的美感。例如：

你走你的阳关道，我走我的独木桥。
这自然是瓜熟蒂落，水到渠成。

例句中的“阳关道”是平平仄，“独木桥”是仄仄平，两词语的平仄对仗工整。而例句中的“瓜熟蒂落”与“水到渠成”，平仄对仗工整的程度虽不如“阳关道”与“独木桥”，但是依据普通话的声调组配，“瓜熟蒂落”是“阴平＋阳平＋去声＋去声”的声调组配，“水到渠成”则是“上声＋去声＋阳平＋阳平”的声调组合。两词语的声调组合格式，依据普通话今声调读音，大致也可以看作是一种不太严格的对仗。

2. 押韵

语句的押韵，主要是合理配置语句收尾处的韵脚字，使得多个语句的前言与后语音韵和谐。古代的格律诗是非常讲究押韵的。例如：

春眠不觉晓，处处闻啼鸟。

夜来风雨声，花落知多少。

诗歌的押韵，或者说诗歌特有的格律调配，无疑赋予了诗歌特有的音律美。现代诗歌如果合理调配韵脚字，适当注意一些语句的押韵，同样也会使得诗句拥有特定的音律美。例如：

泪水模糊了我们的双眼，

灵车隔断了我们的视线。

现代白话文较多的文体，话语语句的组织不再讲究押韵，但是，话语表达中如果能适当注意语句的语音调配，在篇章行文过程中能适当点缀一些押韵的语句，仍会有助于增强话语语句的音乐性，使得篇章结构富有音乐的美感，从而增强语言的表达效果。

3. 谐音

谐音是利用汉字同音或近音的语音条件，用同音或近音字来代替本字，从而产生特定表达效果的一种语音辞趣。

汉语是单音节有声调语言，不计声调的声韵拼合仅 400 多个，声韵调全计算在内的音节也只有 1 000 多个。有限的音节形式，无限的词语意义表达，势必会导致语言产生大量的同音词。同音词的存在，无疑为人们借助谐音关系组织语句提供了广阔的空间。例如：

孔夫子搬家——尽是书（输）。

姓陶不见桃结果，姓李不见李花开，姓罗不见锣鼓响，三个蠢材哪里来。

东边日出西边雨，道是无晴（情）却有晴（情）。

我失骄杨君失柳，杨柳轻飏直上重霄九。

谐音修辞借助字音的语音联想，来关联语句要实际表达的具体内容。该类修辞不仅有助于增添话语表达的层次和内涵，而且还可以委婉传递出话语组织者利用谐音手段组构语句所持有的特定情感内容，因而能够收到特殊的表达效果。

（二）音节组配与语句的节奏

汉语语词有单音节、双音节、多音节之分。词语音节的数目不同，语音的节奏模式也不相同。汉语单音节、双音节、多音节词语并存，为人们在线性语句中合理安排音节，调配语句的语音节奏开拓了一定的空间。

语句节奏的调配首先应注意音节的整齐匀称。音节整齐匀称，句式工整，节奏明快，不仅读起来朗朗上口，而且可以大大增强句子的表达效果。例如：

朋友我相信，到那时，到处都是活跃的创造，到处都是日新月异的进步，欢歌将代替了悲叹，笑脸将代替了哭脸，富裕将代替了贫穷，康健将代替了疾苦，智慧将代替了愚昧，友爱将代替了仇杀，生之快乐将代替了死之悲哀。明媚的花园将代替了凄凉的荒地！

合理调配语句内部词语的音节，使语音节奏整齐匀称的手段很多，如叠音、对称、对偶、排比等，例如：

年年岁岁花相似，岁岁年年人不同。

高兴而来，败兴而归。

风轻轻吹着，夜沉沉睡去，小雨悄悄洒落，伊人凄凄远离。

语句节奏的调配不仅应注意音节的整齐、匀称，还应注意音节整齐、匀称基础上的错综。音节整齐、匀称，固然能增强话语表达的音乐美，但是，只是一味地追求整齐、匀称，使得整篇文章均读一个腔调，也会使文章的行文变得单调、乏味。文似看山不喜平，话语音节如果在整齐匀称的基础上，再增添一些错综变化，做到齐中有变，变中有齐，有张有弛，相得益彰，相信会使文章语句的节奏感更为动人，例如：

碧云天，黄叶地，秋色连波，波上寒烟翠。山映斜阳天接水，芳草无情，更在斜阳外。黯乡魂，追旅思，夜夜除非，好梦留人睡。明月楼高休独依。酒入愁肠，化作相思泪。

五、修辞格的运用

修辞格，也叫辞格，是人们长期语言实践中创造出来的，具有特定表达形式和表达效果的修辞方式。汉语中的修辞格有几十种，这里仅介绍最常用的几种。

（一）比喻、比拟、借代、夸张

比喻、比拟、借代和夸张，四种修辞格的具体修辞手段虽然各不相同，但在表达效果上却有某些相近之处。四种修辞格都侧重于对客观事物的描写，力求描写得更加生动、形象，因而这里将它们并为一组来讲述，以便大家对照学习。

1. 比喻

比喻就是打比方，是用具有相似点的另一事物来描绘表述对象的一种修辞格。利用比喻修辞格，可以使被描写的事物更加生动、突出，可以使被描写的事理更加具体、形象。例如：

姑娘好像花儿一样。

失败是成功之母。

比喻修辞格中被比方的事物叫“本体”，用来打比方的事物叫喻体，连接“本体”与“喻体”的词语叫比喻词。例如：

她的眉毛像弯月。（本体：眉毛；喻体：弯月；比喻词：像）

一切反动派都是纸老虎。（本体：反动派；喻体：纸老虎；比喻词：是）

根据比喻中本体、喻体、比喻词的具体情况，可以将比喻分为明喻、暗喻、借喻三类。明喻，本体、喻体都出现，比喻词通常是“像、如、似、仿佛、似的”一类的词语。例如：

他的眼睛哭得像樱桃一样。

站如松，坐如钟，行路好似一阵风。

那孩子的声音仿佛银铃一般，十分好听。

他木头似的呆坐在那里。

暗喻，也叫隐喻，本体与喻体虽然也都出现，但暗喻的比喻词与明喻有明显不同。暗喻的比喻词通常是“是、成了、变成”之类的词语。例如：

孩子是祖国的花朵。

眼睛是心灵的窗户。

你看让这场雨淋的，都成了落汤鸡了。

借喻，直接用喻体代替本体，没有比喻词，它的本体通常也不在比喻句中出现。例如：

这个臭不要脸的，让我打死这个狐狸精。

陈涉太息曰：“嗟乎，燕雀安知鸿鹄之志哉！”

使用比喻修辞格通常要注意以下几方面的问题：（1）构成比喻的本体与喻体必须是不同类的事物。“他的上牙齿像下牙齿”“他的眼睛很像他父亲的眼睛”等，都是同类事物相比，不是比喻，而是比较。（2）本体与喻体必须具有相似点，只有恰到好处地利用二者的相似点，才能构成贴切的比喻。（3）喻体必须是大家熟知的事物，只有利用大家熟悉的事物去描绘被描绘事物，才能达到生动形象的修辞效果。（4）利用喻体来比喻本体时，还要注意二者感情色彩的一致。

2. 比拟

比拟是把物当作人，或者把人当作物，或者把甲物当作乙物来描写的一种修辞方式。被比拟的事物称为“本体”，用来比拟的事物称为“拟体”。比拟根据本体、拟体的具体情况，可以分为拟人、拟物两类。例如：

红旗飘飘把手招。

那肥大的荷叶下面，有一个人的脸，下半截身子长在水里。

拟人将物当作人来写，让具体的物人格化，具有人的言行、性情。例如：

丁冬，丁冬，小溪试了试清脆的嗓子。啊，春天是唱着歌来的！

拟物又有两种：一种将人当作物来写，让人具有某种事物的特殊动作与情态；另一种将甲物当作乙物来写，让甲物具有乙物的某种动作与情态。例如：

我到了自家的房外，我的母亲早已迎着出来了，接着便飞出了八岁的宏儿。

让科学种田的新思想在农村生根、开花。

比拟的本体与拟体存在相似、相近之处，比拟直接用拟体的特征来描述本体，常常将事物描述得格外鲜活，具有一种特殊的情味。

比拟与比喻都有“比”，有些相近，某些时候容易混淆。比拟与比喻不同，二者的不同关键在于：比拟重点在“拟”，把本体直接当作拟体来写，语句描述中本体与拟体交融在一起；比喻重点在“喻”，用喻体来“喻”本体，描述本体事物。比喻的本体可以不出现，喻体必须出现；而比拟的本体必须出现，拟体一般不出现。

3. 借代

借代修辞格，通常不直接说出某人或某物的名称，而是借用同此人此物密切相关的另一事物的名称来代替。例如：

不拿群众一针一线。

对面跑过来几个“红领巾”。

被代替的事物通常称为“本体”，用来代替本体的事物通常称为“借体”。借代的方式很多，有的是特征代本体，有的是具体代抽象，有的是部分代整体等。例如：

你上午和大鼻子一起去哪儿了。

他怕丢了自己的乌纱帽。

要爱护学校的一草一木。

句中用“大鼻子”的相貌特征代“长着大鼻子的人”，是用特征代本体；句中用“乌纱帽”代“官职”，是用具体事物代抽象概念；句中用“一草一木”代“学校的财产”，是用部分代整体。

借代修辞格是用借体来代替本体的，本体一般不在使用借代修辞格的本句中出现。因此，人们在使用借代修辞格的时候，最好在上下文语境中对本体有所交代，以便读者在阅读时能把握借体代替的具体内容。借代的本体既然不在使用借代修辞格的本句中出现，人们在选用借体的时候，就要尽量选择那些与本体密切相关的事物。借体与本体密切相关，人们就很容易根据借体关联到本体，如借体“乌纱帽”与本体“官职”，借体“帆”与本体“船”等。人们在使用借代修辞格时还要注意借体的感情色彩意义，最好让借体与本体的感情色彩保持一致。

借代与借喻有相同的地方，如二者都是“借”，本体都不出现等。两种修辞格也存在着明显的差别：借代着重在“代”，本体与借体之间是相关关系，如“一草一木”与“财产”，人们只能根据意义上的关联由借体联想到本体。借喻着重在“喻”，本体与喻体之间是相似关系，如“漂亮女人”与“狐狸精”，人们只能根据两种事物的相似点由喻体把握本体。

4. 夸张

夸张是特意对某些事物的形象、特征、作用、程度、数量等作扩大或缩小的描述，这种夸大或缩小是对事物某一方面、某一特征的合理渲染，同事实情况相比虽然有些言过其实，但是这种合情合理的渲染比据实陈述更具表现力。例如：

石油工人一声吼，地球也要抖三抖。

你看你的心眼儿就像针鼻儿一样小。

人们为了明确表示对某一事物的鲜明态度，常常合理地渲染事实，构成夸张，从而引起受话人的强烈共鸣。从语意的角度分析，夸张有夸大夸张、缩小夸张、超前夸张的不同。

夸大夸张是故意将事物往大、高、强等积极的方面描述。例如：

霹雳一声，响彻九天，仿佛要把这世界劈为两半。

危楼高百尺，手可摘星辰。不敢高声语，恐惊天上人。

缩小夸张是故意将事物往小、少、慢等消极的方面描述。例如：

就给这点儿吃的，还不够塞牙缝呢！

你看你，慢得像蜗牛。

超前夸张是故意将后发生的事情提前，程度轻的是将后发生的事情说成与先发生的事情同时，程度重的是将后发生的事情说成是先出现的。例如：

名医圣手，药到病除。

酒未沾唇，人已醉了。

使用夸张应注意两方面的问题：从主观上讲，夸张应是人思想感情的真实流露。虽然夸张是故意的言过其实，这里的故意也不是无限制的随意。夸张也是以客观事实的部分真实与感情的真实为基础的。从客观上讲，夸张要夸张得明确，不能让听话人将夸张误认为是事实。如果误认为是事实，就不是夸张了。

（二）双关和反语

使用双关和反语修辞格的句子，都含有表里两层意思，言在此而意在彼，表达上比较含蓄。

1. 双关

双关修辞格，通常借助一些语音、语义条件，使得句子具有双重意思。利用语音条件构成的双关是谐音双关，利用语义条件构成的双关是语义双关。例如：

谐音双关：

孔子搬家——尽是书（输）。

姓陶不见桃结果，姓李不见李花开，姓罗不见锣鼓响，三个蠢材哪里来。

杨柳青青江水平，闻郎江上踏歌声。东边日出西边雨，道是无晴却有晴。

语义双关：

这里宝玉又说："不必烫暖了，我只爱喝冷的。"薛姨妈道："这可使不得，吃了冷酒，写字手打颤儿。"宝钗笑道："宝兄弟，亏你每日家杂学旁收的，难道就不知道酒性最热，要热吃下去，发散的就快；要冷吃下去，便凝结在内，拿五脏去暖他，岂不受害？从此还不改了呢。快别吃那冷的了。"宝玉听这话有理，便放下冷的，令人烫来方饮。黛玉嗑着瓜子儿，只管抿着嘴儿笑。可巧黛玉的丫鬟雪雁走来给黛玉送小手炉儿，黛玉因含笑问他说："谁叫你送来的？难为他费心。——哪里就冷死我了呢！"雪雁道："紫鹃姐姐怕姑娘冷，叫我送来的。"黛玉接了，抱在怀中，笑道："也亏了你倒听他的话！我平日和你说的，全当耳旁风；怎么他说了你就依，比圣旨还快呢！"

2. 反语

反语，即正话反说或反话正说，指说话人故意使用与内心本意相反的话语来表达。例如：

有几个"慈祥"的老板到菜场去收集一些菜叶，用盐浸一浸，这就是工人们难得的佳肴。

几个女人有点失望，也有点伤心，各人在心里骂着自己的狠心贼。

反语的字面意思并不是句子的本意，句子的本意要靠上下文语境来把握。反语多用于揭露、批判、讽刺等一类的语句中，部分也可以用于比较幽默、风趣、诙谐的话语语句。

（三）对偶、排比、反复、回环

对偶、排比、反复和回环，四种修辞格虽然表达效果各异，但在句子结构方面却存在着一种共性，即使用这四种修辞格的句子都有比较突显的形式特征。

1. 对偶

对偶是由一对结构相同或相似、字数相等、意义上有着密切联系的短语或句子构成的修辞格。例如：

宝剑锋从磨砺出；梅花香自苦寒来。

卑鄙是卑鄙者的通行证，高尚是高尚者的墓志铭。

从形式上看，对偶的上下联结构相同或相似，句式整齐美观，音节节律感强。从内容上看，对偶表达的意义通常非常凝练，名言佳句较多。

对偶是汉语中特有的修辞手法，具有鲜明的民族特点。从结构的角度看，对偶有严式、宽式之分。所谓严式，是指对偶的上下联要严格对仗，用字不能重复，对应词语的词类必须相同，讲究平仄。所谓宽式，是指对偶没有上述的结构要求，只是结构相似、字数相等就基本可以了。从内容的角度看，对偶有正对、反对、串对三种。

正对：上下联的意义相近或相关，从不同的角度或方面说明同一问题，前后互相补充。例如：

日暮苍山远，天寒白屋贫。

良药苦口利于病，忠言逆耳利于行。

反对：上下联的意义相反、相对，形成对立或对比的关系，强烈的反差可以强调语意。例如：

谦虚使人进步，骄傲使人落后。

无可奈何花落去，似曾相识燕归来。

串对：对偶的上下联之间有顺承、递进、条件、因果等语义关系，上下联根据一定的逻辑关系构成一个复句，也叫流水对。例如：

野火烧不尽，春风吹又生。

不在沉默中爆发，就在沉默中灭亡。

2. 排比

排比是由三个或三个以上结构相同或相似、语气一致、意义相关的短语或句子构成的一种修辞格。排比句式整齐，节律和谐，有助于加强语势，增强句子的表达效果。例如：

我似乎永远也不会忘记那张脸：一脸的灰土，一脸的疲惫，一脸的迷茫和忧伤。

一幅色彩缤纷但缺乏线条的挂图，一题清纯然而无解的代数，一具独弦琴，拨动檐雨的念珠，一双达不到彼岸的茳橹。

软风吹着，细雾罩着，浅草托着。碧流映着——春色已上了柳梢了。

有的排比具体表现为句子与句子的排比，有的排比具体表现为句子成分的排比。排比句语气通畅，语意鲜明，是一种富有表现力的修辞格。排比多用于说理和抒情：用以说理，可以周密地说明复杂的事理，具有较强的说服力；用于抒情，可以将感情抒发得淋漓尽致。

排比与对偶不同。对偶一般是由字数相等的两项构成的，而构成排比的项必须是三项或者三项以上，排比的各项字数也不必相同。排比的各项通常都有相同的词语，对偶特别是严式的对偶则是尽量避免重复。

3. 反复

反复是为了突出某个意思，强调某种感情，特意重复某个词语或句子的一种修辞格。例如：

大家的情绪高涨起来，向着自己的球队高喊："加油！加油！！加油！！！"

反复有连续反复与间隔反复两类：

（1）连续反复是接连重复相同的词语或句子。例如：

周总理，我们的好总理，你在哪里呵，你在哪里？

（2）间隔反复具体表现为相同的词语或句子间隔出现。例如：

雁儿们在云空里飞，看她们的翅膀，看她们的翅膀，有时候迂回，有时候匆忙。

雁儿们在云空里飞，晚霞在她们的身上，晚霞在她们的身上，有时候银辉，有时候金茫。

雁儿们在云空里飞，听她们的歌唱！听她们的歌唱！有时候伤悲，有时候欢畅。

雁儿们在云空里飞，为什么翱翔？为什么翱翔？她们少不少旅伴？她们有没有家乡？

4. 回环

回环是利用词语的循环往复来表现两种事物间相互关系的一种修辞格。例如：

旧社会把人变成鬼，新社会把鬼变成人。

真诚的心灵，换来心灵的真诚。

“猛犬不吠，吠犬不猛”，你知道吗？

回环把两个词语构成相同而排列次序不同的语言单位，连接在一起，揭示事物间的辩证关系，言语精辟。整齐的句型中具有一定的变化，富有美感。

（四）修辞格的综合使用

在实际言语交际中，辞格可以单独使用，也可以综合使用。辞格的综合使用具体表现为辞格的连用、兼用和套用等。

1. 修辞格的连用

修辞格的连用是指在一段话中接连使用了两种或两种以上的同类或异类的修辞格。例如：

①那溅着的水花，晶莹而多芒；远望去，像一朵朵小小的白梅，微雨似的纷纷落着。

②山含情，水含笑。

①句连用了两个比喻来描述“溅着的水花”，把水花比喻成“白梅”，比喻成“纷纷落着的微雨”。②句则连用了两个拟人的修辞格。

2. 修辞格的兼用

修辞格的兼用是指一种话语表达形式同时运用了两种或两种以上的修辞格。例如：

①时间就是金钱，时间就是速度，时间就是生命。

②其得于阴与柔之美者，则其文如升初日，如清风，如云，如霞，如烟。

①句兼用了排比和反复的修辞格。②句兼用了排比和比喻的修辞格。

兼用的修辞格往往是，从一个角度分析，语句是一种修辞格，如果换一个角度分析，语句就成了另一种修辞格。

3. 修辞格的套用

修辞格的套用是指一种修辞格中又包含有其他的一些修辞格，即整体运用某种修辞格的句子中，部分语句还运用了一些其他的修辞格。例如：

①看吧，狂风紧紧抱起一层层巨浪，恶狠狠地将它们甩到悬崖上，把这些大块的翡翠摔成尘雾和碎末。

②大山不让土壤，故能成其大，河海不择细流，故能就其深；王者不却众庶，故能明其德。

①句是在拟人修辞格的内部套用了借喻修辞格。②句是在排比的修辞格中套用了比喻修辞格。

第四节 语体

学习要点

- 什么是语体
- 语体分类的原则
- 口语语体的特点
- 书面语体的特点

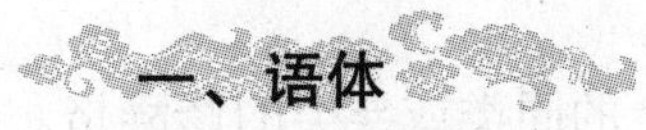

一、语体

语体，简单来讲就是言语交际中话语所呈现出的风格类型，它具体表现为人们在一定语言环境中使用语言的各种风格和习惯，如词与句式的选用、语言节律的调配、修辞格的使用等。

语体是具体言语行为与一定语言环境相结合的产物。任何言语交际，都是在特定语境中进行的。言语交际主体的不同，交际内容的差异，具体语言环境的改变，都会影响到话语表达的方式和手段。一方面，发话人在不同的言语场合中，为了适应特定的语言环境，常常要自动调整自己的话语表达形式。另一方面，发话人在某些相似的言语场合中，又常常会表现出一些相似的语言习惯。话语在长期的使用过程中多次同某种语境相联系，渐渐会形成一些与特定语境有固定对应关系的言语表达手段与形式，这些与特定语境有固定对应关系的表达手段和形式所反映出的言语风格类型，就是语体。比如，人们在父母面前直呼父母时，常常会用“爸爸、妈妈”等称谓，而在与别人谈话提及自己的父母时，常常会用“父亲、母亲”等称谓，“爸爸、妈妈”和“父亲、母亲”所指的对象相同，词语所反映出的风格类型却不一样。“爸爸、妈妈”口语性较强，“父亲、母亲”书面语色彩较强，口语与书面语风格色彩上的不同，就是语体上的差别。

文体类型不同的文章，语言风格往往也存在着明显的差异。例如，药品说明书是说明文，与抒情散文的文体形式不同，二者的语言风格也存在着比较显著的差别。文体不同，语体也会存在一定差异，那么，文体与语体是不是一回事呢？文体与语体是两个不同的概念，不要将二者混淆在一起。文体指的是文章的形式、体裁，它侧重于文章体裁形式方面的种种形式特征。文体特点既涉及文章话语表述等语言方面的因素，也涉及文章组织形式等非语言因素所呈现出的种种形式特征。语体是一定语言环境中语言本身所具有的风格类型，它主要侧重于语言因素所呈现出的种种特点，具体体现为话语表述的种种风格类型。因此，要区分议论文与记叙文的文体差异，我们不仅需要比较两种文体在语言表达上的种种不同，而且要比较二者在文章结构安排、组织行文方面所存在的种种差别。议论文侧重于议论、说理，文章多采用提出问题、分析问题、解决问题的结构形式。记叙文侧重于描写、抒情，文章多采用顺叙、倒叙、插叙等结构方式等。而要区分口语与书面语的语体差异，我们只需注重比较二者不同的语言风格就基本可以了。话语比较简洁明快、通俗生动的属于口语语体，话语比较庄重典雅、比较规范、逻辑性较强的属于书面语体。

二、语体的分类

（一）分类原则

语体可以根据话语呈现出的风格类型进行分类，说起来容易，做起来就有些麻烦了。首先，话语表达常常是同特定的语境结合在一起的，人们在分析某段话语的语体类型时常常会受到其他一些非语言因素的干扰。例如，书面语体中有公文事务语体、科技语体，人们在区分公文语体和科技语体的不同时，常常会陷入对公文事务文体、科技文体的比较。其次，不同的语体类型，总体语言风格是不同的，但在一些细节方面，有可能存在交叉的地方。例如，口语平实语体与书面平实语体在语言风格上就有某些相近之处。

为了便于语体分类的顺利进行，我们通常遵循如下的原则：(1) 由于语体是与一定语境相联系的语言风格类型，所以划分语体应重点考虑语言的因素，尽量排除非语言因素的干扰。(2) 语言因素是一个复杂的问题，从语音的调配到句式的选择再到修辞格的运用，都属于语言因素的范围，在划分语体风格时要综合考虑这些语言因素，不要只根据某一项语言特点进行语体分类。(3) 一种语体与另一种语体所使用的语言风格类型并不是完全没有一点相似之处，往往在某种语言特点上有相互交叉、渗透的现象，因此，在划分语体时应整体把握某种语体的典型特征，根据话语所呈现出的典型特征进行语体分类。

（二）分类

语言风格类型的差别最明显的要属口语和书面语了，因此，语体首先可以划分出口语语体和书面语体两类。

1. 口语语体

所谓口语语体，指的是具有口语风格色彩的语体类型。例如：

甲：看你急得像热锅上的蚂蚁，到底出了啥事儿？

乙：咳！拉屎拉了鞋后跟——没法提。

甲：看你说的，到底啥事呢？

口语语体的用词，多是一些活跃在人们口头上的鲜活词语，有时也会出现一些富有表现力的方言词、歇后语等，话语往往清新自然，具有浓郁的生活气息。口语语体在句法上较多使用短句，较少使用关联词，句式灵活多变。口语语体修辞上常常使用打比方等，话语表达生动、形象。

根据口语的语言风格类型，口语语体可分为口语平实语体、口语艺术语体两类。

（1）口语平实语体。

口语平实语体是具有质朴无华语言风格的口语语体类型，该类语体多见于人们平时的口语交谈。例如：

甲：要点什么？

乙：一杯咖啡。

甲：还需要其他的吗？

乙：（摇摇头）不需要了，谢谢！

口语平实语体由于是用于人们面对面口语交谈的一类语体，因而选用的词语多是那些通俗易懂的日常生活用语，选用的句式多是那些比较简短的句子形式。口语交谈的双方一般都在言语交际的现场，因而发话人有时会使用一些体态语来辅助语言表达。

（2）口语艺术语体。

口语艺术语体是在保留口语风格色彩的前提条件下，将口语进行一定艺术加工所形成的口语语体类型，它是在口语平实语体基础上的艺术化。这类语体多见于民间歌谣、打油诗、快板儿等艺术形式。例如：

江山一笼统，
井上黑窟窿。
黑狗身上白，
白狗身上肿。

电影、电视剧、小说、报告文学等文艺形式中的对白、独白等，也是在日常生活口语的基础上加工而成的口语艺术形式，语言风格也属于口语艺术语体。例如：

周朴园：你来干什么？

鲁侍萍：不是我要来的。

周朴园：谁指使你来的？

鲁侍萍：（悲愤）命，不公平的命指使我来的！

周朴园：（冷冷地）三十年的工夫你还是找到这儿来了。

鲁侍萍：（愤怨）我没有找你，我没有找你，我以为你早死了。我今天没想到这儿来，这是天要我在这儿又碰见你。

周朴园：你可以冷静点。现在你我都是有子女的人，如果你觉得心里有委屈，这么大年纪，我们先可以不必哭哭啼啼的。

鲁侍萍：哼，我的眼泪早哭干了，我没有委屈，我有的是恨，是悔，是三十年一天一天我自己受的苦。你大概已经忘了你做的事了！三十年前，过年三十的晚上我生下你的第二个儿子才三天，你为了要赶紧娶那位有钱有门第的小姐，你们逼着我冒着大雪出去，要我离开你们周家的门。

（曹禺《雷雨》）

口语艺术语体既保留了口语语体浓浓的口语色彩，又在口语平实语体的基础上对口语有所加工、改进。口语艺术语体追求口头语言的艺术化、形象化，使得口头语言更加规范，更富有感染力。

口语语体与口头语言不同。口语语体指的是具有口语色彩的语体类型，而口头语言指的是用口表达出来的话语。人们用口表达出的具有口语色彩的话语，属于口语语体，而用口读出不具口语色彩的文章，则属于书面语体。相反，有些书面的作品，如印刷出来的儿歌、相声等，虽不是口头语言，却具有口语色彩，也属于口语语体。

2. 书面语体

书面语体是具有准确、规范、典雅等书面语风格的语体类型。例如：

随着发明和发现的产生，随着制度的发展，人类的心灵也必然因之而愈来愈开豁；我们由此认识到人类的头脑本身也在逐渐变大，尤其是大脑部分。在蒙昧阶段，人们要从一无所有的环境里想出最简单的发明，或者要在几乎无可借助的情况下开动脑筋，这是极其困难的；在这样一种原始的生活条件下要发现任何可资利用的物质或自然力量也是极其困难的；因此，当时人类心智发展之迟缓自属不可避免的现象。要把这样一些蒙昧初开、野犷难驯的材料组织起来，形成最简单的一种社会，其困难的程度也不在上述困难之下。毫无疑问，最早的发明项目、最早的社会组织，是最难于产生的，因此这两者彼此之间相隔的时间距离也就最长。我们从顺序相承的各种家族形态当中即可找到显著的例证。蒙昧阶段之所以历时悠久，可以从人类是按几何比例前进的这一发展规律中得到充分的解释。

（摩尔根《古代社会》）

口语一发即逝，发话人在使用口语进行交谈时通常没有时间字斟句酌，而书面语则不同。书面语是用文字来记录语言的，它可以在记录语言之后，对不规范的语言进行加工、修改。因此，书面语体在用词上，较多使用文雅规范的书面语词，较注重话语的准确、贴切与规范；在句法上，多用长句，较注重句子逻辑的严密、行文的规范。

根据书面语言的风格特点，书面语体也可分为书面平实语体、书面艺术语体两类。

(1) 书面平实语体。

书面平实语体是具有质朴无华语言风格的书面语体类型，常见的类型有公文事务语体、科技语体等。

公文事务语体，也称公文体，是社会各公文管理部门处理日常事务时常用的一种语体类型。公文事务语体在用词方面力求准确、贴切，在行文方面通常具有某种固定的格式，如各类法规、文件、信函、合同、海报、留言、便条等。

介绍信

兹介绍我单位李明军同志前往贵地调查当地方言，请接洽并给予协助为荷。

××××单位（盖章）

×××× 年×× 月×× 日

科技语体是人们介绍科技成果、交流科学经验、传播科技知识等常用的一种语体类型，各类科技专著、学术论文、科技报告、教材等，都属于这类语体。科技语体要求语言准确、简明，较注重对所描述的对象作纯客观的描述与讨论。例如：

中美洲和南美洲有一种生活在沼泽地带的小青蛙，名叫“客客伊”。身长只有3厘米～5厘米，体重才1克多。从它的皮肤中可以提炼出一种乳白色的毒液，只要有十万分之一克进入人体，就会使人致命。其毒性要比眼镜蛇的毒腺高出50倍。

书面平实语体的语言质朴无华，这一点同口语平实语体相似。但是，书面平实语体毕竟是在口语基础上加工而成的书面语体，它的语言同口语平实语体相比，表现为更加准确、简明与严谨。书面平实语体的语言虽然质朴无华，但它的用词仍是十分讲究的。无论是公文事务语体还是科技语体，都力求语言准确、简明。

(2) 书面艺术语体。

书面艺术语体是文艺作品中极富艺术感染力的书面语言所呈现出的一种语体类型。诗歌、小说、散文等文艺作品的语言风格类型，都属于书面艺术语体。例如：

枯藤老树昏鸦，小桥流水人家，古道西风瘦马，夕阳西下，断肠人在天涯。

（马致远《天净沙·秋思》）

（王小玉）唱了十数句之后，渐渐的越唱越高，忽然拔了一个尖儿，像一线钢丝抛入天际……哪知她在那极高的地方，尚能回环转折；几转之后，又高一层，接连有三四迭，节节高起。恍如由傲来峰西面，攀登泰山的景象：初看傲来峰，削壁千仞，以为上有天通；及至翻到傲来峰顶，才见扇子崖更在傲来峰上；及至翻至扇子岩，又见南天门更在扇子岩上；愈翻愈险，愈险愈奇。

（刘鹗《老残游记》）

曲曲折折的荷塘上面，弥望的是田田的叶子。叶子出水很高，像亭亭的舞女的裙。层层的叶子中间，零星地点缀着些白花，有袅娜地开着的，有羞涩地打着朵儿的，正如一粒粒明珠，又如碧天里的星星。微风过处，送来缕缕清香，仿佛远处高楼上渺茫的歌声似的。这时候叶子与花也有一丝的颤动，像闪电般，霎时传过荷塘的那边去了。叶子本是肩并肩密密地挨着，这便宛然有了一道凝碧的波痕。叶子底下是脉脉的流水，遮住了，不能见一些颜色，而叶子却更见风致了。

（朱自清《荷塘月色》）

书面艺术语体追求语言的生动、形象，力求语言有较强的艺术感染力。语言使用者在话语表达过程中，常常大量使用修辞，从语言的语音调配、词语的锤炼，到句式的选择，修辞格的运用等，语言使用者常常会匠心独运，创作出感人至深的优美语句。

目前各种语体风格虽然以其特定的语体风格和典型的形式保持着一定的稳定性，但是在语言表达中，不同的语体也常常互相影响、互相渗透，语体也处于不断发展变化的过程中。

本章小结

本章主要讲述现代汉语语用方面的基本知识，全章共分四节。

第一节“语用概述”主要讲述了有关语用的一些基础知识和基本概念。本节要求同学们在理解有关语用基本概念的基础上，熟练掌握言语交际的基本原则。

第二节“话语理解”包括语面意义的理解和言外之意的推断两部分内容。本节涉及一些新的概念，如语面意义、已知信息、未知信息、指示信息等，同学们应首先学习有关的概念，在充分理解基本概念的基础上，把握“话语理解”的基本技巧。

第三节“修辞”重点从词语锤炼、语音调配、句式选用、常见的修辞格等几方面对汉语修辞作了简要介绍。简单来说，语用就是语言的运用，修辞是为了增强话语的表达效果而对语句进行的修饰和调整，因此，修辞也是语用不可或缺的重要内容。同学们在学习修辞时应重点掌握不同修辞方式的主要特点，尽量能学以致用。

第四节“语体”重点介绍了语体的含义及语体的大致分类。需要同学们注意的主要问题有什么是语体、语体分类的原则及语体的分类情况等。语体与文体、口语语体与口头语言等概念，人们平时容易产生混淆，同学们在学习时一定要注意易混概念的比较和区分。

本章的目的是使学生通过语用基础理论与基本知识的学习，能够把握语言运用的一些基本规律，能够根据所学的理论知识，学以致用，在言语交际中能够注意言语交际的原则、话语表达的修辞技巧、话语理解的基本规律等，以提高自己的语言表达能力。

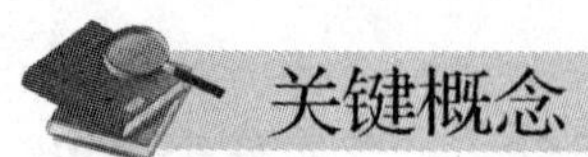

关键概念

语用　言语交际　合作原则　得体原则
言语行为　语境　话语结构　指示语
语面意义　言外之意　修辞　长句与短句
整句与散句　修辞格　比喻　暗喻
比拟　借代　夸张　排比
对偶　双关　反复　回环
修辞格的连用　修辞格的兼用　修辞格的套用　语体
口语语体　书面语体

思考题

1. 句子的字面意义与句子的语用义有什么不同？
2. 简要说明言语交际的基本过程。
3. 举例说明言语交际的基本原则。
4. 言语交际与言语行为两个概念有什么不同？
5. 语境对于言语交际有什么作用？
6. 简要说明言语行为的类型。
7. 语面意义与言外之意有什么区别？
8. 人称指示语与人称指示代词有何区别？
9. 指示信息有哪些具体类型？
10. 如何理解发话人的话语意图？
11. 举例说明修辞的基本原则。
12. 举例说明如何锤炼词语。
13. 举例说明如何调配语句的语音。
14. 举例说明句式选用对话语表达效果的影响。
15. 比喻与比拟有什么区别？
16. 借喻与借代有什么区别？
17. 使用比喻修辞格应注意哪些问题？
18. 使用借代修辞格应注意哪些问题？
19. 举例说明夸张修辞格的类型。
20. 反复修辞格中的“反复”与“重复”有什么不同？
21. 举例说明修辞格综合运用的几种类型。

22. 语体与文体有什么不同?
23. 所有的口头语言都属于口语语体吗?
24. 举例说明口语语体的主要特点。
25. 举例说明书面语体的主要特点。

参考书目

1. 北京大学中文系现代汉语教研室. 现代汉语. 北京：商务印书馆，1993.

2. 北京大学中国语言文学系语言学教研室. 汉语方音字汇（第二版）. 北京：文字改革出版社，1989.

3. 陈望道. 修辞学发凡. 上海：上海教育出版社，1979.

4. 陈原. 汉语语言文字信息处理. 上海：上海教育出版社，1997.

5. 丁声树等. 现代汉语语法讲话. 北京：商务印书馆，1961.

6. 董少文. 语音常识（改订版）. 北京：文化教育出版社，1958.

7. 符淮清. 词义的分析和描写. 北京：语文出版社，1996.

8. 符淮清. 现代汉语词汇. 北京：北京大学出版社，1985.

9. 国家语言文字工作委员会. 信息处理用 GB13000. 1 字符集汉字部件规范. GF 3001—1997.

10. 何自然. 语用学概论. 长沙：湖南教育出版社，1988.

11. 侯精一. 现代汉语方言概论. 上海：上海教育出版社，2002.

12. 黄伯荣，廖序东. 现代汉语. 北京：高等教育出版社，1991.

13. 贾彦德. 汉语语义学. 北京：北京大学出版社，1999.

14. 李荣. 音韵存稿. 北京：商务印书馆，1982.

15. 李如龙. 汉语方言学. 北京：高等教育出版社，2001.

16. 李如龙，张双庆. 客赣方言调查报告. 厦门：厦门大学出版社，1992.

17. 林焘，王理嘉. 语音学教程. 北京：北京大学出版社，1992.

18. 陆俭明，沈阳. 汉语和汉语研究十五讲. 北京：北京大学出版社，2003.

19. 罗常培，王均. 普通语音学纲要. 北京：商务印书馆，2002.

20. 马庆株. 语法研究入门. 北京：商务印书馆，1999.

21. 钱乃荣. 现代汉语. 北京：高等教育出版社，1990.

22. 钱曾怡等. 烟台方言报告. 济南：齐鲁书社，1982.

23. 裘锡圭. 文字学概要. 北京：商务印书馆，1998.

24. 邵敬敏. 现代汉语通论. 上海：上海教育出版社，2001.

25. 束定芳. 中国语用学研究论文精选. 上海：上海外语教育出版社，2001.
26. 苏培成. 现代汉字学纲要. 北京：北京大学出版社，2001.
27. 索振羽. 语用学教程. 北京：北京大学出版社，2000.
28. 王福堂. 汉语方言语音的演变和层次. 北京：语文出版社，2005.
29. 吴竞存，侯学超. 现代汉语句法分析. 北京：北京大学出版社，1982.
30. 邢公畹. 现代汉语教程. 天津：南开大学出版社，2000.
31. 邢福义. 现代汉语. 北京：高等教育出版社，1991.
32. 徐世荣. 普通话语音常识. 北京：语文出版社，1999.
33. 徐世荣. 北京土语辞典. 北京：北京出版社，1990.
34. 詹伯慧. 广东粤方言概要. 广州：暨南大学出版社，2002.
35. 詹伯慧. 汉语方言及方言调查. 武汉：湖北教育出版社，2001.
36. 张斌. 简明现代汉语. 北京：中央广播电视大学出版社，2000.
37. 赵元任. 语言问题. 北京：商务印书馆，1980.
38. 中国社会科学院语言研究所. 方言调查字表. 北京：商务印书馆，1981.
39. 朱德熙. 语法讲义. 北京：商务印书馆，1982.

新编 21 世纪远程教育精品教材

公共基础课系列	
书　名	作　者
应用写作(第四版)(“十一五”国家级规划教材)	孙秀秋
计算机应用基础	李　刚
马克思主义哲学原理(第二版)	霍福广
“毛泽东思想和中国特色社会主义理论体系概论”教学专题研究	王向明
全国高校网络教育大学英语词汇必备手册	王建华
全国高校网络教育大学英语学习与考试辅导	王建华
高等数学“学习包”(第二版)	张家琦　曹承宾
北京地区成人本科学士学位英语统一考试历年试题解析	常红梅
北京地区成人本科学士学位英语统一考试辅导(第三版)	常红梅
大学语文	黄　鹤
大学英语学习与考试辅导	常红梅
数据库基础教程	苏　俊
毛泽东思想概论	江长仁
经济与管理系列	
书　名	作　者
西方经济学(第二版)(微观经济学部分)	刘凤良
西方经济学(第二版)(宏观经济学部分)	刘凤良
经济法概论(第三版)	宋立成
国际金融(第二版)	刘　震
税务管理	王秀芝
邮政储汇实务	周艳海
中国税制(第二版)	杨　虹
投资银行学教程(第二版)	胡海峰　等
金融学概论(第三版)	宋　玮
国际贸易实务(第二版)	王晓明
财政管理	王秀芝
保险学	戴稳胜
证券投资学(第二版)	赵锡军　李向科
统计学教程(第二版)	金勇进
财政学	安秀梅
中国政治制度史	侯　力
经济学原理	韦曙林
商务英语	王学文
国际贸易理论与政策	王亚星
国际投资	胡曙光
人力资源开发与管理(第四版)	姚裕群
项目管理(第三版)(“十一五”国家级规划教材)	李　涛
物流管理(第三版)(“十一五”国家级规划教材)	刘　刚
组织行为学(第二版)	徐建平
公共政策原理	谢　明
公共政策案例分析	谢　明

公共管理伦理学	李传军
公共政策导论(第二版)	谢　明
公共经济学导论	代　鹏
公共关系学	李兴国
领导力	祁凡骅
企业战略管理	邹昭晞
管理学原理	安　维
公务员管理	王甫银
秘书工作实务	张大成
人员选拔与聘用管理	苏　进　刘建华
绩效管理	徐　斌
质量管理学	李晓光
营销渠道决策与管理	吕一林
高级会计学(第二版)	张志凤　谢瑞峰
公司财务管理(第二版)	肖　万
财务管理学(第三版)	孙茂竹　范　歆
基础会计学(第三版)	徐　泓
管理会计	孙茂竹
审计学(第二版)	杨闻萍
财务会计学(第二版)	郭建华
成本会计	曹　伟
纳税筹划教程	张中秀
会计制度设计(第二版)	阎至刚
计算机会计理论与实务(第二版)	蔡立新
税务筹划教程	张中秀
国际税收(第二版)	杨志清
法学系列	
书　名	作　者
刑事诉讼法(第三版)	王新清　李　蓉
民事诉讼法(第二版)	汤维建　等
行政法与行政诉讼法(第三版)	胡锦光　罗　杰
宪法学(第三版)	胡锦光　任端平
劳动法和社会保障法(第三版)	黎建飞
保险法(第三版)	贾林青
刑法学(第二版)	黄京平
中国法制史(第二版)	赵晓耕
企业和公司法学(第二版)	王欣新
税法(第三版)	朱大旗
海商法(第二版)	贾林青
刑法学	徐松林
继承法(第二版)	孙若军
破产法学(第二版)	王欣新
经济法(第二版)	吴宏伟
国际法(第二版)	白桂梅　朱利江

法理学(第二版)	张曙光
法律文书写作(第二版)	陈卫东　刘计划
民法学(第二版)	龙翼飞

汉语言文学系列

书　名	作　者
中国古代文学史(一)(先秦至魏晋南北朝)(第二版)	叶君远
中国古代文学史(二)(隋唐五代宋辽金)(第二版)	冷成金
中国古代文学史(三)(元明清及近代)(第二版)	张国风
现代汉语(第二版)	吴永焕
外国文学作品导读(第二版)	刘洪涛
中国民间文学概论(第二版)	黄　涛
美学概论(第二版)	牛宏宝
文学概论(第二版)	许　鹏
中国古代文学作品选读(一)	诸葛忆兵
中国古代文学作品选读(二)	王　燕
中国文学理论史简编	成复旺
中国现当代文学作品导读	姚　丹
影视文学教程	邹　红
电视剧批评与欣赏	刘晔原
中国现当代文学	刘　勇
语言学概论	岑运强
西方文论概要	杨慧林
新时期文学思潮	张永清
古代汉语(第二版)	殷国光
文艺心理学	金元浦

新闻与传播系列

书　名	作　者
新闻理论教程	陈力丹　张建中
中国新闻传播史	赵云泽　孙　萍
外国新闻传播史	陈力丹　钱　婕
新媒体实务	黄　河
广告学概论	王　菲
新闻采访与写作	张　征

图书在版编目（CIP）数据

现代汉语/吴永焕编著．—2版．—北京：中国人民大学出版社，2016.1
新编21世纪远程教育精品教材．汉语言文学系列
ISBN 978-7-300-18325-1

Ⅰ.①现… Ⅱ.①吴… Ⅲ.①现代汉语-远程教育-教材 Ⅳ.①H109.4

中国版本图书馆CIP数据核字（2013）第254422号

新编21世纪远程教育精品教材·汉语言文学系列
现代汉语（第二版）
吴永焕 编著
Xiandai Hanyu

出版发行	中国人民大学出版社			
社　址	北京中关村大街31号	**邮政编码**	100080	
电　话	010－62511242（总编室）		010－62511770（质管部）	
	010－82501766（邮购部）		010－62514148（门市部）	
	010－62515195（发行公司）		010－62515275（盗版举报）	
网　址	http://www.crup.com.cn			
	http://www.ttrnet.com(人大教研网)			
经　销	新华书店			
印　刷	北京七色印务有限公司	**版　次**	2003年12月第1版	
规　格	185 mm×260 mm　16开本		2016年1月第2版	
印　张	17.75	**印　次**	2016年1月第1次印刷	
字　数	330 000	**定　价**	38.00元